HISTOIRE

PHILOSOPHIQUE

ET

POLITIQUE,

Des établissemens & du commerce
des Européens dans les deux Indes.

TOME SECOND.

A AMSTERDAM.

M. DCC. LXX.

HISTOIRE
PHILOSOPHIQUE
ET
POLITIQUE,

Des établissemens & du commerce des Européens dans les deux Indes.

LIVRE QUATRIEME.

LES anciens Gaulois presque toujours en guerre les uns avec les autres, n'avoient de communication entr'eux que celle que forment naturellement les besoins bornés de quelques peuplades sauvages. Leurs liaisons au dehors étoient encore plus resserrées. Quelques navigateurs de Vannes portoient dans la Grande-Bretagne de la potterie, qu'ils échangeoient contre des chiens, des esclaves, de l'étain & des fourures. Ce qui ne se consommoit pas dans la Gaule même passoit à Marseille, où il étoit payé avec des vins & des marchandises que les négocians de l'Italie ou de la Grece y avoient apportés.

Tome II.   A

Quoique les Romains n'aimassent ni n'estimassent le commerce, il devint nécessairement plus considerable dans la Gaule après qu'ils l'eurent soumise, & en quelque sorte policée. On vit se former des ports de mer à Arles, à Narbonne, à Bordeaux, dans d'autres lieux encore. Il fut construit de toutes parts de grandes & magnifiques voies, dont les débris étonnent encore les imaginations les plus élevées. Toutes les rivieres navigables eurent des compagnies de marchands, auxquelles on avoit accordé de grands privileges, & qui sous le nom général de *Nantes* entretenoient une continuelle circulation.

Les invasions des Francs & des autres barbares arrêterent cette activité naissante. Elle ne reprit pas même son cours, lorsque ces brigands se furent affermis dans leurs conquêtes. À leur férocité, succéda une aveugle passion des richesses. Pour la satisfaire, on eut recours à tous les genres de vexation. Un bateau qui arrivoit à une ville devoit payer un droit pour son entrée, un droit pour le salut, un droit pour le pont, un droit pour approcher du bord, un droit d'ancrage, un droit pour avoir la liberté de décharger, un droit pour le lieu où il devoit placer les marchandises. Il lui falloit payer encore cinq ou six autres droits avant de pouvoir exposer en vente ce qu'il apportoit. Les voitures de terre n'étoient pas mieux traitées. Ces abus effrayoient les marchands. Ils préféroient l'inaction à une ruine inévitable. Tout étoit obstrué.

Pour rouvrir les canaux, on imagina les foires dans le septieme siecle. C'étoient des marchés annuels & périodiques où les négocians jouissoient d'un grand nombre d'immunités attachées au tems & au lieu. Cet usage commença à

Saint Denis, & s'étendit bientôt dans le reste de la monarchie.

Le peu de vigueur que cet expédient mauvais en lui-même, mais utile dans les circonstances, avoit redonné à l'industrie, ne tarda pas à être étouffé de nouveau par les calamités de tous les genres qui affligeoient l'état entier presque sans interruption. Chaque révolution perpétuoit la barbarie, & quelquefois y ajoutoit. Enfin Louis XI, dont le caractere méchant ne put heureusement faire du mal aux particuliers, sans qu'il en résultat un bien pour l'état, abaissa les grands qui se partageoient le royaume, & donna de la vigueur aux loix.

Les peuples délivrés de leurs petits tyrans, & protégés par le souverain, montrerent de l'activité & de l'industrie sous les regnes de Louis XII & de François I. Les manufactures de la nation firent quelques progrès; & les bleds, les vins, les huiles, les eaux-de-vie étoient recherchés & portés dans tous les pays de l'Europe.

Depuis Henri II jusqu'au regne de Henri IV, les guerres civiles, les méprisables querelles de religion, l'ignorance du gouvernement, l'esprit de finance qui commençoit à s'introduire dans le conseil, l'activité, la friponnerie toujours barbare & toujours protégée des gens d'affaires, retarderent les progrès de l'industrie, & ne purent la détruire. Elle reparut avec éclat sous le ministere œconome de Sully. Elle fut presque anéantie sous ceux de Richelieu & de Mazarin, livrés tous deux aux traitans; l'un occupé de guerre & du projet d'établir violemment l'ordre dans le royaume; l'autre plus avide qu'éclairé sur les moyens d'enrichir l'état, & favorable aux abus, parce qu'il les faisoit servir à augmenter ses propres richesses.

Aucun roi de France, aucun de ses ministres n'avoient pensé aux avantages que pouvoit procurer le commerce des Indes ; & l'éclat qu'il donnoit aux autres nation n'avoit pas réveillé l'émulation des François. Au commencement du dix-septieme siecle, des négocians de Rouen s'associerent avec Gerard Leroi, navigateur Flamand, qui avoit fait quelques voyages en Asie, & firent partir successivement plusieurs vaisseaux, avec ordre de pénétrer dans les Indes. Ces tentatives furent toutes malheureuses. L'unique fruit de ces expéditions répétées fut une haute opinion de Madagascar.

En conséquence de l'idée avantageuse qu'on avoit prise de cette isle, il se forma en 1642 une compagnie qui devoit y faire un grand établissement, pour assurer à ses vaisseaux la facilité d'aller plus loin.

Lorsqu'on l'eut parcourue, on trouva qu'elle étoit située le long des côtes orientales de l'Afrique, qu'elle avoit trois cens trente-six lieues de long, cent vingt dans sa plus grande largeur, & environ huit cens de circonférence. Sa pointe au sud s'élargit vers le cap de Bonne-espérance ; & celle du nord beaucoup plus étroite se courbe vers la mer des Indes. Quoique le terrein en général soit montueux, on y voit des plaines agréables, & des forêts remplies d'arbres toujours verds, mais extrêmement durs. L'isle est arrosée dans presque toutes ses parties par des rivieres assez considérables, & par un nombre infini de fontaines, dont l'eau est excellente.

Rien ne s'oppose autant à la population dans Madagascar, que l'usage établi de distinguer des jours heureux ou malheureux pour la naissance des enfans, & d'abandonner sans pitié ceux qui n'arrivent pas au monde sous des auspices favorables. Ceux qui ne sont pas la victime de cet horrible préjugé sont grands, agiles, d'une contenance fiere. Ils cachent sous un air riant le fonds d'un grand dessein & d'une forte passion, avec autant d'art que les fourbes des nations civilisées. Il y a parmi nous peu de métiers dont ils n'ayent au moins des notions imparfaites.

Quoiqu'ils n'ayent pas d'autres principes que ceux de la nature, ils sont livrés à mille superstitions; & dans leurs idées grossieres d'astrologie, ils ne voyent rien, ils n'imaginent rien à quoi ils n'attachent quelque liaison avec l'avenir. L'usage de la circoncision qui est assez commun parmi eux, doit faire conjecturer que des Juifs ou des Mahométans leur ont porté quelques préjugés de religion.

Les habitans de Madagascar ont des loix dont ils ignorent l'origine, mais qui s'observent partout avec beaucoup d'uniformité. On perce la main aux voleurs; on coupe la tête aux meurtriers. C'est le Bohandrian ou le grand de chaque province qui juge avec quelques vieillards. Il ne prend rien pour le procès d'un criminel, & croit assez gagner en délivrant le pays d'un malfaiteur. Dans les causes civiles, on lui amene un nombre d'animaux proportionné à l'importance des affaires.

Les vassaux ne peuvent jamais se dispenser de suivre leur chef à la guerre. Ils se battent bien tant qu'ils sont animés par son exemple, mais ils fuyent lorsqu'ils le voyent périr ou reculer. La cruauté est le premier effet de la victoire. Le vainqueur extermine ordinairement la race de son ennemi.

Les villages sont toujours ouverts. On ne voit

que quelques pieux autour des bourgs. Les villes ordinairement composées de mille cases, sont entourées d'un fossé profond de six pieds & d'une forte palissade sur la crête intérieure. La maison du seigneur s'éleve au-dessus des autres, quoiqu'elle ne soit bâtie que de planches & couverte de feuilles comme celles de ses derniers sujets.

L'isle est très-fertile. On y voit paître dans des paturages abondans de nombreux troupeaux de bœufs de la plus grande espece, & des bêtes à laine semblables en tout à celles de Barbarie. Elles different sur-tout des nôtres par la grosseur monstrueuse de leur queue, qui pese quelquefois jusqu'à sept ou huit livres.

On ne cultive guere d'autre grain que le ris à Madagascar. Les insulaires le sement au commencement de la saison des pluies ; ce qui les dispense d'inonder leurs champs. Lorsque le labour a été fait avec la pioche, cinq ou six hommes se rangent en ligne, & font devant eux des petits trous, dans lesquels des femmes ou des enfans qui suivent jettent quelques grains de ris, qu'ils couvrent de terre avec le pied. La terre ainsi ensemencée rapporte quatre-vingt ou cent pour un.

L'expérience a prouvé que le bled comme le ris pouvoit croître à Madagascar. Les François le cultiverent autrefois à la pointe méridionale de l'isle ou ils avoient bâtis le fort Dauphin. On y trouve encore aujourd'hui de beaux épics de froment qui retombent dans la terre quand il est mûr, se reproduit annuellement de lui-même, & croît confusément avec les herbes naturelles du pays.

Peut-être n'y a-t-il pas de contrée au monde où les subsistances soient à meilleur marché dans le tems de la récolte. Les habitans qui ne pensent jamais à l'avenir, & qui ont des désirs très-impétueux, donnent alors avec joie pour un morceau de toile bleue ou pour d'autre vils objets une quantité de ris très-considérable. Après cette dissipation de leurs moissons, ils n'ont plus rien à livrer, souvent même il ne leur reste pas de quoi vivre. On les voit dans plusieurs provinces chercher pendant la moitié de l'année leur nourriture au milieu des bois.

La liqueur chérie de ces sauvages est une espece d'hydromel composé d'eau & de miel qu'on fait bouillir ensemble. On fait aussi du vin de sucre & de Bannanes. Le premier est très-spiritueux ; mais le second n'a que de l'agrément sans force.

Les insulaires font des pagnes, des tapis de coton qu'ils teignent de plusieurs couleurs. Ils n'ont pas des métiers dressés, mais étendant leurs filets à terre, ils y passent d'autres filets par le moyen de petits bâtons qu'ils levent & qu'ils baissent successivement. Leur habit le plus somptueux est un pagné sur les épaules, & un autre au milieu du corps. Les gens du commun ne portent ordinairement qu'une ceinture qui couvre assez mal ce que la pudeur défend de montrer.

Madagascar avoit été visité par les Portugais, les Hollandois & les Anglois, qui n'y trouvant aucun des objets qui les attiroient dans l'orient, l'avoient dédaigné. Les François qui ne paroissoient pas avoir de but bien arrêté, employerent à le conquérir les fonds qu'ils avoient faits pour étendre leur commerce. Quelque or qu'ils trouverent répandu dans un coin de l'isle, leur fit présumer qu'il devoit y avoir des mines. La diminution sensible de ce métal, à mesure qu'ils en tiroient de foibles parties, auroit dû au moins leur faire soupçonner, ce qui étoit vrai, qu'il avoit pu y être porté par les Arabes de Zanquebar. Leur avidité écarta de leur esprit une observation si simple ; & ils furent punis de leur aveuglement par la perte entiere de leurs capitaux. A l'expiration de leur octroi, il ne leur restoit que quelques habitations situées en cinq ou six endroits de la côte, construites de planches, couvertes de feuilles, entourées de pieux, & honorées du nom imposant de forts, parce qu'elles avoient quelques mauvais canons. Leurs défenseurs étoient réduits à une centaine de brigands qui, par leurs cruautés, ajoutoient tous les jours à la haine qu'on avoit conçue contre leur nation, quelques petits districts abandonnés par les naturels du pays, quelques cantons plus étendus, d'où la force arrachoit un tribut en denrées, formoient toutes leurs conquêtes.

Le Maréchal de la Meilleraie s'empara de ces débris, & conçut le dessein de relever pour son utilité particuliere une entreprise si mal conduite. Il y réussit si peu, que sa propriété ne fut vendue que vingt mille francs, encore étoit-ce plus qu'elle ne valoit.

Enfin, en 1664, Colbert présenta à Louis XIV le plan d'une compagnie des Indes. La France avoit alors une agriculture si florissante, tant de productions de son sol, & tant d'industrie, qu'il sembloit que cette branche de commerce lui étoit inutile. Son ministre pensa autrement. Il prévit que les nations d'Europe établiroient à son exemple des manufactures de toute espece, & qu'elles auroient de plus que la France le commerce de l'orient. Cette vue fut trouvée profonde, & on créa une compagnie des

Indes avec tous les privileges dont jouiſſoit celle de Hollande. On alla même plus loin. Colbert conſidérant qu'il y a naturellement pour les grandes entrepriſes de commerce une confiance dans les républiques, qui ne ſe trouve pas dans les monarchies, eut recours à tous les expédiens propres à la faire naître.

Le privilege excluſif fut accordé pour cinquante ans, afin que la companie fut enhardie à former des grands établiſſemens dont elle auroit le tems de recueillir le fruit.

Tous les étrangers qui y prendroient un intérêt de vingt mille livres devenoient régnicoles, ſans avoir beſoin de ſe faire naturaliſer.

Au même prix, les officiers, à quelques corps qu'ils fuſſent attachés, étoient diſpenſés de réſidence, ſans rien perdre des droits & des gages de leurs places.

Ce qui ſervoit à la conſtruction, à l'armement, à l'avitaillement des vaiſſeaux étoit déchargé de tous droits d'entrée & de ſortie, ainſi que des droits de l'amirauté.

L'état s'obligeoit à payer cinquante francs par tonneau des marchandiſes qu'on porteroit de France aux Indes, & ſoixante-quinze livres pour chaque tonneau qu'on en rapporteroit.

On s'engageoit à ſoutenir les établiſſemens de la compagnie par la force des armes, à eſcorter ſes envois & ſes retours par des eſcadres auſſi nombreuſes que les circonſtances l'exigeroient.

Le gouvernement prenoit ſur lui toutes les pertes que la compagnie pourroit faire dans les dix premieres années. Il tint parole, & cet engagement lui coûta quatre millions.

La paſſion que l'on connoiſſoit à la nation pour tout ce qui a de l'éclat, détermina à promettre à tous ceux qui se distingueroient au service de la compagnie des honneurs & des titres qui passeroient à leur postérité.

Comme le commerce ne faisoit que de naître en France, & qu'il étoit hors d'état de fournir les quinze millions qui devoient former le fonds de la nouvelle société, le ministere en prêta trois, les grands, les magistrats, les citoyens de tous les ordres furent invités à prendre part au reste. La nation jalouse de plaire à son prince qui ne l'avoit pas encore écrasée du poids de sa grandeur, s'y porta avec un empressement extrême.

L'obstination de s'établir à Madagascar fit perdre le fruit de la premiere expédition. Il fallut enfin renoncer à cette isle dont le peuple sauvage & indomptable ne s'accommodoit ni des marchandises, ni du culte, ni des mœurs de l'Europe.

A cette époque, les vaisseaux de la compagnie prirent directement la route des Indes. Par les intrigues de Marcara, né à Ispahan, mais attaché au service de France, on obtint la liberté d'établir des comptoirs dans le Visapour, à Mazulipatan & sur le Gange. On tenta même d'avoir part au commerce du Japon. Colbert offrit de n'y envoyer que des protestans ; mais les artifices des Hollandois firent refuser aux François l'entrée de cet empire, comme ils l'avoient fait refuser aux Anglois.

Surate avoit été choisie pour être le centre de toutes les affaires que la compagnie devoit faire dans l'Inde. C'étoit de cette ville principale du Guzarate que devoient partir les ordres pour les établissemens subalternes : c'étoit là que devoient se réunir les différentes marchandises qu'on expédieroit pour l'Europe.

Le Guzarate forme une presqu'isle entre l'Indus & le Malabar. Il a environ cent soixante mille de long, & une largeur à peu près égale. Les montagnes de Marva le séparent du royaume d'Agra. Plusieurs rivieres qui l'arrosent contribuent à sa fertilité. Les pluies y sont continuelles depuis le milieu de juin jusqu'au milieu de septembre. Le reste de l'année, le ciel est si serein, qu'on y apperçoit rarement un nuage ; mais l'incommodité d'un soleil qui ne se couvre jamais dans le jour, est réparée par une rosée bienfaisante, qui tombant chaque nuit, rafraîchit l'air & humecte la terre. La richesse d'un sol abondant en bled, en ris, en sucre, en coton, en troupeaux, en gibier, en fruits de toute espece, qui se succedent sans interruption, jointe à plusieurs manufactures importantes, suffisoit au bonheur des habitans, lorsque des étrangers leur porterent de nouvelles branches d'industrie.

Des Persans persécutés pour leurs opinions par les Mahométans avoient quitté leur patrie, & s'étoient embarqués dans trois grands vaisseaux avec le projet de s'établir où on voudroit les recevoir. Ils furent accueillis dans le Guzarate, sans autre condition que celle de ne point tuer des vaches. L'habitude du travail contractée & perpétuée par une heureuse nécessité, fit prospérer entre leurs mains les terres & les manufactures de l'état. Assez sages pour ne se mêler ni du gouvernement, ni de la guerre, ils jouirent d'une paix profonde au milieu des révolutions. Cette circonspection & leur aisance multiplierent leur nombre. Ils formerent toujours sous le nom de Parsis un peuple séparé, par l'attention qu'ils eurent de ne point s'allier aux Indiens, & par l'attachement aux principes qui les avoient fait proscrire. Ce sont ceux de Zoroastre, mais un peu altérés par le tems, par l'ignorance & par l'avidité des prêtres.

La prospérité du Guzarate qui étoit en partie l'ouvrage des Persans réfugiés, excita l'ambition de deux puissances redoutables. Tandis que les Portugais le pressoient du côté de la mer par les ravages qu'ils faisoient, par les victoires qu'ils remportoient, par la conquête de Diu, regardé avec raison comme le boulevard du royaume, les Mogols qui avoient pénétré jusqu'à Dheli, & qui jettoient déja les fondemens de cette immense monarchie qu'ils ont élevée depuis, le menaçoient dans le continent.

Badur Patane, de nation qui gouvernoit alors le Guzarate, sentit l'impossibilité de résister à la fois à deux ennemis si considérables. Il se reconcilia avec les Portugais. Il leur fit même quelques sacrifices, pour les déterminer à joindre leurs troupes aux siennes contre Akébar, dont ils ne redoutoient guere moins que lui l'activité & le courage.

Cette alliance déconcerta des hommes qui avoient compté n'avoir affaire qu'à des Indiens. Ils ne pouvoient se résoudre à combattre des Européens qui passoient pour invincibles. Les naturels du pays pleins encore de l'effroi que ces conquérans leur avoient causé, les peignoient aux soldats Mogols comme des hommes descendus du ciel, ou sortis des eaux, d'une espece infiniment supérieure aux Asiatiques en courage, en génie & en connoissances. Déja l'armée saisie de frayeur pressoit ses généraux de la ramener à Dheli, lorsque le monarque rentre dans le camp dont il étoit sorti à la tête d'un détachement. Akébar ne craint pas d'assurer ses troupes qu'elles battront un peuple amolli par le luxe, les richesses, les délices, les chaleurs des Indes; & que la gloire de purger l'Asie de cette poignée de brigands leur est réservée. L'armée rassurée applaudit à l'empereur, & marche avec confiance. La bataille s'engage; les Portugais mal secondés par leurs alliés sont enveloppés & taillés en pieces. Badur s'enfuit & disparoît pour toujours. Toutes les villes du Guzarate s'empressent d'ouvrir leurs portes au vainqueur. Ce beau royaume devient en 1565 une province du vaste empire, qui doit bientôt envahir l'Indostan entier.

Le gouvernement Mogol qui étoit alors dans sa force, fit jouir le Guzarate de plus de tranquilité qu'il n'en avoit eu. Les manufactures se multiplierent à Cambaye, à Amadabad, à Brodra, dans plusieurs autres villes. Il s'en établit dans celles qui n'avoient pas connu cette industrie. Les campagnes étendirent leurs productions & leur culture. Bientôt la partie du Malabar qui en est voisine, fatiguée depuis long-tems par les vexations des Portugais, y porta ses fabriques de toiles alors fort considérables. On y vit arriver aussi les marchandises des bords de l'Indus, qu'il étoit difficile de déboucher par le haut du fleuve, à cause de sa rapidité, & par le bas, parce que ses eaux se déchargeant dans la mer par un très-grand nombre d'embouchures, se perdent, pour ainsi dire, dans les sables.

Toutes ces richesses se réunissoient à Surate, bâtie sur la riviere de Tappi, à quelques milles de l'Océan. Cette ville dut cet avantage à un fort qui faisoit la sûreté des marchands, & à son port, le meilleur de la côte, sans être excellent. Les Mogols qui n'avoient pas alors d'autre places maritimes, y prenoient tout ce qui servoit à leur luxe, à leur volupté, qui commençoient à devenir considérables; & les Européens qui n'avoient pas encore les grands établissemens qu'ils ont formé depuis dans le Bengale & au Coromandel, y achetoient la plupart des marchandises des Indes. Elles s'y trouvoient toutes réunies par l'attention qu'avoit eu Surate de se procurer une marine supérieure à celle de ses voisins.

Ses vaisseaux qui duroient des siecles entiers, étoient la plupart de mille ou douze cens tonneaux. Ils étoient construits d'un bois très-dur qu'on appelle tecke. Le joint des bordages y étoit si parfait, qu'on ne l'appercevoit pas, & qu'il étoit impénétrable à l'eau. Une huile particuliere au climat qui s'imbiboit dans les planches du fond les nourissoit, & les empêchoit de se gâter. On ne lançoit pas les navires en les faisant glisser : ils étoient entraînés par le courant de l'eau qu'on savoit introduire dans le chantier. Les cordages faits d'écorce de cocotier étoient plus rudes, moins maniables que les nôtres; mais ils avoient autant ou plus de solidité. Si leurs voiles de toiles de coton n'étoient ni si fortes, ni si durables que celles de chanvre, elles étoient plus pliantes & moins sujettes à se fendre. Au lieu de poix, ils employoient la gomme d'un arbre nommé damar, qui valoit peut-être mieux. La capacité de leurs officiers, quoique médiocre, étoit suffisante pour les mers, pour les saisons où ils naviguoient. A l'égard de leurs matelots appellés Lascars, les Européens les ont trouvés bons pour leurs voyages d'Inde en Inde. On s'en est même quelquefois servi avec succès pour ramener dans nos orageux parages des vaisseaux qui avoient perdu leurs équipages.

Tant de moyens réunis avoient attiré à Surate une infinité de Mogols, d'Indiens, de Persans, d'Arabes, d'Arméniens, de Juifs & d'Européens. Nous soupçonnions à peine que le commerce put avoir des principes, & ils étoient connus, pratiqués à cette extrêmité de l'Asie. On y trouvoit de l'argent à bas prix. Les lettres de change s'y tiroient pour tous les marchés des Indes. Les assurances pour les navigations les plus éloignées y étoient d'une pratique générale. Il regnoit tant de bonne foi, que les sacs étiquetés & cachetés par les banquiers rouloient des années entieres sans être ni comptés, ni pesés. Les fortunes étoient proportionnées à cette facilité de s'enrichir par l'industrie. Celles de quatre, cinq, six millions de roupies étoient communes; & il y en avoit de beaucoup plus considérables.

Elles étoient la plupart entre les mains des Banians, Caste Indienne, vouée uniquement au commerce. Ils se distinguoient par la franchise avec laquelle ils traitoient. En une demi-heure ils concluoient des marchés de plusieurs millions avec une bonne foi qu'on auroit trouvé difficilement ailleurs. Leur facilité à courrir les hazards du commerce étoit passée en proverbe. Le flegme qu'ils ont naturellement leur donnoit un grand avantage dans les discussions. Leur offroit-on beaucoup au-dessous de ce que valoient leurs marchandises; marquoit-on du chagrin de ce qu'ils rabaissoient celles des autres : rien ne les rebutoit. Ils laissoient évaporer cette ivresse comme ils l'appelloient. Quand elle étoit passée, ils reprenoient froidement leurs propositions; & s'ils s'en relâchoient, ce n'étoit point pour le bruit qu'on venoit de faire, mais uniquement pour l'avantage qu'ils trouvoient à conclure une affaire,

Leurs enfans qui afsistoient à tous les marchés se formoient de bonne heure à ces mœurs paisibles. A peine avoient-ils un rayon de raison, qu'ils étoient initiés dans tous les mysteres du commerce. Il étoit ordinaire d'en voir de dix ou douze ans en état de remplacer leurs peres.

Les Banians qui avoient quelques esclaves Abissins, ce qui étoit rare chez des hommes si doux, les traitoient avec une humanité qui doit nous paroître bien singuliere. Ils les élevoient comme s'ils eussent été de leur famille, les formoient aux affaires, leur avançoient des fonds, ne les laissoient pas seulement jouir des bénéfices ; ils leur permettoient même d'en disposer en faveur de leurs descendans, lorsqu'ils en avoient.

La dépense des Banians ne répondoit pas à leur fortune. Réduits par principe de religion à se priver de viande & de liqueurs spiritueuses, ils ne vivoient que de fruits & de quelques ragoûts simples, où entroient des épiceries qu'ils croyoient propres à ranimer leurs forces. Ils ne s'écartoient de cette œconomie que pour le mariage de leurs enfans. Dans cette occasion unique, tout étoit prodigué pour le festin, la musique, la danse, les feux d'artifice. Leur ambition étoit de pouvoir se vanter de la dépense que leur avoient coûté ces nôces. Elle montoit quelquefois à cent, à deux cens mille roupies.

Leurs femmes mêmes avoient du goût pour les mœurs simples, & de l'éloignement pour les superfluités. Toute leur gloire étoit de plaire à leurs époux. Peut-être la grande vénération qu'elles avoient pour eux venoit de l'attention qu'on avoit eue de les marier de très-bonne heure. On auroit regardé un homme comme mauvais pere, s'il n'avoit songé à établir ses enfans dès l'âge de trois

trois, quatre ou cinq ans. Ces enfans liés l'un à l'autre étoient élevés a regarder leur affection mutuelle comme le point le plus sacré de leur religion. Le préjugé triomphoit du climat. Avec assez de liberté, une créature naturellement très-foible respectoit inviolablement le lien conjugal. Elle ne se permettoit pas le plus court entretien avec des étrangers. Moins de reserve n'auroit pas suffi à des maris qui ne pouvoient revenir de leur étonnement, quand on leur parloit de la familiarité qui régnoit en Europe entre les deux sexes. Ceux qui leur assuroient que ces manieres ne tiroient pas à conséquence ne les persuadoient pas. Ils répondoient en secouant la tête par un de leurs proverbes, qui signifie que *si l'on approche le beurre trop près du feu, il est bien difficile de l'empêcher de fondre.*

A l'exception des Mogols qui possédoient toutes les choses du gouvernement, & qui dépensoient beaucoup pour leurs écuries, pour leurs bains & pour leur sérail, l'œconomie des Banians étoit devenue celle des autres négocians de Surate, autant que la différence de religion le permettoit. La plus grande dépense de toutes étoit l'embellissement de leurs maisons.

Leur construction étoit convenable au climat. Les seconds étages avançoient en saillie sur les premiers, & les troisiemes sur les seconds. De cette maniere les toits se rapprochoient vers le milieu des rues : ce qui garantissoit les habitans des ardeurs du soleil, sans intercepter la circulation de l'air. Les dehors des maisons étoient lambrissés de belles-boiseries, comme nos plus beaux appartemens. Les murs intérieurs étoient revêtus de carreaux de porcelaines & ornés d'une infinités de vases de la même matiere, qui leur donnoient un grand air de gaieté. Des plafonds richement marquetés en ivoire & en mere perle couronnoient les appartemens. Tout au tour régnoient de superbes sophas de la plus grande commodité pour des gens qui se tenoient toujours assis les jambes croisées. Ajoutez à ces douceurs une chambre où jaillissoit dans un bassin de marbre une fontaine dont la fraîcheur & le murmure invitoient au sommeil.

Dans le tems de leur repos, le plus grand plaisir, le plaisir le plus ordinaire des habitans de Surate étoit de s'étendre sur un sopha, où des hommes d'une dextérité singuliere les pêtrissoient pour ainsi dire comme on pêtrit la pâte. On leur tiroit les extrêmités de tous les membres, sans leur causer le moindre mal, quoique ce fut assez fort pour faire craquer les jointures des poignets, des genoux, du col même. Le besoin de faciliter la circulation des fluides souvent rallentie par la trop grande chaleur avoit donné l'idée de cette opération, où l'on avoit découvert la source d'une infinité de sensations délicieuses. Elle faisoit éprouver une tendre langueur qui alloit quelquefois jusqu'à l'évanouissement. Cet usage étoit passé de la Chine aux Indes; & quelques épigrammes de Martial, quelques déclamation de Seneque paroissoient indiquer qu'il n'étoit pas inconnu aux Romains dans le tems où ils rafinoient sur tous les plaisirs, comme les tyrans qui mirent aux fers ces maîtres du monde rafinerent dans la suite sur tous les supplices.

Il y avoit à Surate un autre genre de délices que notre molesse lui eut peut-être encore plus envié: c'étoient ses danseuses, ou *balliaderes*, nom que les Européens leur ont toujours donné d'après les Portugais.

Tout ce que la fable & la poësie ont imaginé de netrenteur sur les nymphes & les prêtresses de Venus qui rendirent le culte de cette divinité si célebre dans l'antiquité, s'est trouvé réalisé par les balladieres de Surate. Elles sont réunies en troupes dans des séminaires de volupté. Les sociétés de cette espece les mieux composées sont consacrées aux pagodes riches & fréquentées. Leur destination est de danser dans les temples aux grandes solemnités, & de servir aux plaisirs des Brames. Ces prêtres qui n'ont point fait le vœu téméraire de ne rien posséder, pour mieux jouir de tout, aiment mieux avoir des femmes qui leur appartiennent, que de corrompre à la fois le célibat & le mariage. Ils n'attentent pas aux droits d'autrui par l'adultere; mais ils sont jaloux des danseuses, dont ils partagent & le culte & les vœux avec leurs dieux, jusqu'à ne permettre jamais sans répugnance qu'elles aillent amuser les rois & les grands. Sans doute ils pensent que l'amour, cet encens pur & céleste de la beauté, ne peut qu'être profané dans les cours, où tout s'achete & se prostitue; où la prostitution de toute espece d'honneur conduit souvent aux places les plus honorables.

Mais il est des troupes moins choisies dans les grandes villes pour l'amusement de tous les gens riches. Les Maures & les Gentils peuvent également se procurer le divertissement de ces danseuses dans leurs maisons de campagne & leurs assemblées publiques. Il y a même de ces troupes ambulantes conduites par de vieilles femmes qui, d'éleves de ces sortes de séminaires, en deviennent à la fin les directrices.

Par un contraste bizarre, & dont l'effet est toujours choquant, ces filles traînent à leur suite des muſiciens à gage, eſpece de monſtres vils & difformes, accablés de toutes les diſgraces de la nature. Ils ont des tambourins, des vielles & des fifres, avec leſquels ils exécutent des concerto peu agréables, mais aſſez meſurés. Ces airs inſpirent des pantomimes dont le ſujet eſt communément une intrigue amoureuſe. L'amour peint dans ces balets tous ces caracteres, & fait les aſſortir au goût des ſpectateurs que les balladieres veulent enyvrer.

Ces danſeuſes reſpectent peu, même en public, la modeſtie, mais ſans expoſer aucune nudité. Dans l'intérieur des maiſons, la liberté prend plus d'eſſort. Les regards laſcifs, les molles poſtures de ces prêtreſſes pleines du dieu qui les inſpire, font paſſer dans tous les ſens qu'elles agitent à la fois la contagion de l'enthouſiaſme & de la fureur qui les embraſent. Ce n'eſt plus une paſſion, c'eſt un feu électrique qui ſe répend d'un ſeul corps ſur tous les corps qui l'environnent : c'eſt un feu plus ſubtil encore, que ſon étincelle viſible cauſe un ébranlement univerſel dans les organes, une commotion générale dans toutes les perſonnes de l'aſſemblée.

Tout conſpire au prodigieux ſuccès de ces enchantereſſes voluptueuſes : l'art & la richeſſe de leur parure ; l'adreſſe qu'elles ont à façonner leur beauté. Leurs longs cheveux noirs, épars ſur leurs épaules, ou relevés en treſſes, ſont chargés de diamans & parſemés de fleurs. Leurs colliers, leurs bracelets, les chaînes d'or qu'elles portent à la cheville du pied ſont ſouvent enrichies de pierres précieuſes. Les bijoux mêmes attachés à leurs narines, cette parure qui choque au premier coup d'œil, eſt d'un agrément qui plaît & releve tous les autres ornemens par le charme de la fimétrie, & d'un effet inexplicable, mais fenfible avec le tems.

Rien n'égale fur-tout leur attention à conferver leur fein comme un des tréfors les plus précieux de leur beauté. Pour l'empêcher de groffir ou de fe former, elles l'enferment dans un étuis d'un bois très-léger, joints enfemble, & bouclés par derriere. Ces étuis font fi polis & fi fouples, qu'ils prêtent à tous les mouvemens du corps, fans applatir, fans offenfer le tiffu délicat de la peau, comme fait la baleine dont on fe fert en Europe. Le dehors de ces étuis eft revêtu d'une feuille d'or parfemée de brillans. C'eft-là fans contredit la parure la plus recherchée, la plus chere à la beauté. On la quitte, on la reprend avec une légéreté finguliere & des graces toujours plus piquantes. Sous cet attirail, le fein ne perd rien de fes palpitations; les foupirs, les molles ondulations, tout eft mis à profit pour la volupté.

La plupart de ces danfeufes croyent ajouter à l'éclat de leur tein, à l'impreffion de leur regards, en formant autour de leurs yeux un cercle noir qu'elles tracent avec une aiguille de tête teinte d'une poudre d'antimoine. Cette beauté d'emprunt relevée par tous les poëtes Orientaux, après avoir parue bizarre aux Européens qui n'y étoient pas accoutumés, a fini par leur plaire.

Cet art de plaire eft toute la vie, toute l'occupation, tout le bonheur des balliarderes. Elles n'y prétendent pas par cette hardieffe décidée qui caractérife nos courtifanes. Leurs manieres ont une douceur engageante, une aménité qui captive; leurs careffes font affez tendres, affez bien ménagées pour prévenir, pour éloigner du moins la fatiété. On réfifte difficilement à leur féduction. Elles obtiennent même la préférence sur ces belles Cachemiviennes qui remplissent les sérails de l'Indostan, comme les Georgiennes & les Circassiennes peuplent ceux d'Ispahan & de Constantinople. La modestie, ou plutôt la réserve naturelle à de superbes esclaves séquestrées de la société des hommes, lutte envain, & ne tient point contre les prestiges de ces courtisanes exercées. Les succès toujours croissans de nos filles de théâtre rendent croyable tout ce qu'on peut dire de la passion qu'on a pour les danseuses de l'Orient.

Nulle part elles n'étoient à la mode comme à Surate, la ville la plus riche, la plus peuplée de l'Inde. Elle commença à décheoir en 1664. Le fameux Sevagi la saccagea, & en emporta plus de douze millions de roupies. Le pillage eût été infiniment plus considérable, si les Anglois & les Hollandois n'avoient échappé au malheur public, par l'attention qu'ils avoient eu de fortifier leurs comptoirs, & si le château où l'on avoit retiré tout ce qu'on avoit de plus précieux, n'eut été hors d'insulte. Cette perte inspira des précautions. On entoura la ville de murs pour prévenir un pareil désastre. Il étoit réparé, lorsque les Anglois en 1686 arrêterent sans autre motif qu'une injuste & féroce avidité tous les bâtimens que Surate expédioit pour différentes mers. Ce brigandage qui dura trois ans, detourna de ce fameux entrepôt la plupart des branches de commerce qui ne lui appartenoient pas en propre. Il fut presque réduit à ses richesses naturelles.

D'autres pirates ont depuis infecté ses parages, & troublé à diverses reprises ses expéditions. Ses caravannes mêmes qui transportoient les marchandises à Agra, à Dheli, dans tout l'empire, n'ont pas été toujours respectées par les sujets des Rajas indépendans, qu'on trouve sur différentes roures. On avoit imaginé autrefois un moyen singulier pour la sûreté de ces caravanes : c'étoit de les mettre fous la protection d'une femme ou d'un enfant d'une race sacrée, chez les seuls Gentils qu'on avoit à craindre. Lorsqu'ils approchoient pour piller, le gardien menaçoit de se donner la mort, s'ils persistoient dans leur entreprise ; & si l'on passoit outre, ils se la donnoient effectivement. Ceux qui n'étoient pas arrêtés par l'effusion d'un sang révéré de leur nation, étoient accablés à leur retour de toutes les peines civiles & religieuses, dégradés, exclus de leur tribu. Ainsi l'horreur d'un sacrilege retenoit le plus grand nombre ; mais depuis que tout est en combustion dans l'Indostan, les scrupules ont diminué : rien ne peut éteindre la soif de l'or.

Malgré ces malheurs, Surate est encore une ville de grand commerce. Tout le Guzarate verse dans ses magasins le produit de ses innombrables manufactures. Une grande partie est transportée dans l'intérieur des terres. Le reste passe par le moyen d'une navigation suivie dans toutes les parties du globe. Les marchandises les plus connues sont les douttis, grosse toile écrue qui se consomme en Perse, en Arabie, en Abissinie, sur la côte orientale de l'Afrique, & des toiles bleues qui ont la même destination, & que les Anglois & les Hollandois placent utilement dans leur commerce de Guinée.

Les toiles de Cambaye à carreaux bleus & blancs qui servent de Mante en Arabie & en Turquie. Il y en a de grossieres : il y en a de fines : il y en a même où l'on mêle de l'or pour l'usage des gens riches.

Les toiles blanches de Brozia si connues sous le nom de baffetas. Comme elles sont d'une finesse extrême, elles servent pour le cafetan d'été des Turcs & des Persans. L'espece de mousseline terminée par une raye d'or dont ils font leurs turbans, se fabrique dans le même lieu.

Les toiles peintes d'Amadab, dont les couleurs sont aussi vives, aussi belles, aussi durables que celles de Coromandel; on s'en habille en Perse, en Turquie, en Europe. Les gens riches de Java, de Sumatra, des Molucques, en font des pagnes & des couvertures.

Les gazes de Beirapour : les bleues servent en Perse, en Turquie, à l'habillement d'été des hommes du commun, & les rouges à celui des gens plus distingués. Les Juifs à qui la Porte a interdit la couleur blanche, s'en servent pour leurs turbans.

Les étoffes mêlées de soie & de coton, unies, rayées, satinées, mêlées d'or & d'argent. Si leur prix n'étoit pas si considérable, elles pourroient plaire à l'Europe même, malgré la médiocrité de leur dessein, par la vivacité des couleurs, par la belle exécution des fleurs. Elles durent peu; mais c'est à quoi l'on ne regarde guere dans les sérails de Turquie & de Perse où s'en fait la consommation.

Quelques étoffes purement de soie, appellées tapis. Ce sont des pagnes de plusieurs couleurs, fort recherchées dans l'est de l'Inde. Il s'en fabriqueroit davantage, si l'obligation d'y employer des matieres étrangeres n'en augmentoit pas trop le prix.

Les chaules, draps très-légers, très-chauds & très-fins, fabriqués avec des laines de Cachemire. On les teint en différentes couleurs, & l'on y mêle des fleurs & des rayures. Ils servent à l'habillement d'hyver en Turquie, en Perse, &

dans les contrées de l'Inde où le froid se fait sentir. On fait avec cette laine précieuse des turbans d'une aulne de large, & d'un peu plus de trois aulnes de long qui se vendent depuis mille jusqu'à quinze cens roupies. Quoiqu'elle soit mise quelquefois en œuvre à Surate, les plus beaux ouvrages sortent de Cachemire même. C'est une vallée délicieuse, vers l'extrêmité septentrionale de l'Indostan, formée par les montagnes d'Attok & par celles du Caucase, habitée par les hommes de l'Inde les plus industrieux & les plus polis, par les femmes les plus belles & les plus piquantes.

Indépendamment de la quantité prodigieuse de coton que Surate employe dans ses manufactures, elle en envoye annuellement sept ou huit mille bales au moins dans le Bengale. La Chine, la Perse & l'Arabie réunies en reçoivent beaucoup davantage lorsque la récolte est très-abondante. Si elle est médiocre, tout le superflu va sur le Gange, où le prix est toujours plus avantageux.

Quoique Surate reçoive en échange de ses exportations des porcelaines de Chine, des soies de Bengale & de Perse; des mâtures & du poivre de Malabar; des gommes, des dattes, des fruits secs, du cuivre, des perles de Perse; des parfums & des esclaves d'Arabie; beaucoup d'épiceries des Hollandois; du fer, du plomb, des draps, de la cochenille, quelques quincailleries des Anglois; la balance lui est si favorable, qu'il lui revient tous les ans en argent au moins douze millions de roupies, elle augmenteroit de beaucoup, si la source des richesses de la cour de Dheli n'étoit pas détournée.

Cette balance cependant ne pourroit jamais redevenir auſſi conſidérable qu'elle l'étoit, lorſqu'en 1668 les François s'établirent à Surate. Leur chef ſe nommoit Caron. C'étoit un négociant d'origine Françoiſe qui avoit vieilli au ſervice de la compagnie de Hollande. Hamilton raconte que cet habile homme qui s'étoit rendu agréable à l'empereur du Japon, en avoit obtenu la permiſſion de bâtir dans l'iſle où étoit le comptoir qu'il dirigeoit, une maiſon pour le compte de ſes maîtres. Ce bâtiment devint un château ſans aucune défiance des naturels du pays qui n'entendent rien aux fortifications. Ils ſurprirent des canons qu'on envoyoit de Bataira, & inſtruiſirent la cour de ce qui ſe paſſoit. Caron reçut ordre d'aller à Jedo rendre compte de ſa conduite. Comme il ne put alléguer rien de raiſonnable pour ſa juſtification, il fut traité avec beaucoup de ſévérité & de mépris. On lui arracha poil à poil la barbe: on lui mit un bonet & un habit de fou; on l'expoſa en cet état à la riſée publique, & il fut chaſſé de l'empire. L'accueil qu'il reçut à Java acheva de le dégoûter des intérêts qu'il avoit embraſſés, & un motif de vengeance l'attacha à la compagnie Françoiſe, dont il devint l'agent principal.

Surate où on l'avoit fixé, ne rempliſſoit pas l'idée qu'il s'étoit formée d'un établiſſement principal. Il en trouvoit la poſition mauvaiſe. Il gémiſſoit d'être obligé d'acheter ſa ſûreté par des ſoumiſſions. Il voyoit du déſavantage à négocier en concurrence avec des nations plus riches, plus inſtruites, plus accrédités. Il vouloit un port indépendant au centre de l'Inde, dans quelqu'un des lieux où croiſſent les épiceries, ſans quoi il croyoit impoſſible qu'une compagnie put ſe ſoutenir. La baye de Trinquemale dans l'iſle de

Ceylan lui parut réunir tous ces avantages, & il y conduisit une forte escadre qu'on lui avoit envoyée d'Europe sous les ordres de Lahaye, & dont il devoit diriger les opérations. On crut, ou l'on feignit de croire qu'on pouvoit s'y fixer sans blesser les droits des Hollandois dont la propriété n'avoit jamais été reconnue par le souverain de l'isle avec qui l'on avoit un traité.

Tout cela pouvoit être vrai, mais l'événement n'en fut pas plus heureux. On publia un projet qu'il falloit taire. On exécuta lentement une entreprise qu'il falloit brusquer. On se laissa imposer par une flotte qui étoit hors d'état de combattre, & qui ne pouvoit pas avoir ordre de hazarder une action. La disette & les maladies firent pour la majeure partie des équipages & des troupes de débarquement. On laissa quelques hommes dans un petit fort qu'on avoit bâti, & où ils furent bientôt réduits à se rendre. Avec le reste on alla chercher des vivres à la côte de Coromandel. On n'en trouva ni chez les Danois de Trinquebar, ni ailleurs; & le désespoir fit attaquer Saint-Thomé, où l'on fut averti qu'il regnoit une grande abondance.

Cette ville long-tems florissante avoit été bâtie il y a plus d'un siecle par les Portugais dans un lieu où leur superstition leur fit croire que reposoient les cendres de Saint Thomas. Le roi de Golconde ayant conquis le Carnate, ne vit pas sans chagrin dans des mains étrangeres une place si importante. Il la fit attaquer en 1662 par ses généraux qui s'en rendirent maîtres. Ses fortifications quoique considérables & bien conservées n'arrêterent pas les François qui les emporterent d'assaut en 1672. Ils s'y virent bientôt investis, & forcés deux ans après à se rendre, parce que les

Hollandois qui avoient appris que leur république étoit en guerre avec Louis XIV, joignirent leurs armes à celles des Indiens.

Ce dernier événement auroit achevé de rendre inutile la dépense que le gouvernement avoit faite en faveur de la compagnie, si Martin n'avoit pas été du nombre des négocians envoyés sur l'escadre de Lahaye. Il recueillit les débris des colonies de Ceylan & de Saint-Thomé, & il en peupla la petite bourgade de Pondichery qu'on lui avoit nouvellement cédée, & qui devenoit une ville, lorsque la compagnie conçut les plus belles espérances d'un nouvel établissement qu'on eut occasion de former dans l'Inde.

Quelques prêtres des missions étrangeres avoient prêché l'Evangile à Siam. Ils s'y étoient fait aimer par leur morale & par leur conduite. Simples, doux, humains, sans intrigue & sans avarice, ils ne s'étoient rendus suspects ni au gouvernement, ni aux peuples; & ils leur avoient inspiré du respect & de l'amour pour les François en général, & pour Louis XIV en particulier.

Un Grec d'un esprit inquiet & ambitieux, nommé Constantin Phaulcon, voyageant à Siam, avoit plu au Prince, & en peu de tems il étoit parvenu à l'emploi de principal ministre, où Barcalon, charge à peu près semblable à celle de nos anciens maires du palais.

Phaulcon gouvernoit despotiquement le peuple & le roi. Ce prince étoit foible, valétudinaire & sans postérité. Son ministre forma le projet de lui succéder, peut-être même celui de le détrôner. On sait que ces entreprises sont aussi faciles & aussi communes dans les pays soumis aux despotes, qu'elles sont difficiles & rares dans les pays où le prince ayant distribué une partie de l'autorité à des corps puissans, l'ennemi du souverain paroît être celui de la nation entiere.

Phaulcon imagina de faire servir les François à son projet, comme quelques ambitieux s'étoient servis auparavant d'une garde de six cens Japonois qui avoient disposé plus d'une fois de la couronne de Siam. Il envoya en 1684 une ambassade en France pour y offrir l'alliance de son maître, des ports aux négocians François, & pour y demander des vaisseaux & des troupes.

La vanité fastueuse de Louis XIV tira un grand parti de cet ambassade. Les flatteurs de ce prince, digne d'éloges, mais trop loué, lui persuaderent que sa gloire répandue dans le monde entier lui attiroit les hommages de l'orient. Il ne se borna pas à jouir de ces vains honneurs. Il voulut faire usage des dispositions du roi de Siam en faveur de la compagnie des Indes, & plus encore en faveur des missionnaires. Il fit partir une escadre sur laquelle il y avoit plus de Jesuites que de négocians ; & dans le traité qui fut conclu entre les deux rois, les ambassadeurs de France dirigés par le Jesuite Tachard, s'occuperent beaucoup plus de religion que de commerce.

La compagnie avoit cependant conçu les plus grandes espérances de l'établissement de Siam, & ces espérances étoient fondées.

Ce royaume est situé sous la zone torride, à la même lattitude que l'Indostan, dont il est éloigné de vingt dégrés environ de longitude orientale. La nature a donné aux deux pays des chaînes, des montagnes qui, courant du sud au nord, vont se réunir comme des rameaux à la grande masse des rochers de Thibet & de la Tartarie. Ces montagnes dans les deux contrées font voir des deux côtés deux saisons différentes en même tems. Tandis qu'à l'ouest on a six mois de pluie, on ne s'en apperçoit à l'est où luit un beau soleil que par la crue du Menan qui se déborde & fertilise les campagnes, comme l'Egypte a toujours été fertilisée par les inondations du nil.

Cette fertilité est si prodigieuse, qu'une grande partie des terres cultivées y rend deux cens pour un. Il y en a même qui, sans les travaux du laboureur, sans le secours de la semence, prodiguent d'abondantes recoltes de ris. Moissonné comme il est venu, sans soin & sans attention, ce grain abandonné, pour ainsi dire, à la nature, tombe & meurt dans le champ où il est né, pour se reproduire dans les eaux du fleuve qui traverse le royaume.

Peut-être n'y a-t-il point de contrée sur la terre où les fruits soient en aussi grande abondance, aussi variés, aussi sains que dans cette terre délicieuse. Elle en a qui lui sont particuliers, & ceux qui lui sont communs avec d'autres climats, ont un parfum, une saveur qu'on ne leur trouve point ailleurs.

La terre toujours chargée de ces trésors sans cesse renaissans, couvre encore sous une légere superficie des mines d'or, de cuivre, d'aiman, de fer, de plomb & de calin, cet étain si recherché dans toute l'Asie.

Le despotisme le plus affreux rend inutile tant d'avantages. Un prince corrompu par sa puissance même, opprime du fond de son sérail par ses caprices, ou laisse opprimer par son indolence les peuples qui lui sont soumis. A Siam, il n'y a que des esclaves & point de sujets. Les hommes y sont divisés en trois classes. Ceux de la première composent la garde du monarque, cultivent ses terres, travaillent aux atteliers de son palais. La seconde est destinée aux travaux publics, à la défense de l'état. Les derniers servent les magistrats, les ministres, les premiers officiers du royaume. Jamais un Siamois n'est élevé à un emploi distingué, qu'on ne lui donne un certain nombre de gens de corvée. Ainsi les gages des grandes places sont bien payés à la cour de Siam, parce que ce n'est pas en argent, mais en hommes qui ne coûtent rien au prince. Ces malheureux sont inscrits dès l'âge de seize ans dans des registres. A la première sommation, chacun doit se rendre au poste qui lui est assigné, sous peine d'être mis aux fers ou condamné à la bastonade.

Dans un pays où les hommes doivent six mois de leur travail au gouvernement sans être payés ni nourris, & travaillent les autres six mois pour gagner de quoi vivre toute l'année. Dans un tel pays, la tyrannie doit s'étendre des personnes aux terres. Il n'y a point de propriétés. Les fruits délicieux qui font la richesse des jardins du monarque & des grands, ne croissent pas impunément chez les particuliers. Si les soldats envoyés pour la visite des vergers y trouvent quelques arbres dont les productions soient précieuses, ils ne manquent jamais de le marquer pour la table du despote ou de ses ministres. Le propriétaire en devient le gardien, & quand le tems de cueillir les fruits est arrivé, il en est responsable sous des peines ou des traitemens séveres.

C'est peu que les hommes y soient esclaves de l'homme, ils le sont même des bêtes. Le roi de Siam entretient un grand nombre d'éléphans. Ceux de son palais sont traités avec des honneurs & des soins extraordinaires. Les moins distingués ont quinze esclaves à leur service, continuellement occupés à leur couper de l'herbe, des bannaniers, des cannes à sucre. Ces animaux qui ne sont d'aucune utilité réelle, flattent tellement l'orgueil du prince, qu'il mesure plutôt sa puissance sur leur nombre, que sur celui de ses provinces. Sous prétexte de les bien nourrir, leurs conducteurs les font entrer dans les terres & dans les jardins pour les dévaster, à moins qu'on ne se redime de cette vexation par des présens continuels. Personne n'oseroit fermer son champ aux éléphans du roi, dont plusieurs sont décorés de titres honorables, & élevés aux premieres dignités de l'état.

Tant d'especes de tyrannie font que les Siamois détestent leur patrie, quoiqu'ils la regardent comme le meilleur pays de la terre. La plupart se dérobe à l'oppression en fuyant dans les forêts, où ils menent une vie sauvage cent fois préférable à celle des sociétés corrompues par le despotisme. Cette désertion est devenue si considérable que, depuis le port de Mergui jusqu'à Juthia, capitale de l'empire, on marche huit jours entiers sans trouver la moindre population, dans des plaines immenses, bien arrosées, dont le sol est excellent, & où on découvre les traces d'une ancienne culture. Ce beau pays est abandonné aux tigres.

On y voyoit autrefois des hommes. Indépendamment des naturels du pays, il étoit couvert des colonies qui avoient successivement formé toutes les nations situées à l'est de l'Asie. Cet empressement tiroit son origine du commerce immense qui s'y faisoit. Tous les historiens attestent qu'au milieu du seizieme siecle il arrivoit tous les ans jusqu'à mille vaisseaux dans les rades. La tyrannie qui commença peu de tems après, anéantit successivement les mines, les manufactures,
l'agriculture.

l'agriculture. Avec elles disparurent les négocians étrangers, les nationaux même. L'état tomba dans la confusion & dans la langueur qui en est la suite. Les François à leur arrivée le trouverent parvenu à ce point de dégradation. Il étoit en général pauvre, sans art, médiocrement peuplé, soumis à un despote qui voulant faire le commerce de ses états, ne pouvoit que l'anéantir. Le peu d'ornement & de marchandises de luxe qui se consommoit à la cour & chez les grands, étoit tiré du Japon. Le Siamois avoit un respect extrême pour les Japonois, un goût exclusif pour leurs ouvrages.

Il étoit difficile de faire changer cette opinion, & il le falloit cependant pour donner quelque débit aux productions de l'industrie Françoise. Si quelque chose pouvoit amener le changement, c'étoit la religion Chrétienne que les prêtres des missions étrangeres avoient annoncée avec succès; mais les Jésuites trop livrés à Phaulcon qui devenoit odieux, & abusant de leur faveur à la cour, se firent haïr, & cette haine retomba sur leur religion. Des églises furent bâties avant qu'il y eut des Chrétiens. On fonda des maisons religieuses, & on révolta ainsi le peuple & les Talapoins. Ce sont des moines, les uns solitaires, les autres intriguans. Ils prêchent au peuple les dogmes & la morale de Sommonacodom. Ce législateur des Siamois fut long-tems honoré comme un sage, & il a été honoré depuis comme un dieu, ou comme une émanation de la divinité, un fils de Dieu. Il n'y a pas de merveille qu'ils n'en racontent. Il vivoit avec un grain de ris par jour. Il arracha un de ses yeux pour le donner à un pauvre auquel il n'avoit rien à donner. Une autrefois il donna sa femme. Il commandoit aux astres, aux rivieres, aux montagnes; mais il avoit un frere qui le contrarioit beaucoup dans ses projets de faire du bien aux hommes. Dieu le vengea, & crucifia lui-même ce malheureux frere. Cette fable avoit indisposé les Siamois contre la religion d'un Dieu crucifié, & ils ne pouvoient révérer Jesus-Christ, parce qu'il étoit mort du même genre de supplice que le frere de Sommonacodom.

S'il n'étoit pas possible de porter des marchandises à Siam, on pouvoit travailler à en inspirer peu-à-peu le goût, préparer un grand commerce dans le pays même, & se servir de celui qu'on trouvoit en ce moment pour ouvrir des liaisons avec tout l'orient. La situation du royaume entre deux golfes, cent soixante lieues de côtes sur l'un, & environ deux cens sur l'autre; auroient ouvert la navigation de toutes les mers de cette partie de l'univers. La forteresse de Bankok bâtie à l'embouchure du Menan, qu'on avoit remise aux François, étoit un excellent entrepôt pour toutes les opérations qu'on auroit voulu faire en Chine, aux Philippines, dans tout l'est de l'Inde. Le port de Mergui, le principal de l'état, & l'un des meilleurs d'Asie, qu'on leur avoit aussi cédé, leur donnoit des grandes facilités pour la côte de Coromandel, sur-tout pour le Bengale. Il leur assuroit une communication avantageuse avec les royaumes de Pegu, d'Ava, d'Arrakam, de Lagos, pays plus barbares encore que Siam, mais où l'on trouve les plus beaux rubis de la terre, des diamans & de la poudre d'or. Tous ces états offrent de même que Siam l'arbre d'où découle cette gomme précieuse avec laquelle les Chinois & les Japonois composent leur vernis, & quiconque possédera le commerce de cette denrée, en fera un très-lucratif à la Chine & au Japon.

Indépendamment de l'avantage de trouver de bons établissemens tout formés qui ne coûtoient rien à la compagnie, & qui pouvoient mettre dans ses mains une grande partie du commerce de l'orient, elle auroit pu tirer de Siam pour l'Europe de l'ivoire, du bois de teinture semblable à celui qu'on coupe à la baye de Campeche, beaucoup de casse, cette grande quantité de peaux de buffle & de daim qu'y alloient chercher autrefois les Hollandois. On auroit pu y cultiver le poivre, & peut-être d'autres épiceries qu'on n'y recueilloit point, parce qu'on en ignoroit la culture, & que le malheureux habitant de Siam indifférent à tout ne réussissoit à rien.

Les François ne s'occuperent point de ces objets. Les facteurs de la compagnie, les officiers, les troupes, les Jesuites n'entendoient rien au commerce, & ne songeoient qu'aux conversions, & à se rendre les maîtres. Enfin, après avoir mal secouru Phaulcon au moment où il vouloit exécuter ses desseins, ils furent entraînés dans sa chûte, & les forteresses de Mergui & de Bankok défendues par des garnisons Françoises, furent reprises par le plus lâche de tous les peuples.

Pendant le peu de tems que les François furent établis à Siam, la compagnie chercha à s'introduire au Tonquin. Elle se flattoit de pouvoir négocier avec sûreté, avec utilité chez une nation que les Chinois avoient pris soin d'instruire il y avoit environ sept siecles. Le théisme y domine, c'est la religion de Confucius, dont les dogmes & les livres y sont révérés plus qu'à la Chine même. Mais il n'y a pas comme à la Chine le même accord entre les principes du gouvernement, la religion, les loix, l'opinion & les rites.

Aussi, quoique le Tonquin ait le même législateur ; il s'en faut bien qu'il ait les mêmes mœurs. Il n'a ni ce respect pour les parens, ni cet amour pour le prince, ni ces égards réciproques, ni ces vertus sociales qui regnent à la Chine. Il n'en a point le bon ordre, la police, l'industrie & l'activité.

Cette nation livrée à une paresse excessive, à une volupté sans goût & sans délicatesse, vit dans une défiance continuelle de ses souverains & des étrangers, soit qu'il y ait dans son caractere un fonds d'inquiétude, soit que son humeur séditieuse vienne de ce que la morale des Chinois qui a éclairé le peuple, n'a pas rendu le gouvernement meilleur. Quelque soit le cours des lumieres, qu'elles aillent de la nation au gouvernement, ou du gouvernement à la nation, il faut toujours que l'un & l'autre se perfectionnent à la fois & de concert, sans quoi les états sont exposés aux plus grandes révolutions. Aussi, dans le Tonquin, voit-on un choc continuel des eunuques qui gouvernent, & des peuples qui portent impatiemment le joug. Tout languit, tout dépérit au milieu de ces dissensions ; & le mal doit empirer, jusqu'à ce que les sujets ayent forcé leurs maîtres à s'éclaircir, ou que les maîtres ayent achevé d'abrutir leurs sujets. Les Portugais, les Hollandois qui avoient essayé de former quelques liaisons au Tonquin, s'étoient vus forcés d'y renoncer. Les François ne furent pas plus heureux. Il n'y a eu depuis entre les Européens que quelques négocians particuliers de Madras qui ayent suivi, abandonné & repris cette navigation. Ils partagent avec les Chinois l'exportation du cuivre & des soies communes, les seules marchandises de quelque importance que fournisse le pays.

La Conchinchine étoit trop voisine de Siam pour ne pas attirer aussi l'attention des François; & il est vraisemblable qu'ils auroient cherché à s'y fixer, s'ils avoient eu la sagacité de prévoir ce que cet état naissant devoit devenir un jour. Il n'y avoit pas alors plus d'un demi siecle qu'un prince du Tonquin fuyant devant son souverain qui le poursuivoit comme un rebelle, avoit franchi avec ses soldats & ses partisans le fleuve qui sert de barriere entre le Tonquin & la Cochinchine. Les fugitifs aguerris & policés chasserent bientôt des habitans épars qui erroient sans loix & sans société dans un pays où l'homme n'en a pas besoin pour être heureux. Ils y fonderent un empire sur la culture & la propriété. Le ris étoit la nourriture la plus facile & la plus abondante. Il eut les premiers soins de ces nouveaux colons. Les plaines en furent couvertes; parce que les champs se trouvoient naturellement inondés par une infinité de sources qui tombent des montagnes, & dont l'art peut très-aisément diriger le cours à son gré. Ils s'étendirent sur les plaines de Camboge qui étoient comme abandonnées. La mer & les rivieres attirerent des habitans sur leurs bords par une profusion d'excellent poisson. On éleva des animaux domestiques; les uns pour s'en nourrir, les autres pour s'en aider au travail. On cultiva les arbres les plus nécessaires; tels que le cotonier pour se vêtir. On négligea les fruits qui ne fournissoient pas à proportion autant de subsistance que les grains. Les montagnes & les forêts qu'il n'étoit pas possible de défricher donnerent du gibier, des métaux, des gommes, des parfums & des bois admirables. Ces productions servirent de matériaux, de moyens & d'objets de commerce. On construisit les cent galeres qui défendent constamment les côtes du royaume.

Tous ces avantages de la nature & de la société étoient dignes d'un peuple qui a les mœurs douces, & qui tient en partie des femmes un caractere humain : soit que ce sexe doive un si précieux ascendant à sa beauté, ou que ce soit un effet particulier de son assiduité au travail & de son intelligence pour les affaires. En général, dans le commencement des sociétés, les femmes sont les premieres à se policer. Leur foiblesse même, & leur vie plus sédentaire, plus occupée de détails variés & de petits soins, leur donnent plutôt ces lumieres & cette expérience, ces attachemens domestiques qui sont les premiers instrumens & les liens les plus forts de la sociabilité. C'est peut-être pour cela qu'on voit chez plusieurs peuples sauvages les femmes chargées des premiers objets de l'administration civile, qui sont une suite de l'œconomie domestique. Tant que l'état n'est qu'une espece de ménage, elles gouvernent l'un & l'autre. C'est alors sans doute que les peuples sont les plus heureux, sur-tout quand ils vivent sous un climat où la nature n'a presque rien laissé à faire aux hommes.

Tel est celui qu'habitent les Cochinchinois. Aussi ce peuple goute-t-il dans l'imperfection de sa police un bonheur qu'on ne sauroit trop lui envier dans les progrès d'une société plus avancée. Il ne connoît ni voleurs, ni mendians. Tout le monde y a droit de vivre dans son champ ou chez autrui. Un voyageur entre dans une maison de la peuplade où il se trouve, s'asseoit à table, mange, boit, se retire, sans invitation, sans remerciement, sans question. C'est un homme, dès-lors il est ami, parent de la maison. Fût-il d'un pays étranger, on le regarderoit avec plus de curiosité ; mais il seroit reçu avec la même bonté.

Ce sont les suites & les restes du gouvernement des six premiers rois de la Cochinchine, & du contrat social qui se fit entre la nation & son conducteur, avant de passer le fleuve qui sépare les Cochinchinois du Tonqnin. C'étoient des hommes las d'oppression. Ils prévirent un malheur qu'ils avoient éprouvé, & voulurent se prémunir contre les abus de l'autorité qui d'elle-même transgresse ses limites. Leur chef qui leur avoit donné l'exemple & le courage de se révolter, leur promit un bonheur dont il vouloit jouir lui-même, celui d'un gouvernement juste, modéré, paternel. Il cultiva avec eux la terre où ils s'étoient sauvés ensemble. Il ne leur demanda jamais qu'une seule rétribution annuelle & volontaire, pour l'aider à défendre l'état contre le despote Tonquinois qui les poursuivit long-tems au-delà du fleuve qu'ils avoient mis entr'eux & sa tyrannie.

Ce contrat primitif a été religieusement observé durant plus d'un siécle sous cinq ou six successeurs de ce brave libérateur. Cet engagement réciproque & solemnel se renouvelle encore tous les ans à la face du ciel & de la terre, dans une assemblée générale de la nation qui se tient en plein champ, où le plus ancien préside, où le roi n'assiste que comme un particulier. Ce prince honore & protege encore l'agriculture, mais sans donner l'exemple du labourage comme ses ancêtres. En parlant de ses sujets, il dit encore : *ce sont mes enfans* ; mais ils ne le sont plus. Ses courtisans se sont dits ses esclaves, & lui ont donné le titre fastueux & sacrilege de *roi du ciel*. Dès ce moment les hommes n'ont dû être devant lui que des insectes rampans sur la terre. L'or qu'il a fait déterrer dans les mines a desséché l'agriculture. Il a méprisé le toit simple & modeste de ses peres ; il a voulu un palais. On a creusé l'enceinte d'une lieue de circonférence. Des milliers de canons autour des murailles de ce palais le rendent redoutable au peuple. On n'y voit plus qu'un despote. Bientôt on ne le verra plus sans doute ; & l'invisibilité qui caractérise la majesté des rois de l'orient, fera succéder le tyran au pere de la nation.

La découverte de l'or a naturellement amené celle des impôts, & le nom d'administration des finances ne tardera pas à remplacer celui de législation civile & de contrat social. Les tributs ne sont plus des offrandes volontaires, mais des exactions par contrainte. Des hommes adroits vont surprendre au palais du roi le privilege de piller les provinces. Avec de l'or, ils achetent à la fois le droit du crime & de l'impunité : ils corrompent les courtisans, se dérobent aux magistrats, & vexent les laboureurs. Déja les grands chemins offrent aux voyageurs des villages abandonnés par leurs habitans, & des terres négligées. Le roi du ciel semblable aux dieux d'Epicure laisse en paix tomber les fléaux & les calamités sur les campagnes. Il ignore & les maux, & les larmes de ses peuples. Bientôt ils retomberont dans le néant où sont ensevelis les sauvages qui leur cederent leur territoire. Ainsi périssent, ainsi périront les nations gouvernées par le despotisme. Si la Cochinchine retombe dans le cahos dont elle est sortie il y a environ cent cinquante ans, elle deviendra indifférente aux navigateurs qui fréquentent ses ports. Les Chinois qui sont en possession d'y faire le principal commerce, en tirent au-

philosophique & politique. 41

jourd'hui en échange des marchandises qu'ils y portent, des bois de menuiserie, des bois pour la charpente des maisons & la construction des vaisseaux.

Quatre-vingt mille tonneaux, chacun de dix mille livres de sucre tous les ans, le brut à quatre livres de France le cent, le blanc à huit, & à dix le candi.

De la soie de bonne qualité, des satins agréables, & du pitre, filament d'un arbre ressemblant au bannanier, qu'ils mêlent en fraude dans leurs manufactures.

Du thé noir & mauvais qui sert à la consommation du peuple.

De la cannelle si parfaite, qu'on la paye trois ou quatre fois plus cher que celle de Ceylan. Il y en a peu, elle ne croît que sur une montagne toujours entourée de gardes.

Du poivre excellent, & du fer si pur, qu'on le forge sortant de la mine, sans le faire fondre.

De l'or, au titre de vingt-trois karats. Il y est plus abondant que dans aucune autre contrée de l'orient.

Du bois d'aigle, qui est plus ou moins parfait, selon qu'il est plus ou moins résineux. Les morceaux qui contiennent le plus de cette résine sont communément tirés du cœur de l'arbre, ou de sa racine. On les nomme calunbac, & ils sont toujours vendus au poids de l'or aux Chinois, qui les regardent comme le premier des cordiaux. On les conserve avec un soin extrême dans des boîtes d'étain, pour qu'ils ne sechent pas. Quand on veut les employer, on les broye sur un marbre avec des liquides convenables aux différentes maladies qu'on éprouve. Le bois d'aigle inférieur qui se vend au moins cent francs la livre, est porté en Perse, en Turquie & en Arabie. On l'y employe à parfumer les habits, & même dans les grandes occasions, les appartemens, en y mêlant de l'ambre gris, tiré le plus ordinairement des côtes orientales de l'Afrique. Il y a encore une autre destination. Il est d'usage chez ces peuples que ceux qui reçoivent une visite de quelqu'un auquel on veut témoigner de la considération, lui présentent à fumer : suit le caffé, accompagné de confitures. Lorsque la conversation commence à languir, arrive le sorbet, qui semble annoncer le départ. Dès que l'étranger se leve pour s'en aller, on lui présente une cassolette, on brûle du bois d'aigle, dont on fait exhaler la fumée sous la barbe, qu'on parfume d'eau de rose.

Quoique les François qui ne pouvoient guere porter que des draps, du plomb, de la poudre à canon & du soufre, à la Cochinchine, eussent été réduits à y faire le commerce, principalement avec de l'argent, il falloit le suivre en concurrence avec les Chinois. Les bénéfices qu'on auroit faits sur les marchandises envoyées en Europe, ou qu'on auroit vendues dans l'Inde, auroient fait disparoître cet inconvénient. Mais il n'est plus tems de revenir sur ses pas. Un voyage qui en 1753 a réussi à Monsieur de Babec dont l'intelligence, l'activité & la vertu sont si connues, prouve seulement qu'il est possible de trouver encore à la Cochinchine une utilité momentanée. Des spéculations suivies exigent une autre sûreté que les caprices d'un despote. La probité & la bonne foi qui sont essentiellement la base d'un commerce actif & solide, disparoissent de ces contrées autrefois si florissantes, à mesure que le gouvernement y devient arbitraire, & par conséquent injuste. Bientôt on ne verra pas dans leurs ports un plus grand nombre de navigateurs que dans ceux des états voisins dont on connoît à peine l'existence.

Quoiqu'il en soit de ces observations, la compagnie Françoise chassée de Siam, & n'espérant point s'établir aux extrêmités de l'Asie, commença de regretter son comptoir de Surate où elle n'osoit plus se montrer depuis qu'elle en étoit sortie sans payer ses dettes. Elle avoit perdu le seul débouché qu'elle connut alors pour ses draps, son plomp, son fer; & elle éprouvoit des embarras continuels dans l'achat des marchandises que demandoient les fantaisies de la métropole, qu'exigeoient les besoins des colonies. En faisant face à ses engagemens, elle eut pu recouvrir la liberté dont elle s'étoit privée. Le gouvernement Mogol qui desiroit une plus grande concurrence dans sa rade, & qui auroit préféré les François aux Anglois, à qui la cour avoit vendu le privilege de ne payer aucun droit d'entrée, l'en pressa souvent. Soit défaut de probité, d'intelligence ou de moyens, elle n'effaça pas alors, elle n'a pas effacé depuis la honte dont elle s'étoit couverte. Toute son attention se bornoit à se fortifier à Pondichery, lorsqu'elle vit ses projets arrêtés par une guerre sanglante dont l'origine étoit éloignée.

Les Barbares sortis du nord qui avoient renversé l'empire Romain, établirent une forme de gouvernement qui ne leur permit pas de pousser leurs conquêtes, & qui maintint chaque état dans ses limites naturelles. La ruine des loix féodales, & les changemens qui en furent les suites nécessaires, exposérent de nouveau l'univers au danger d'une monarchie universelle, lorsque les circonstances eurent reuni des couronnes sans nombre sur la tête de Charles-Quint. Heureusement pour le genre humain, la puissance Autrichienne formée par des possessions séparées & fondées sur des mines, ne réussit pas à renverser les boulevards qui s'élevoient contre elle. Après un siecle de travaux, d'espérances & de revers, elle fut réduite à céder son rôle à une nation que la masse de ses forces, sa position & son activité rendoient plus redoutable aux libertés de l'Europe. Richelieu & Mazarin préparerent cette révolution par leurs intrigues. Turenne & Condé la procurerent par leurs victoires. Colbert l'affermit par la création des arts & par tous les genres d'industrie. Si Louis XIV qu'on doit peut-être moins regarder comme le plus grand monarque de son siecle, que comme celui qui représenta sur le trône avec plus de dignité, eut voulu ne pas précipiter l'usage de ses moyens, & tempérer l'éclat de sa gloire, il est difficile de prévoir jusqu'où il auroit poussé sa fortune. Sa vanité plus forte que son ambition l'égara. Après avoir plié ses sujets à ses volontés, il voulut y assujettir ses voisins. Par son orgueil, il excita leur ressentiment plus qu'il n'abattoit leur pouvoir par ses conquêtes. Le goût qu'il sembloit prendre aux flatteries de ses panégyristes & de ses courtisans, qui lui promettoient l'empire universel, servit plus que l'étendue même de son pouvoir à faire naître la crainte d'une conquête & d'une servitude générales. Les pleurs & les satyres de ses sujets Protestans dispersés par une superstition honteuse, mirent le comble à la haine que les succès & l'abus de ses prospérités avoient inspirée.

Le prince d'Orange, génie juste, ferme, profond, homme aussi vertueux qu'un ambitieux le peut être, devint le centre de tant de ressentimens qu'il fomentoit depuis long-tems par ses né-

philofophique & politique.

gociations & fes émiffaires. La France fut attaquée par la plus formidable confédération dont l'hiftoire ait confervé le fouvenir; & la France fut par-tout & conftamment triomphante.

Elle ne fut pas auffi heureufe en Afie qu'en Europe. Les Hollandois effayerent d'abord de faire attaquer Pondichery par les naturels du pays, qui ne pouvoient être jamais contraints de le reftituer. Le prince Indien auquel ils s'adrefferent ne fut pas tenté par l'argent qu'on lui offrit de fe prêter à cette perfidie. Les François, répondit-il conftamment, *ont acheté cette place, il feroit injufte de les en déloger.* Ce que ce Rajas refufoit de faire fut exécuté par les Hollandois eux-mêmes. Ils affiégerent la place en 1693, & furent forcés de la rendre à la paix de Rifwick en beaucoup meilleur état qu'ils ne l'avoient prife.

Martin y fut placé de nouveau comme directeur, & y conduifit les affaires de la compagnie avec la fageffe, l'intelligence & la probité qu'on attendoit de lui. Cet habile & vertueux négociant attira de nouveaux colons à Pondichery, & il leur en fit aimer le féjour par le bon ordre qu'il y fit régner, par fa douceur & par fa juftice. Il fut plaire aux princes voifins, dont la colonie foible encore avoit tout à craindre. Il choifit ou forma des fujets excellens, qu'il envoya dans les différens marchés d'Afie & chez les différens princes. Il avoit perfuadé aux François, qu'étant arrivés les derniers dans l'Inde, s'y trouvant fans force, & n'y ayant aucune efpérance d'être fecourus par leur patrie, ils ne pouvoient y réuffir qu'en y donnant une idée avantageufe de leur caractere. Il leur fit perdre ce ton léger & infolent qui rend fi fouvent leur nation infupportable aux étrangers. Ils furent doux, modeftes, appliqués. Ils furent se conduire selon le génie des peuples & suivant les circonstances. Ceux qui ne se bornoient pas aux emplois de la compagnie répandus dans les différentes cours, y apprirent à connoître les lieux où se fabriquoient les plus belles étoffes, les entrepôts des marchandises les plus précieuses, & enfin tous les détails du commerce intérieur de chaque pays.

Préparer de loin des succès à la compagnie par l'opinion qu'il donnoit des François, par le soin de lui former des agens, par les connoissances qu'il faisoit prendre, & par le bon ordre qu'il savoit maintenir dans Pondichery, où se rendoient de jour en jour de nouveaux habitans; c'étoit le seul service que Martin pouvoit rendre, mais ce n'étoit pas assez pour soutenir le commerce de la compagnie. Privé de secours & de conseils depuis la perte de son législateur, il étoit également mal dirigé & mal protégé.

Les financiers furent les ennemis les plus cruels de la compagnie. Ils obtinrent à diverses reprises des augmentations de droits sur les marchandises qu'elle apportoit de l'Inde. Ils la traverserent, ils la gênerent. Appuyés par ces vils associés qu'ils ont en tout tems à la cour, ils tenterent, sous le prétexte spécieux de favoriser les manufactures nationales, d'anéantir le commerce de l'Inde. Le gouvernement craignit d'abord de s'avilir en prenant une conduite opposée aux principes de Colbert, & en révoquant les édits les plus solemnels. Les financiers trouverent des expédiens pour rendre inutiles des privileges qu'on ne vouloit pas abolir; & sans en être dépouillée, la compagnie cessa d'en jouir.

On commença par lui défendre de vendre aux étrangers des étoffes des Indes, dans la vue, difoit-on, de les forcer d'acheter des étoffes de France. La nation ne pouvoit rien gagner à une si bizarre spéculation, & la compagnie y perdit une branche principale de son commerce.

L'introduction de la soie écrue de la Chine & de Bengale fut prohibée, sous prétexte qu'elle arrêtoit la plantation des muriers, quoique, dans la vérité, il n'en restât pas la dixieme partie dans l'état, & que le reste passât dans les pays voisins avec un bénéfice considérable.

On portoit des Indes quelques toiles peintes, mais une plus grande quantité de toiles blanches qu'on imprimoit dans le royaume, à la façon des Indes. La passion qu'avoit alors l'Europe pour les desseins de France donnoit une grande activité à cette manufacture: l'ignorance & l'avidité l'ensevelirent sous la défense générale des toiles peintes.

Les marchandises que la compagnie pouvoit introduire devoient par le tarif de 1664 payer des droits si modérés, que les plus forts ne montoient pas à trois pour cent. On y ajouta six livres pour chaque piece de coton de dix aulnes; vingt livres par aulne pour les étoffes brochées d'or & d'argent; cinquante sols par aulne pour les taffetas & satins unis. Peu après le débit de toutes ces marchandises fut interdit dans le royaume, & l'on défendit même pendant un tems l'entrée des mousselines. Toutes ces variations firent penser à l'Europe que le commerce s'établiroit, se fixeroit difficilement dans un pays où tout dépend des caprices d'un ministre, des intérêts de ceux qui le gouvernent.

Tant de coups portés à la compagnie avoient été précédés par des fautes sans nombre qu'elle avoit faites elle-même. Ses premiers actionnaires n'avoient pas rempli les obligations de leur souscription avec l'exactitude nécessaire dans des affaires de commerce. La conduite de ses administrateurs, de ses agens, n'avoit été ni bien dirigée, ni bien surveillée. On avoit pris sur les capitaux des répartitions qui ne devoient sortir que des bénéfices. Le plus brillant & le moins heureux des regnes avoit servi de modele à une société de négocians. Les expéditions avoient été faites avec la même sécurité dans les tems d'un embrasement général, que durant la plus profonde paix. On avoit abandonné à un corps particulier le commerce de Chine, le plus facile, le plus sûr, le plus avantageux de tous ceux qu'on peut faire dans l'Asie. Tous ces événemens avoient préparé la chûte de la compagnie. Les malheurs de la guerre pour la succession d'Espagne précipiterent la ruine.

L'impossibilité où elle se trouva en 1708 de faire aucune expédition, la détermina à consentir qu'un particulier opulent envoyât deux vaisseaux dans l'Inde, sous la condition qu'elle retireroit quinze pour cent de bénéfice sur les marchandises. Quatre ans après elle abandonna entiérement son commerce aux négocians de Saint-Malo, en se réservant le même avantage. Le désordre de ses affaires étoit extrême ; elle devoit plus de dix millions au-delà de ce qu'elle avoit.

Cette situation désespérée ne l'empêcha pas de solliciter en 1714 le renouvellement de son privilege qui alloit expirer, & dont elle avoit joui un demi-siecle. Il lui fut accordé une prorogation de dix ans par un ministere qui ne savoit pas ou ne vouloit pas voir qu'il y avoit de meilleures mesures à prendre. Ce nouvel arrangement n'eut
lieu

lieu qu'en partie par des évenemens extraordinaires dont il faut développer les causes.

Les esprits accoutumés à suivre la marche des empires ont toujours regardé la mort de Colbert comme le terme de la vraie prospérité de la France. Elle jetta encore quelque éclat au-dehors; mais le dépérissement de son intérieur devenoit tous les jours plus grand. Ses finances administrées sans ordre & sans principes, furent la proie d'une foule de traitans avides. Ils se rendirent nécessaires par leurs brigandages même, & parvinrent à donner la loi au gouvernement. La confusion, l'usure, les mutations continuelles dans les monnoies, les réductions forcées d'intérêt, les aliénations du domaine & des impositions, des engagemens impossibles à tenir, la création des rentes & des charges, les privileges, les exemptions de toute espece, cent maux plus ruineux les uns que les autres, furent la suite d'une administration si vicieuse.

Le discrédit devint bientôt universel. Les banqueroutes se multiplierent. L'argent disparut. Le commerce fut anéanti. Les consommations diminuerent. On négligea la culture des terres. Les ouvriers passerent chez l'étranger. Le peuple n'eut ni nourriture, ni vêtement. La noblesse fit la guerre sans appointemens, & engagea ses possessions. Tous les ordres de l'état accablés sous le poids des taxes, manquoient du nécessaire. Les effets royaux étoient dans l'avilissement, les contrats sur l'hôtel de ville, ne se vendoient que la moitié de leur valeur, & les billets d'ustensile perdoient quatre-vingt & quatre-vingt-dix pour cent. Louis XIV eut un besoin pressant sur la fin de ses jours de huit millions. Il fut obligé de les acheter par trente-deux millions de rescriptions. C'étoit emprunter à quatre cens pour cent.

Tel étoit le désordre des affaires, lorsque le duc d'Orléans prit les rênes du gouvernement. Les gens extrêmes vouloient que dans l'impossibilité de faire face à tout, on sacrifiât aux propriétaires des terres les créanciers de l'état qui n'étoient tout au plus que comme un à six cens. Le régent se refusa à une violence qui auroit imprimé une tache ineffaçable sur son administration. Il préféra un examen des engagemens publics à une banqueroute entiere.

Malgré la réduction de six cens millions d'effets au porteur, à deux cens cinquante millions de billets d'état, la dette nationale se monta à deux milliards soixante-deux millions cent trente-huit mille une livre, à vingt-huit francs le marc, dont les intérêts au denier vingt-cinq montoient à quatre-vingt-neuf millions neuf cens quatre-vingt-trois mille quatre cens cinquante-trois livres.

L'énormité de ces engagemens qui absorboient presqu'entiérement les revenus de l'état, fit adopter l'idée d'une chambre de justice destinée à poursuivre ceux qui avoient causé la misere publique, & qui en avoient profité. Cette inquisition ne fit que mettre au grand jour l'incapacité des ministres qui avoient conduit les finances, les ruses des traitans qui les avoient englouties, la bassesse des courtisans qui vendoient leur crédit à qui vouloit l'acheter. Les bons esprits furent affermis par cette nouvelle expérience, dans l'opinion où ils avoient toujours été, qu'un pareil tribunal ne sauroit produire le moindre bien, & est toujours la source des plus grands maux.

Un empirique Ecossois qui promenoit depui

long-tems ses talens & son inquiétude, parut en France dans ces circonstances malheureuses. Son génie ardent & décisif étoit fait pour braver les raisonnemens, pour surmonter les difficultés. Il fit goûter en 1716 l'idée d'une banque dont les succès confondirent ses contradicteurs, surpasserent même ses espérances avec quatre-vingt-dix millions que lui fournit la compagnie d'Occident, elle redonna la vie à l'agriculture, au commerce, aux arts, à l'état entier. Son auteur passa pour un génie juste, étendu, élevé, qui dédaignoit la fortune, qui aimoit la gloire, qui vouloit arriver à la postérité par de grandes choses. La reconnoissance le jugeoit digne des monumens publics les plus honorables. Cette étonnante prospérité lui procura une autorité entiere. Il s'en servit pour réunir en 1719 les compagnies d'Occident, d'Afrique, de Chine, des Indes, dans un même corps. Des projets de commerce furent ceux qui occuperent le moins la nouvelle société. Elle porta son ambition jusqu'à vouloir rembourser toutes les dettes de l'état. Le gouvernement lui accorda la vente du tabac, les monnoies, les recettes & les fermes générales, pour la mettre en état de suivre un si grand projet.

Ses premieres opérations subjuguerent toutes les imaginations. Six cens vingt-quatre mille actions achetées la plupart avec des billets d'état, & qui l'une dans l'autre ne coûtoient pas réellement cinq cens livres, valurent jusqu'à dix mille francs payables en billets de banque. Les François, l'étranger, les gens les plus sensés vendoient leurs contrats, leurs terres, leurs bijoux, pour jouer un jeu si extraordinaire. L'or & l'argent tomberent dans le plus grand avilissement. On ne vouloit que du papier.

Cet enthousiasme le fit multiplier à l'infini. Il fut porté à six milliards cent trente-huit millions deux cens quarante-trois mille cinq cens quatre-vingt-dix livres en actions de la compagnie des Indes, ou en billets de banque, quoiqu'il n'y eut dans le royaume que douze cens millions d'especes à soixante francs le marc.

Une pareille disproportion eut été peut-être soutenable chez un peuple libre où elle se seroit formée par dégrés. Les citoyens accoutumés à regarder la nation comme un corps permanent & indépendant, l'acceptent d'autant plus volontier pour caution, qu'ils ont rarement une connoissance exacte de ses facultés, & qu'ils ont de sa justice une idée favorable, fondée ordinairement sur l'expérience. Avec ce préjugé, le crédit y est souvent porté au-delà des ressources & des sûretés. L'Angleterre en est la preuve. Il n'en est pas ainsi dans les monarchies absolue, dans celles sur-tout qui ont souvent violé leurs engagemens. Si dans un instant de vertige on leur accorde une confiance aveugle, elle finit toujours avec la folie qui l'a vu naître. Leur insolvabilité frappe tous les yeux. La bonne foi du monarque, l'hypotheque, les fonds, tout paroît imaginaire. Le créancier revenu de son premier éblouissement revendique son argent avec une impatience proportionnée à ses inquiétudes. L'histoire du système vient à l'appui de cette vérité.

Pour pouvoir faire face aux premieres demandes, on eut recours à des expédiens bien extraordinaires. L'or fut proscrit dans le commerce. Il fut défendu de garder chez soi plus de cinq cens livres en especes. Un édit annonça plusieurs diminutions successives dans les monnoies. Ces moyens n'arrêterent pas seulement l'empressement qu'on avoit eu à retirer l'argent de la banque : ils y firent encore porter dans moins d'un mois quarante-quatre millions six cens quatre-vingt-seize mille cent quatre-vingt-dix livres d'especes à quatre-vingt francs le marc.

Comme cet aveuglement ne pouvoit pas être durable, on pensa que pour rapprocher le papier de l'argent, il convenoit de réduire le billet de banque à la moitié de sa valeur, & l'action à cinq neuviemes. Le marc de l'argent fut porté à quatre-vingt-deux livres dix sols. Cette opération, la plus raisonnable peut-être qu'on put faire dans la crise où l'on s'étoit mis, acheva de tout confondre. La consternation fut universelle. Chacun s'imagina avoir perdu la moitié de son bien, & s'empressa de retirer le reste. La banque manquoit de fonds, & il se trouva que les agioteurs n'avoient embrassé que des chimeres. Les moins malheureux furent les étrangers qui les premiers avoient réalisé leur papier, & qui emporterent le tiers des métaux qui étoient dans le royaume. Les espérances qu'avoit conçu le gouvernement de payer ses dettes, disparurent avec Law, & il ne resta de monument solide du système qu'une compagnie des Indes, dont les actions fixées par la liquidation de 1723 au nombre de cinquante-six mille, furent réduites par des événemens postérieurs à cinquante mille deux cens soixante-huit quatre dixiemes.

Malheureusement elle conserva les privileges des différentes compagnies dont elle étoit formée; & cette prérogative ne servit pas à lui donner de la puissance & de la sagesse. Elle gêna la traite des negres; elle arrêta les progrès des colonies à sucre. La plupart de ses privileges ne firent qu'autoriser des monopoles odieux. Les pays les plus fertiles de la terre ne furent entre ſes mains ni peuplés, ni cultivés. L'eſprit de finance qui rétrécit les vues, comme l'eſprit de commerce les étend, s'empara de la compagnie, & ne la quitta plus. Les directeurs ne ſongerent qu'à tirer de l'argent des droits cédés en Amérique, en Afrique, en Aſie, à la compagnie. Elle devint une ſociété de fermiers, plutôt que de négocians. Elle ne fit dans l'Inde qu'un commerce foible & précaire, juſqu'au moment ou Orri fut chargé des finances du royaume.

Ce miniſtre dont l'intégrité, le deſintéreſſement formoient le caractere, gâtoit ſes vertus par une rudeſſe qu'il juſtifioit d'une maniere peu honorable pour ſa nation. *Comment cela pourroit-il être autrement*, diſoit-il un jour à un de ſes amis qui lui reprochóit ſa brutalité, *ſur cent perſonnes que je vois par jour, cinquante me prennent pour un ſot, & cinquante pour un fripon.* Il avoit un frere nommé Fulvy, dont les principes étoient moins auſteres, mais qui avoit plus de liant & de capacité. Il lui confia le ſoin de la compagnie, qui devoit prendre néceſſairement de l'activité dans de telles mains.

Les deux freres, malgré les préjugés anciens & nouveaux, malgré l'horreur qu'on avoit pour un rejetton du ſyſtême, malgré l'autorité de la Sorbonne, qui avoit déclaré le dividende des actions uſuraire, malgré l'aveuglement d'une nation qu'une déciſion auſſi abſurde ne révoltoit pas, réuſſirent à perſuader au cardinal de Fleuri qu'il convenoit de protéger efficacement la compagnie des Indes. Ils engagerent même ce miniſtre, quelquefois trop œconome, à prodiguer les bienfaits du roi à cet établiſſement. Le ſoin d'en conduire le commerce & d'en augmenter les forces fut enſuite confié à pluſieurs ſujets d'une capacité connue.

philosophique & politique.

Dumas fut envoyé à Pondichery. Bientôt il obtint du Mogol la permission de battre monnoie ; ce qui valut environ deux cens mille roupies par an. Il se fit céder le territoire de Karikal, qui donna une part considérable dans le commerce du Tanjaour. Quelque tems après, cent mille Marattes qui se proposoient une invasion dans le Dekan, voulurent d'abord soumettre les Nabards qui en dépendoient. Celui d'Arcate fut vaincu & tué. Sa famille & un grand nombre de ses sujets vinrent chercher un azyle à Pondichery. On les reçut avec les égards qui étoient dus à des alliés malheureux. Ragogi Bousola, général des Marates, les fit demander, & même il exigea cinq cens mille roupies, comme redevance d'un tribut auquel il prétendoit que les François s'étoient soumis.

Dumas répondit que tant que les Mogols avoient été les maîtres de ces contrées, ils avoient toujours traité les François avec la considération due à l'une des plus illustres nations du monde, & qu'elle se faisoit gloire de protéger à son tour ses bienfaiteurs ; qu'il n'étoit pas dans le caractere de cette nation d'abandonner une troupe de femmes, d'enfans, de malheureux sans défense, pour les voir égorger ; que les Mogols renfermés avec lui étoient sous la protection de son roi qui s'honoroit sur-tout de la qualité de protecteur des infortunés ; que tout ce qu'il y avoit de François dans Pondichery perdroit volontiers la vie pour les défendre ; que quant au tribut que Ragogi disoit être imposé depuis long-tems, les François n'avoient jamais payé aucun tribut, ni fait hommage à aucune puissance ; qu'il lui en coûteroit la vie si son souverain savoit qu'il eut seulement écouté la proposition de payer un tribut : qu'au reste il étoit prêt à défendre Pondichery jusqu'à la derniere extrêmité, & que si la fortune lui étoit contraire, il s'en retourneroit en Europe sur ses vaisseaux : que c'étoit à Ragogi à juger s'il étoit de sa prudence de s'exposer à perdre son armée, pour être repoussé honteusement, ou pour se rendre maître d'un monceau de ruines & de cendres.

Les François jusqu'alors n'avoient pas accoutumés les Indiens à les entendre parler avec cette dignité. Cette réponse jetta Ragogi dans l'incertitude : une bagatelle le décida.

Il est d'usage aux Indes de faire des présens à ceux qui sont chargés de quelques négociations. Dumas donna à l'envoyé des Marates, quelques bouteilles de liqueurs d'Europe. Celui-ci les offrit à la maîtresse de son général. Elle les trouva excellentes, & voulut en avoir une provision. Ragogi qui aimoit éperduement cette femme, en fit demander au prix qu'on voudroit y mettre. Dumas informé de la cause de cet empressement, répondit que ses liqueurs n'étoient que pour son usage & pour celui de ses amis. Ragogi qui ne pouvoit résister aux desirs de sa maîtresse, fit de nouvelles instances. Deux Bramines, hommes d'esprit, furent députés au camp des Marates. Leur chef eut des liqueurs, & Pondichery obtint la paix.

Tandis que Dumas donnoit des richesses & de la considération à la compagnie, le gouvernement envoya Labourdonais à l'Isle de France.

Au tems de leurs premieres navigations aux Indes, les Portugais découvrirent à l'est de Madagascar, entre le dix-neuvieme & le vingtieme dégré de latitude, trois isles, qu'ils appellerent Mascarenhas, Cerné & Rodrigue. Ils n'y trouverent ni hommes, ni quadrupedes ; & n'y formorent aucun établissement. La plus occidentale de ces isles qu'ils avoient nommée Mascarenhas, servit d'azyle vers l'an 1665 à quelques François établis auparavant à Madagascar. Leur nouvelle patrie leur offroit une espace de soixante mille de long sur quarante-cinq de large, où il n'y avoit point de plaines, mais un grand nombre de hauteurs d'une pente douce, & quelques montagnes escarpées séparées par des vallons étroits. Ils y éleverent d'abord des troupeaux de bœufs & de moutons qu'ils avoient portés de Madagascar avec la nourriture qui convenoit le mieux à ces animaux. Ils cultiverent ensuite des grains, des légumes, les fruits d'Europe, quelques végétaux propres à ce doux climat. La santé, l'aisance, la liberté dont ils jouissoient, déterminerent plusieurs matelots des vaisseaux qui y alloient prendre des raffraîchissemens, à se joindre à eux. L'industrie augmenta avec la population. En 1718, on tira d'Arabie quelques pieds de caffé, qui se multiplierent utilement, quoique le fruit eut beaucoup perdu de son parfum. Leur culture, ainsi que les autres travaux pénibles, devinrent le partage des esclaves qu'on tiroit des côtes d'Afrique ou de Madagascar. A cette époque, l'isle Mascarenhas qui avoit quitté son nom pour prendre celui de Bourbon, devint pour la compagnie un objet important. Sa population en 1763 étoit de quatre mille six cens vingt-sept blancs, & de quinze mille cens quatre-vingt-quatorze noirs; huit mille sept cens deux bœufs, quatre mille quatre-vingt-quatre moutons, sept mille quatre cens cinq cabris, sept mille six cens dix-neuf cochons formoient ses troupeaux. Sur une espace de cent vingt-cinq mille neuf cens neuf arpens de terre mis en valeur, elle récoltoit le manioc nécessaire à la nourriture de ſes eſclaves. Un million cent treize mille cinq cens livres de bled, huit cent quarante-quatre mille cens livres de ris, deux millions huit cens ſoixante-dix-neuf mille cent livres de maïs, & enfin deux millions cinq cens trente-cinq mille cent livres de caffé que la compagnie lui acheroit à raiſon de ſix ſols la livre, & qu'en 1767 elle a commencé à payer ſept par ordre du gouvernement.

Malheureuſement cette poſſeſſion précieuſe n'a point de port. Cet inconvénient tourna les yeux de François vers l'iſle de Cerné où les Portugais ſelon leur méthode avoient jetté des cochons, des cabris, des volailles pour les beſoins des vaiſſeaux de leur nation que les circonſtances détermineroient à y relâcher. Les Hollandois qui s'y fixerent depuis, l'abandonnerent pour ne pas trop multiplier leurs établiſſemens. Elle étoit déſerte, lorſque les François y aborderent en 1720, & changerent ſon nom de Maurice en celui d'Iſle de France qu'elle porte encore.

Les premiers habitans qu'on y fit paſſer étoient partis de Bourbon. On les oublia pendant quinze ans. Ils ne formerent, pour ainſi dire, qu'un corps-de-garde chargé d'arborer un pavillon qui apprit aux nations que cette iſle avoit un maître. La compagnie long-tems incertaine ſe décida enfin à la conſerver, & Labourdonais fut chargé en 1735 de la rendre utile.

Cet homme, depuis ſi célebre, étoit né à Saint-Malo. A dix ans, il s'étoit embarqué. Rien n'avoit interrompu ſes voyages, & dans tous il s'étoit diſtingué. Il avoit reconcilié les Arabes & les Portugais prêts à s'égorger dans la rade de Moka. Il avoit pris Mahé. Il étoit le premier des François qui eut imaginé d'armer dans les mers des Indes. Son habilité dans la méchanique le mettoit en état de construire des vaisseaux parfaits. Il étoit assez grand navigateur pour les conduire dans toutes les parties du globe, & par son courage, il les auroit défendus contre toute force égale. Ses projets portoient l'empreinte du génie, & l'esprit de détail qu'il avoit supérieurement ne rétrécissoit pas ses vues. Ses plans étoient simples, & ses ordres toujours précis. Les difficultés ne servoient qu'à exciter son activité naturelle, & à montrer le talent qu'il avoit pour tirer parti des hommes qui lui étoient soumis. On ne lui reprocha qu'une passion démesurée pour les richesses, & il faut convenir qu'il n'étoit pas délicat sur le choix des moyens qui pouvoient lui en procurer.

Dès qu'il fut arrivé à l'Isle de France, il s'attacha à la connoître. Il lui trouva environ quarante-cinq mille de long sur trente de large, quelques plaines, beaucoup de montagnes hautes & escarpées, dont le sommet étoit couvert d'ébene & d'autres gros arbres, un grand nombre de ruisseaux qui durant toutes les saisons l'arrosoient dans toutes ses parties. Ses côtes attirerent principalement son attention, & ce qu'il y observa le plus furent les deux ports qu'elles offroient aux navigateurs. Il jugea que celui du sud-est avoit été préféré mal-à-propos. Cette prédilection venoit de ce que les vaisseaux pouvoient y aborder facilement en tout tems à la faveur des vents alisés du sud-est qui soufflent dans cette latitude pendant toute l'année, à l'exception de quelques jours dans le solstice d'été, où ils sont interrompus par des vents frais très-forts, & des ouragans qui viennent du nord. La difficulté de sortir de ce port lui fit choisir celui qui est au côté septentrional de l'isle. On y arrive par un canal, entre deux bas fonds qui s'avancent environ un mille en mer. Le vent du sud-est empêche les vaisseaux d'entrer sous voile, & il faut les touer avec des cables, ou les remorquer avec des chaloupes. L'embarras de cette manœuvre, & le peu de largeur du canal qui ne permet pas que deux bâtimens puissent approcher de front, rendent l'attaque de ce port très-difficile. Il peut contenir trente-cinq à quarante vaisseaux.

Labourdonais n'eut pas plutôt fini ces reconnoissances nécessaires, qu'il déploya l'étendue de ses talens, la vigueur de son caractere. On lui vit assujettir la paresse au travail, la licence à la regle, l'esprit de révolte au joug de l'obéissance. Il fit cultiver le ris & le bled pour la subsistance des Européens. Le manioc qu'il avoit porté du Bresil, & qu'on n'adopta d'abord qu'avec une répugnance extrême, est devenu la principale ressource des colons pour la nourriture de leurs esclaves. Madagascar lui fournissoit la viande nécessaire à la conservation journaliere des navigateurs & des habitans aisés, en attendant que les troupeaux qu'il en avoit tirés fussent assez multipliés, pour qu'on put se passer de ces secours étrangers. Un poste qu'il avoit placé à la petite isle de Rodrigue ne le laissoit pas manquer de tortue pour les pauvres. Bientôt les vaisseaux qui alloient aux Indes trouverent des volailles, des legumes, tous les raffraîchissemens, toutes les commodités nécessaires après une longue navigation. Un aqueduc qui avoit trois mille six cens toises de long conduisit des eaux excellentes du fond des terres jusques dans le port. Ce port offroit déja des pontons, des gabarres, des canots, tout ce qu'on trouve dans les rades les plus fréquentées depuis plusieurs siecles. On vit sortir des arsenaux trois navires, dont l'un étoit de cinq cens tonneaux. Des batteries placées avec intelligence, des fortifications bien entendues assuroient la durée de ces créations qui, quoique faites comme par magie, n'eurent pas l'approbation de ceux qu'elles intéressoient le plus. Labourdonais fut réduit à se justifier. Un des directeurs lui demandoit un jour comment il avoit si mal fait les affaires de la compagnie, & si bien les siennes. *C'est*, répondit-il, *que j'ai fait mes affaires selon mes lumieres, & celles de la compagnie d'après vos instructions.*

Dupleix étoit alors plus heureux. Cet homme, un des plus habiles négocians que l'Europe ait montrés à l'Asie, étoit sur les bords du Gange, où il avoit la direction de la colonie de Chandernagor. Cet établissement, quoique formé dans la région de l'univers la plus propre aux grandes entreprises de commerce, n'avoit fait que languir jusqu'à son administration. La compagnie ne s'étoit pas trouvée en état d'y faire passer des fonds considérables ; & ses agens transplantés dans l'Inde sans un commencement de fortune n'avoient pas pu profiter de la liberté qu'on leur laissoit de se livrer à des affaires particulieres. L'activité du nouveau gouverneur qui apportoit des richesses considérables acquises par dix ans d'heureux travaux se communiqua à tous les esprits. Dans un pays qui regorge d'argent, ils trouverent aisément du crédit, lorsqu'ils commencerent à s'en montrer dignes. Chandernagor devint dans peu un sujet d'étonnement pour ses voisins, & de jalousie pour ses rivaux. Dupleix qui avoit associé à ses vastes spéculations les autres François, s'ouvrit des sources de commerce dans tout le Mogol & jusques dans le Thibet. En arrivant, il n'avoit pas trouvé une chaloupe, & il arma jusqu'à quinze vaisseaux à la fois. Ces vaisseaux négocioient d'Inde en Inde. Il en expédioit pour la Mer Rouge, pour le golfe Persique, pour Surate, pour Goa, pour les Maldives, pour Manille; pour toutes les mers où il étoit possible de faire un commerce avantageux.

Il y avoit douze ans que Dupleix soutenoit l'honneur du nom François dans le Gange, qu'il étendoit la fortune publique & les fortunes particulieres, lorsqu'en 1742 il fut appellé à Pondichery pour y prendre la direction générale des affaires de la compagnie dans l'Inde. Elles étoient alors plus florissantes qu'elles ne l'avoient jamais été, qu'elles ne l'ont été depuis, puisque les retours de cette année s'éleverent à vingt-quatre millions. Si on eut continué à se bien conduire, si on eut voulu prendre plus de confiance en deux hommes tels que Dupleix & Labourdonais, il est vraisemblable qu'on auroit acquis une puissance qui auroit été difficilement ébranlée.

Labourdonais prévoyoit alors une rupture entre l'Angleterre & la France; & il proposa un projet qui devoit donner aux vaisseaux de sa nation l'empire des mers de l'Asie pendant toute la guerre. Convaincu que celle des deux nations qui seroit la premiere en armes dans l'Inde auroit un avantage décisif, il demanda une escadre qu'il conduiroit à l'isle de France, où il attendroit le commencement des hostilités. Alors il devoit partir de cette isle & aller croiser dans le détroit de la Sonde, par lequel passent la plupart des vaisseaux qui vont en Chine, & tous ceux qui en reviennent. Il y auroit intercepté les bâtimens Anglois, & sauvé ceux de son pays. Il s'y seroit même emparé de la petite escadre que l'Angleterre envoya dans les mêmes parages, & maître des mers de l'Inde, il y auroit ruiné tous les établissemens Anglois.

Le ministere approuva ce plan. On accorda à Labourdonais cinq vaisseaux de guerre, & il mit à la voile.

A peine étoit-il parti, que les directeurs également blessés du mistere qu'on leur avoit fait de la destination de l'escadre, de la dépense où elle les engageoit, des avantages qu'elle devoit procurer à un homme qu'ils ne trouvoient pas assez dépendant, renouvellerent les cris qu'ils avoient déja poussés sur l'inutilité de cet armement. Ils étoient ou paroissoient si persuadés de la neutralité qui s'observeroit dans l'Inde entre les deux compagnies, qu'ils en convainquirent le ministre dont la foiblesse n'étoit plus encouragée, ni l'inexpérience éclairée depuis l'éloignement de Labourdonais. L'escadre fut rappellée. Les hostilités commencerent, & la prise de presque tous les vaisseaux François qui naviguoient dans l'Inde fit voir trop tard qu'elle avoit été la politique la plus judicieuse.

Labourdonais fut touché des inepties qui causoient le malheur de l'état, comme s'il les eut faites lui-même, & il ne songea qu'à les réparer. A force de soins, de constance, de ressources de toute espece, dont personne ne s'étoit avisé, sans magasins, sans apprêts, sans équipages, ni officiers de bonne volonté, il parvint à former une escadre composée d'un vaisseau de soixante canons & de cinq navires marchands armés en guerre ; il osa attaquer l'escadre Angloise, il la battit, la poursuivit, la força à quitter la côte de Coromandel, & alla assiéger & prendre Madraz, cette premiere des colonies Angloises. Le vaiqueur se disposoit à de nouvelles expéditions. Elles étoient sûres & faciles ; mais il se vit contrarié avec un acharnement qui coûta neuf millions cinquante sept mille livres, stipulées pour le rachat de la ville conquise, & les succès qui devoient suivre cet événement.

La compagnie étoit alors gouvernée par deux commissaires du roi brouillés irreconciliablement. Les directeurs, les subalternes avoient pris parti dans cette querelle, suivant leurs inclinations ou leurs intérêts. Les deux factions étoient extrêmement aigries l'une contre l'autre. Celle qui avoit fait ôter à Labourdonais son escadre ne voyoit pas sans chagrin qu'il eut trouvé des ressources dans son génie pour rendre inutiles les coups qu'on lui avoit portés. On a des raisons pour croire qu'elle le poursuivit dans l'Inde, & qu'elle versa le poison de la jalousie dans l'ame de Dupleix. Deux hommes faits pour s'estimer, pour s'aimer, pour illustrer le nom François, pour aller peut-être ensemble à la postérité devinrent les instrumens des passions de gens qui ne les valoient pas. Dupleix traversa Labourdonais, & lui fit perdre un tems précieux. Après avoir resté trop tard sur la côte de Coromandel à attendre les secours qu'on avoit différés sans nécessité, un coup de vent ruina son escadre. La division se mit dans ses équipages. Tous ces malheurs causés par les intrigues de Dupleix, forcerent Labourdonais à repasser en Europe, où un cachot affreux fut la récompense de ses glorieux travaux, & le tombeau des espérances que la nation avoit fondées sur ses grands talens. Les Anglois délivrés dans l'Inde de cet ennemi redoutable, & fortifiés par des secours considérables, se virent en état d'attaquer

taquer à leur tour les François. Ils mirent le siége devant Pondichery.

Dupleix sut réparer alors les torts qu'il avoit eus. Il défendit sa place avec beaucoup de vigueur & d'intelligence ; & après quarante deux jours de tranchée ouverte, les Anglois furent obligés de se retirer. Bientôt la nouvelle de la paix arriva, & les hostilités cesserent entre les compagnies des deux nations.

La prise de Madras, le combat naval de Labourdonais & la levée du siége de Pondichery donnerent aux nations de l'Inde un respect pour les François tout-à-fait nouveau. Ils furent pour les Indiens la premiere des nations de l'Europe, la puissance principale.

Dupleix voulut faire usage de cette disposition des esprits. Il s'occupa du soin de procurer à sa nation des avantages solides & considérables. Pour juger sainement de ses projets, il faut avoir sous les yeux un tableau de la situation où étoit alors l'Indostan.

Cette belle & riche contrée tenta, si l'on veut s'en rapporter à des traditions incertaines, les conquérans des tems les plus reculés. Bachus, Semiramis, Sesostris, Darius la traverserent comme des torrens, & laisserent par-tout de funestes traces de leur passage.

Alexandre à qui il falloit des mondes à conquérir suivit leurs traces sans imiter leur conduite. Il montra un si grand respect pour les loix, les coutumes & la religion du pays, que son nom est encore en vénération dans l'Inde. Son invasion rapide y fut même regardée comme un bien, parce qu'elle donna naissance au riche commerce que les Macédoniens, les Grecs & les Syriens y firent dans la suite.

Depuis cette époque célebre, les Indiens vécurent tranquilles, ne furent pas du moins troublés par des étrangers jusqu'au commencement du treizieme siecle. Alors Gengiskan qui, à la tête des hordes des Tartares qu'il avoit su réunir sous ses drapeaux, avoit subjugué la plus grande partie de l'Asie, porta ses armes victorieuses sur les rives occidentales de l'Indus. On ignore également quelle part ce conquérant & ses descendans prirent aux affaires de l'Indostan. Il est vraisemblable qu'elles les occuperent peu, puisqu'on voit peu de tems après les Patanes régner dans le nord de ce beau pays.

On croit communément sur la foi douteuse de quelques étimologies, que ces nouveaux ennemis descendoient d'une colonie d'Arabes qui avoient bâti Mazulipatam. Ayant poussé depuis leurs conquêtes au nord, ils fonderent, dit-on, Patna sur le Gange, subjuguerent tous le pays qui est au couchant, & s'emparerent ensuite de Delhy, ville immense situé sur la riviere de Gemma, où ils établirent le siége de leur empire. Ne seroit-il pas plus naturel de penser que ces conquérans sortoient des montagnes de Candahar, où on trouve encore aujourd'hui un grand peuple qui porte le même nom? Leur mahométisme ne détruit pas cette conjecture, puisqu'on trouve long-tems auparavant ce culte établi parmi les nations septentrionales de l'Inde, les seules qui aient jamais changé de religion Quoiqu'originairement idolâtres, elles avoient si peu de superstitions en comparaison des habitans des contrées méridionales, qu'il ne leur avoit pas été difficile d'en faire le sacrifice.

Quoiqu'il en soit de cette conjecture, la grandeur Patane avoit jetté de profondes racines, lorsqu'en 1398 elle fut attaquée par Tamerlan.

philosophique & politique.

Ce féroce Tartare parti de Saramande entra dans l'Inde par le Caucase, massacra tout ce qui s'opposoit à son ambition, soumit toutes les provinces septentrionales jusqu'au Thibet, tandis que ses généraux pilloient les mérédionales. Il alla ensuite vaincre Bajazet, & se trouva par la réunion de toutes ses conquêtes le maître de l'espace immense qui s'étend depuis Smirne jusqu'aux bords du Gange. Des guerres sanglantes suivirent sa mort. Ses riches dépouilles échapperent à sa postérité. Babar VI, descendant d'un de ses enfans, conserva seul son nom.

Le jeune prince chassé de Samarcande par les Tartares, Usbecks se réfugia dans le Calibustan. Il y fut reçu par Ranguildas, qui en étoit gouverneur, & lui inspira cet intérêt tendre que des sujets prennent assez naturellement à leurs souverains malheureux. Une armée levée par les soins de ce serviteur fidele fit espérer au roi détrôné un prompt rétablissement. » Ce n'est pas du côté » du nord où t'appelleroit la vengeance, que tu » dois porter tes pas, lui dit cet homme sage, » des soldats amollis par les délices des Indes, » n'attaqueroient pas sans témérité des guerriers » célèbres par leur courage & par leurs victoi- » res. Le ciel t'a conduit sur les rives de l'Indus, » pour placer sur ta tête une des plus riches cou- » ronnes de l'univers; jette les yeux sur l'Indos- » tan: cet empire déchiré par les guerres conti- » nuelles des Indiens & des Patanes, attend un maî- » tre. C'est dans ces délicieuses régions qu'il faut » former une nouvelle monarchie, & te couvrir » d'une gloire égale à celle de ton ayeul Tamer- » lan, qui en a si heureusement entamé la con- » quête. »

Un conseil si judicieux fit sur l'esprit de Babar

une forte impreſſion. On traça ſans perdre de tems un plan d'uſurpation qui fut ſuivi avec beaucoup de vivacité & d'intelligence. Le ſuccès le couronna. Les provinces ſeptentrionales, Delhy même, ſe ſoumirent après quelque réſiſtance. Un monarque fugitif eut l'honneur de fonder la puiſſance des Tartares Mogols qui exiſte encore.

La conſervation de la conquête exigeoit un gouvernement. Babar choiſit celui que ſes paſſions & l'ignorance offrent à tous les conquérans, c'eſt-à-dire, le deſpotiſme.

Ranguildas fut long-tems le témoin de la puiſſance de Babar. Il s'applaudiſſoit de ſon ouvrage. Le ſouvenir de ce qu'il avoit fait pour placer ſur le trône le fils de ſon maître rempliſſoit ſon ame de ſatisfaction. Un jour qu'il faiſoit ſa priere dans le temple, il entendit à côté de lui un Banian qui s'écrioit : » ô Dieu ! tu vois les mal-
» heurs de mes freres. Nous ſommes la proie d'un
» jeune homme qui nous regarde comme un bien
» qu'il peut diſſiper & conſumer à ſon gré. Parmi
» les nombreux enfans qui t'implorent dans ces vaſ-
» tes contrées, un ſeul les opprime tous : vengez-
» nous du tyran; vengez-nous des traîtres qui l'ont
» porté ſur le trône, ſans examiner s'il étoit juſte. »

Ranguildas étonné, s'approcha du Banian, & lui dit : » ô toi qui maudis ma vielleſſe, écoute.
» Si je ſuis coupable, c'eſt ma conſcience qui m'a
» trompé. Lorſque j'ai rendu l'héritage au fils de mon
» ſouverain, lorſque j'ai expoſé ma fortune & ma
» vie pour établir ſon pouvoir, Dieu m'eſt témoin
» que j'ai cru me conformer à ſes ſages décrets,
» & qu'au moment où j'ai entendu ta priere, je
» béniſſois encore le ciel de m'avoir accordé dans
» mes derniers jours les deux plus grands biens,
» le repos & la gloire. »

» La gloire, dit le Banian ? Apprenez Ranguil-
» das, qu'elle n'appartient qu'à la vertu, & non
» à des actions qui sont éclatantes sans être utiles
» aux hommes. Eh ! quel bien avez-vous fait à
» l'Indostan, quand vous avez couronné le des-
» cendant d'un usurpateur ? Aviez-vous examiné
» s'il feroit le bien, s'il auroit la volonté & le
» courage d'être juste ; ses lumieres qui font dis-
» cerner la vérité à travers les passions, les pré-
» jugés & les courtisans ? Vous lui avez, dites-
» vous, rendu l'héritage de ses peres, comme si
» les hommes pouvoient être légués & possédés
» à la façon des terres & des troupeaux. Ne pré-
» tendez pas à la gloire, ô Ranguildas ! Ce se-
» roit vouloir que de foibles agneaux bénissent les
» mains avares qui les livrent à des bouchers im-
» pitoyables. Que si vous voulez de la reconnois-
» sance, allez la chercher dans le cœur de Ba-
» bar ; il vous la doit. Vous l'avez achetée assez
» cher par le bonheur de tout un peuple. »

Cependant, en établissant le despotisme, Babar avoit été obligé de se soumettre à quelques
formes qui en modéroient l'atrocité. Le prince
devoit rendre publiquement la justice. Il n'y avoit
guere de loix que celles de Mahomet. Elles sont
en très-petit nombre, il est vrai, ce qui rend la
plupart des jugemens arbitraires, mais moins cependant que la multiplicité de nos loix. Du reste
les empereurs Mogols sembloient s'imposer la nécessité d'être justes, & même d'être bons, en ce
que le secret étoit banni de leurs décisions, & que
les affaires étoient discutées par leur conseil dans
la place publique. Pouvoient-ils faire des loix barbares, établir des impôts onéreux en présence de
leur peuple ? Ils ne connoissoient donc point ce

qu'on appelle mysteres d'état, qui ne sont ordinairement que des mysteres d'iniquité.

Le gouvernement étoit entiérement militaire ; ce qui avilit le peuple sans donner de meilleurs soldats. On avoit institué un corps de quatre mille hommes qui s'appelloient les premiers esclaves du prince. C'est de ce corps dont se tiroient les Omrahs, especes de nobles qui formoient les conseils de l'empereur, qui avoient de grands privileges, & à qui on donnoit des terres amovibles. Le prince étoit l'héritier de ces especes de feudataires. Personne, depuis le Visir jusqu'au dernier officier, n'obtenoit aucune place de confiance qu'à cette condition ; & à sa mort, tout ce qu'on pouvoit trouver de ses biens étoit saisi au profit de l'empereur, qui n'en rendoit aux parens que ce qu'il vouloit. Ces barrieres élevées contre l'agrandissement des familles avoient été jugées nécessaires dans un gouvernement où l'on étoit forcé d'accorder une grande confiance à des particuliers.

Malgré ce désavantage, les places d'Omrahs étoient fort recherchées, parce qu'eux seuls devenoient Nababs. Ces Nababs étoient chargés du gouvernement d'une province communément considérable, qui renfermoit plusieurs principautés Indiennes. Des forces partagées en petits districts avoient paru insuffisantes pour contenir le pays déja conquis, pour étendre la domination, pour prévenir l'abus qu'un ambitieux pouvoit être tenté de faire d'une grande autorité, d'une nombreuse armée. On donnoit à chaque Nabab des surveillans qui ne dépendoient pas de lui. Le souverain se réservoit le droit de vie & de mort. Les affaires civiles étoient du ressort du Cadi. Le Duan avoit l'inspection des revenus, des dépenses, & prenoit possession au nom de l'empereur des fiefs qui devenoient vacans. On confioit les plus fortes places de chaque province à des gouverneurs particuliers qui n'étoient point assujettis au Nabab. On rappelloit cet officier à la cour, on l'y retenoit, ou on l'envoyoit ailleurs, selon qu'on jugeoit ces changemens nécessaires. Il y eut un tems où ils devinrent si fréquens, qu'un nouveau Nabab sortit de Delhy sur son eléphant le visage tourné vers la ville d'où il partoit, *pour voir*, disoit-il, *venir son successeur*.

Cependant tout l'empire n'étoit pas administré dans cette forme de gouvernement. On avoit laissé un grand nombre de princes Indiens en possession même héréditaire de leurs souverainetés. Quoique subordonnés au Nabab dans le ressort duquel ils se trouvoient, il leur étoit permis de gouverner selon leurs loix. On exigeoit seulement qu'ils payassent le tribut qui leur étoit imposé, & qu'ils ne s'écartassent en aucune maniere des conditions auxquelles eux & leurs ancêtres s'étoient soumis.

Ces principautés plus ou moins grandes n'étoient habitées que par les naturels du pays. Ces peuples conquis sont encore les plus nombreux dans les parties de l'empire immédiatement soumises au Mogol. Eux seuls y ont toujours cultivé les terres, & toujours travaillé aux manufactures. On voyoit des Mahométans dans les capitales, dans les villes commerçantes, dans les places fortes, dans les camps & dans les armées : on n'en trouvoit pas, on n'en trouve pas encore d'autres dans les campagnes que ceux qui y levent les contributions, ou ceux qui sont revêtus de quelque autorité. Leur nombre peut s'élever à dix millions, & celui des Indiens à cent millions.

Il passe pour constant que le conquérant, pour établir plus solidement sa puissance, se réserva la propriété des terres qu'il laissoit aux uns, & de celles qu'il confioit aux autres. Cette opinion n'est pas tout-à-fait exacte. Dans tous les pays que les princes Indiens continuerent à régir sous l'autorité Mogole, le laboureur fut maintenu dans l'usage de disposer à son gré des champs qu'il arrosoit de ses sueurs. S'il en étoit chassé comme on le voit souvent encore par le rentier chargé de recevoir une portion des fruits, & de rendre une somme fixe au gouvernement, c'étoit un acte de tyrannie qui ne manqua jamais d'attirer l'exécration publique sur celui qui l'exerçoit ou l'autorisoit. Dans les cantons même absolument assujettis, le cultivateur ne fut pas dépouillé du droit de vendre & de tester, soit que l'empereur donnât leurs hétitages en fief, soit qu'il se contentât de les affermer. La politique Indienne & Mogole fut toujours également d'empêcher qu'aucune famille ne put mettre dans ses mains de vastes domaines. Comme toutes les acquisitions des terres sont assujetties à de grandes formalités, si quelqu'un eut essayé de se rendre maître d'un terrein un peu étendu, on lui auroit refusé les certificats nécessaires pour s'en mettre en possession, & sa tête auroit été marquée comme une victime qu'il falloit sacrifier à la tranquillité de l'état.

La machine d'un gouvernement ainsi constitué n'étoit pas assez parfaite pour aller d'elle-même par des ressorts une fois montés. Il falloit suivre continuellement l'impulsion qui lui avoit été communiquée. Ainsi le despote aussi-tôt que la saison des pluies étoit passée, quittoit sa capitale, & se rendoit dans son camp. Il y appelloit les Nababs, les Rajas, les principaux officiers, & se portoit avec une armée dans les parties de l'Empire qu'il avoit résolu de visiter. Il écoutoit les plaintes, il châtioit les administrateurs négligens, les oppresseurs & les infideles. Il se servoit d'un grand pour en opprimer un autre. Il recevoit le tribut de l'empire, qui, autant qu'on en peut juger, n'a jamais passé deux cens millions de roupies dans les meilleurs tems. Il destituoit ceux qui manquoient d'exactitude & de célérité dans le payement. Il étoit averti des désordres par des délateurs qu'il entretenoit publiquement à sa cour & dans tout l'empire. Cette fonction étoit toujours remplie par des hommes du rang le plus distingué qui, dans les gouvernemens corrompus, se trouverent toujours honorés des fonctions que le souverain leur confie, de quelque nature qu'elles puissent être.

Chaque année il recommençoit les courses plutôt en conquérant qu'en souverain, allant rendre la justice dans les provinces, comme on y va pour les piller, & maintenant son autorité par les voies & l'appareil de la force, qui font que le gouvernement despotique n'est qu'une continuation de la guerre. Cette maniere de gouverner, quoiqu'avec des formes, est bien dangereuse pour un despote. Tant que les peuples ne prouvent ses injustices que par le canal des dépositaires de son autorité, ils se contentent de murmurer, en présumant que le souverain les ignore, & ne les souffriroit pas; mais lorsqu'il vient les consacrer par sa présence & par ses propres décisions, il perd la confiance; l'illusion cesse. C'étoit un dieu, c'est un imbécille ou un méchant.

Cependant les empereurs Mogols ont joui longtems encore de l'idée superstitieuse que la nation s'étoit formée de leur caractere sacré. Pour soutenir le prestige, ils ne négligerent rien de ce qui peut en imposer au peuple par la magnificence qui le séduit bien plus que la justice. Ce qu'on raconte du luxe des plus fastueuses cours de l'univers, n'approche pas de l'ostentation du Mogol dans ses voyages. Les éléphans dont l'utilité à la guerre a diminué depuis que l'usage des armes à feu est devenu commun, lui donnoient surtout un air de grandeur, dont on n'a pas même l'idée dans nos pays septentrionaux. Le maître d'un empire immense majestueusement assis dans un trône éblouissant d'or & de pierreries, sur ce monstrueux animal superbement caparaçoné, ne pouvoit manquer de porter dans les ames d'une multitude imbécile, une impression de respect dont l'imagination des esprits les plus libres a de la peine à se défendre même de loin. Ceux de ses premiers esclaves auxquels cette distinction étoit permise à sa suite, ajoûtoient encore à l'idée qu'on se faisoit du despote dont ils portoient les fers.

Avec ce double ressort de la terreur & de l'admiration, les Mogols ne conserverent pas seulement l'empire qu'ils avoient fondé, ils l'étendirent. L'acquisition de plusieurs provinces grossit successivement la masse de leur puissance. Les Indiens toujours lâches, toujours partagés en plusieurs petites souverainetés, dont aucune en particulier n'étoit en état de faire une grande résistance, toujours également éloignés de se réunir pour leur défense, se laissoient asservir à une facilité extrême. Enfin Aurengzeb, ce dévot cruel & ambitieux, parvenu au trône par le meurtre d'un pere, de trois freres, de plusieurs neveux, acheva la conquête de la peninsule. A la réserve d'une langue étroite sur la côte de Malabar, tout l'Indostan reconnut ses loix maintenues par des Nababs ou des Rajas, tels qu'il lui plut de les choisir.

La mort de ce despote terrible, mais vigilant & laborieux, fut le terme de la grandeur Mogole. Cette époque mémorable dans l'histoire du monde ouvrit le commencement de ce siecle. Le désordre éclata par la multitude des prétendans au trône. Il n'y avoit point de loi qui réglât la succession. Jusqu'alors chaque empereur avoit disposé de sa couronne selon son goût, sans égard à l'ordre de la naissance. Il suffisoit pour que son choix ne fut pas contesté, qu'il fut fait dans la famille de Tamerlan. Cet arrangement, sujet lui-même à de grands inconvéniens, étoit devenu plus dangereux depuis que les Mogols s'écartant des principes suivis inviolablement dans les états despotiques, avoient confié le gouvernement des provinces à leurs enfans. Il n'étoit pas possible que ces princes devenus dépositaires d'un grand pouvoir & de grandes forces ne vissent croître leur orgueil & leur ambition. On en avoit eu autrefois des preuves. Elles se multiplierent à la mort d'Aurengzeb. Ses descendans pleins de mépris pour les dispositions d'un tyran qui n'étoit plus, se disputerent sa magnifique dépouille avec un acharnement qui mit en feu tout l'Indostan, qu'il inonda de sang.

L'intérêt que chacun d'eux avoit de multiplier le nombre de ses partisans, fit fermer les yeux sur le relâchement de tous les principes. La milice qui étoit de plus de douze cens mille hommes fut sans discipline, sans uniformité dans le service, sans attachement au prince, & sur-tout à l'état.

Les Nababs devinrent moins dépendans, & plus considérables. Ces gouverneurs qui jusqu'alors n'avoient eu pour prix de leurs travaux qu'un fief appellé Jacquir, se livrerent à leur avidité. Avant cette époque, les droits qu'on levoit dans toute l'étendue de l'empire sur les marchandises qui entroient & qui sortoient, sur les terres & sur les maisons, sur les denrées qui se vendoient dans les marchés publics, étoient fixés invariablement, & inscrits dans les livres de la chancellerie. Ces tributs alloit tout entiers dans les trésors du prince. Ils continuerent à y être envoyés ; mais on s'écarta par-tout du tarif. Le Nabab voulut gagner sur l'empereur, le fermier sur le Nabab ; & les peuples furent opprimés.

Le même esprit régnoit à la cour, & le despotisme faisoit sentir d'un bout de l'Empire à l'autre toute son atrocité & toute sa foiblesse. Le caprice du prince & de ses préposés étoit la loi. Toutes les idées du juste & de l'injuste se confondirent dans la tête du peuple & des magistrats.

On peut juger à quel point un semblable gouvernement corrompoit les mœurs. L'éducation ajoutoit encore à la corruption des Mogols.

Les enfans des princes & des grands étoient d'ordinaire jusqu'à l'âge de six ou sept ans entre les mains des femmes. On leur donnoit quelques instructions qui se bornoient presque à des dogmes, à des préceptes de religion. On leur faisoit apprendre quelques exercices, & on les livroit ensuite à l'oisiveté & aux délices du sérail. Cette précaution paroissoit nécessaire dans un pays où il étoit ordinaire de voir des enfans tramer des conspirations contre leurs peres. Ils vivoient dans une continuelle défiance les uns des autres ; ce qui a fait dire à un poëte oriental que *les peres durant la vie de leurs fils donnent toute leur tendresse à leurs petits fils, parce qu'ils voyent en eux les ennemis de leurs ennemis.*

Les Mogols n'avoient plus rien de ces mœurs fortes & pures qu'ils avoient apportées de leurs montagnes. Pour réparer en quelque sorte la nation, & lui rendre son ancien esprit, les empereurs faisoient souvent venir des hommes de leur religion, qui, de quelque contrée qu'ils sortissent, valoient mieux que ceux qui étoient nés dans l'Inde. Les préférences qu'on donnoit à ces étrangers encourageoient des avanturiers Tartares, Persans & Turcs, à quitter leur patrie pour un pays qui leur offroit des honneurs & des richesses qu'ils ne trouvoient pas chez eux. Mais ces nouveaux soldats s'amollissoient bien-tôt dans le délicieux Indostan. Leurs chevaux même y perdoient leur force & leur courage.

Tel étoit l'état de l'empire, lorsqu'il fut attaqué en 1739 par Thamas Koulikan. Avec une armée de cinquante mille hommes, il dissipa aisément les innombrables & foibles milices qu'on lui opposa, & il porta ses armes victorieuses jusqu'à Delhy, où régnoit alors Muhammet. Ce prince que l'ascendant de ses ministres avoit réduit à ne commander qu'aux femmes de son sérail, fut traité par son vainqueur avec le mépris qu'il méritoit. Après avoir levé des contributions énormes, & s'être fait céder celles des provinces qui convenoient le mieux à la Perse, Koulikan se retira, & laissa le trône à Muhammet, persuadé qu'un tel prince avec de tels sujets ne pourroit jamais penser à se venger.

Cette conduite du vainqueur eut un effet qu'il n'avoit pas prévu lui-même. Muhammet devint l'objet du mépris de ses moindres Omrahs, qui cesserent de le craindre. L'autorité d'un despote ne tient qu'à la crainte qu'il inspire. Les Mogols ne virent plus dans leur empereur que le vassal du roi de Perse. Tous les grands qui cabaloient auparavant pour se disputer la faveur, aspirerent dès-lors à l'indépendance.

Muhammet parut bientôt consentir lui-même à la révolution, & trouver bon que son gouvernement despotique devint féodal. Il n'imposa plus aux Nababs qu'un léger tribut, au lieu des revenus réels de leurs provinces qu'ils avoient dû faire passer jusqu'alors dans son trésor, & un foible contingent de troupes à la place de toutes leurs forces dont il avoit toujours souverainement disposé. Il voulut seulement que les Nababies restassent amovibles; mais ceux qui en étoient revêtus avoient intérêt de les rendre héréditaires. A la mort du Nabab, l'empereur nommoit un successeur, & l'envoyoit avec un Firman prendre possession. Il étoit rare que la famille de celui qui venoit de mourir ne disputât la souveraineté. Un gouverneur de province n'avoit pas plutôt prêté serment de fidélité, qu'il s'occupoit des moyens de le violer avec sûreté. Tous les ordres partis de Delhy causoient une révolte, occasionnoient une révolution. Ceux qui périssoient dans ce bouleversement n'étoient regardés que comme des victimes ordinaires de la guerre. On ne poursuivoit point leur mémoire au-delà du tombeau, comme on deshonore celle des rébelles.

Il n'étoit pas même nécessaire d'avoir une patente du prince, ou d'être l'héritier d'un homme qui en avoit eu, pour être en droit d'aspirer à un gouvernement. Dans un pays où il n'y a de noblesse héréditaire que celle du sang royal, où il faut un acte du souverain pour anoblir le fils même du Grand Visir, où le champ de la fortune est ouvert à quiconque a de l'esprit ou du courage, où plus de la moitié des grands de l'empire sont sortis du plus vil état : dans ce pays, tout homme qui avoit de l'argent pouvoit avoir l'ambition de devenir Nabab. Dès que ses intentions étoient publiques, des chefs de guerre indépendans qui menoient leurs troupes où elles pouvoient subsister, venoient se ranger sous ses drapeaux. En peu de semaines il se trouvoit à la tête d'une nombreuse armée. Si la fortune lui étoit favorable, la cour impériale ne manquoit jamais de se déclarer pour un homme qui souvent même n'attendoit pas son consentement. Le mépris pour le chef de l'empire étoit porté si loin, qu'on contrefaisoit ses ordres. Les prétendus députés qui les portoient étoient reçus avec appareil. On s'humilioit, on se prosternoit devant eux. Ils remettoient publiquement leurs lettres de créance, & les Firmans dont ils se disoient chargés. Cette comédie étoit nécessaire pour se concilier l'esprit des peuples. Ils conservoient toujours un si grand respect pour le sang de Tamerlan, qu'un usurpateur n'auroit jamais eu d'établissement solide, s'il n'étoit parvenu à se faire regarder comme le favori du prince dans le tems même qu'il prenoit les armes contre son autorité.

Ces guerres, celles que se faisoient entr'eux les Omrahs, les Rajas dont l'ambition n'avoit plus de frein, entretenoient l'oppression, les ravages & l'anarchie dans l'Indostan.

Ces calamités régnoient avec d'autant plus de force ; qu'il n'étoit pas même aisé d'en connoître les auteurs. Les secrets des seigneurs Mogols ont toujours été impénétrables. Dans les tems les plus heureux, quand il s'agissoit d'affaires importantes, ils n'écrivoient qu'en termes équivoques, &

pour celles qui étoient odieuses, ils se contentoient d'employer un agent obscur, qu'ils désavouoient s'il le falloit. Depuis que les défauts de leur gouvernement furent arrivés à leur dernier période, ils ajouterent à ces principes d'une politique exécrable le poison & l'assassinat. Rien n'est si facile aux princes de l'Inde, que d'ordonner & de cacher un meurtre dans leurs appartemens. On n'y arrive que par des routes obliques, remplies d'affreux satellites chargés de veiller à la conservation de leur maître, & de poignarder ceux qui lui font ombrage. Ces pratiques détestables devinrent si communes, qu'un homme ne pouvoit pas payer le dernier tribut à la nature, sans qu'on attribuât sa mort à ceux qui en retiroient un avantage visible. Sous une autorité arbitraire, l'homme ne jouit point de sa personne. Sous une autorité foible & chancelante; il ne jouit point de sa vertu. Dans l'un & l'autre cas, les liens qui pouvoient l'attacher à l'ordre disparoissent, & il s'abandonne à tous les crimes utiles.

Les troupes qui auroient pu arrêter le désordre, l'augmentoient encore. Quoiqu'enrôlés au nom de l'empereur, les soldats ne connoissoient que les Nababs chargés de les payer sur les revenus de leur gouvernement. Ceux-ci qui ne comptoient guere sur l'attachement de ces corps rassemblés ou liés par la vénalité, réformoient ceux dont ils croyoient n'avoir plus besoin, les renvoyoient de leurs provinces privés de la solde qui leur étoit due; & pour se mettre à couvert de leur ressentiment, les faisoient tailler en pieces par des troupes plutôt vendues à leur argent, qu'attachées à leurs ordres. Ceux même qui ne se portoient pas à ces excès, ne manquoient jamais de laisser en arriere une partie de la solde de leurs troupes.

Cette

Cette pratique étoit régardée généralement comme nécessaire, pour rendre fideles à leurs drapeaux des mercénaires rassemblés de toutes les parties d'un empire despotique. Le premier ambitieux qui pouvoit & vouloit les payer n'avoit qu'à se présenter pour faire une révolution. Indépendamment de ce danger, on couroit le risque de les voir refuser de marcher à l'ennemi, ou bien se battre négligemment. Leur inaction, leur découragement n'étoient que trop entretenus par la conduite des administrateurs chargés de veiller à la subsistance & au bon ordre de la milice. Un goût de luxe & d'ostentation naturel aux Mogols, une certaine impuissance de résister aux fantaisies qui semblent naître d'un climat où toutes les sensations sont vives & peu durables; la molesse & tous les vices qui la précedent, ou qui la suivent, faisoient sacrifier à l'achat d'un joyau, d'un ornement de prix, un argent qui auroit suffi pour empêcher la défection totale d'une armée.

Des richesses accumulées dans l'Indostan pendant une longue suite de siecles, préserverent pendant quelque tems ce malheureux pays d'un renversement entier. Peu-à-peu ces trésors disparurent. Le découragement & la défiance en firent rentrer une partie dans les entrailles de la terre. Les troupes étrangeres appellées pour placer, pour affermir des usurpateurs, en rapporterent beaucoup dans leur patrie. Le reste ne se trouve plus que dans les mains des usuriers, des courtiers avides. Pour l'en tirer, les Mogols paresseux, fiers & voluptueux se servoient des Gentils, que leur caractere froid & infatigable rend d'excellens instrumens d'oppression. Quand leur prodigalité l'emportoit sur les moyens que le ministre de leur tyrannie pouvoit leur fournir, ils le mettoient à la torture pour l'obliger à révéler où il avoit caché ses larcins. Si l'argent qu'on lui arrachoit étoit suffisant pour les besoins ou les caprices du moment, il étoit rétabli dans son poste ; mais si son avarice ne rendoit pas assez à la tyrannie, il lui en coûtoit la tête : un autre avoit sa place. Ces ressources d'un gouvernement despotique, absolu, personnel, avide, odieux & méprisable, eurent enfin leur terme, & s'épuiserent dans l'abyme de dissipation où la mauvaise administration avoit fait tomber la prospérité publique.

Depuis bien des années, des milliers d'hommes périssoient de faim & de misere dans ces terres si fertiles. Le laboureur n'osoit plus cultiver, & les tisserands, les ouvriers, les marchands abandonnoient leur commerce & leurs métiers. La fuite de ces malheureux interrompoit les travaux, faisoit languir toutes les affaires. Ces calamités qui ravageoient depuis dix ans la plus grande partie de l'empire, alloient arriver à la côte de Coromandel. Elle avoit été préservée jusqu'alors de ces fléaux terribles, par l'autorité du Souba du Decan, Nizam-Elmoulouk ; mais ce sage gouverneur venoit de mourir. On prévoyoit avec chagrin que le commerce des étrangers dans l'Inde alloit tomber avec lui, que nos vaisseaux après un long séjour dans ces parages dangereux, seroient réduits à partir à vuide, ou avec de foibles, de mauvaises cargaisons. Ce désordre paroissoit devoir toujours augmenter, à moins que les peuples de l'Europe qui négocioient aux Indes ne parvinssent à rassembler dans un territoire qui leur seroit soumis un assez grand nombre d'ouvriers & de manufacturiers, pour leur fournir une partie considérable des marchandises dont ils avoient besoin.

Telle fut l'idée de Dupleix. Elle étoit brillante & encore plus hardie. Les Européens toujours heureux à la guerre contre les Indiens dans le tems de leurs premiers établissemens, n'avoient jamais remporté d'avantage considérable contre les conquérans de l'Indostan. Plusieurs épreuves, toutes malheureuses, leur avoient persuadé que les Mogols étoient des ennemis aussi braves que formidables. Ces échecs multipliés les avoient accoutumés à souffrir les mêmes humiliations que les naturels du pays assujettis à la domination la plus despotique. Le moindre officier du plus petit Nabab traitoit ces étrangers avec hauteur, leur imposoit des loix, leur extorquoit à son gré des sommes considérables. S'ils osoient réclamer quelquefois contre ces tyrannies, c'étoit avec une soumission sans bornes, c'étoit avec des présens. On n'obtient jamais justice qu'à ce prix dans un gouvernement où le supérieur ne croit rien devoir à l'inférieur, où le prince corrompt toujours par un vil intérêt ses propres graces. Des garnisons sans talent, sans discipline, sans subordination, diminuoient considérablement les bénéfices du commerce, sans qu'on osât s'en servir pour arrêter le cours de ces vexations criantes. Parmi ce concours de circonstances défavorables, les manufactures propres pour l'Occident avoient tellement augmenté de prix & diminué de qualité, que les profits se réduisoient insensiblement à rien.

Une situation si désespérée faisoit desirer vivement un grand changement à toutes les puissances de l'Europe intéressées au commerce de l'Inde. Dupleix fut le premier qui en vit la possibilité. La guerre avoit amené à Pondichery des troupes nombreuses, avec lesquelles il espéra de se procurer par des conquêtes rapides des avantages plus considérables que les nations rivales n'en avoient obtenu par une conduite suivie & réfléchie.

Depuis long-tems il étudioit le caractere des Mogols, leurs intrigues, leurs intérêts politiques. Il avoit acquis sur ces objets des lumieres qui auroient fait remarquer un homme élevé à la cour de Delhy. Ces connoissances profondément combinées l'avoient convaincu qu'il pouvoit se donner une influence principale dans les affaires de l'Indostan, en devenir l'arbitre. La trempe de son ame qui le portoit à vouloir au-delà même de ce qu'il pouvoit, donnoit une nouvelle force à ses réflexions. Rien ne l'effrayoit dans le grand rôle qu'il se disposoit à jouer à six mille lieues de sa patrie. Inutilement voulut-on lui en faire craindre les dangers, il soutint toujours que quand on parviendroit à lui démontrer qu'en combattant avec les peuples de l'Inde, on les mettroit en état de chasser de leurs provinces les nations étrangeres, il n'en entreprendroit pas moins ce qu'il méditoit. Les François, ajoutoit-il, étoient toujours assurés de recueillir long-tems le fruit de leur politique, de n'être que les dernieres victimes de l'instruction qu'ils auroient donnée. Peut-être la hardiesse de ses principes le mena-t-elle plus loin ? Peut-être se dit-il à lui-même ? Les peuples de l'Europe qui n'ont point de manufactures, s'habillent la plupart des étoffes de soie, des toiles de coton qu'on leur apporte des Indes. Si ces ressources leur manquoient, ils auroient nécessairement recours à la nation qui leur fourniroit des équivalens de meilleur goût, & à meilleur marché. Les productions de la France, celles de ses colonies, la perfection de ses desseins, le penchant qu'on a à l'imiter, lui donneroient cet avantage de l'induftrie fur les nations rivales. Les François doivent donc regarder comme un des pivots de leur conduite, le projet de faire exclure avec eux de l'Inde toutes les puiffances Européennes. Quoiqu'il en foit de cette conjecture, Dupleix ne tarda pas à réduire fa théorie en pratique. Il ofa difpofer de la Soubabie du Decan, de la Nababie du Carnate, en faveur de deux hommes prêts à tous les facrifices qu'il exigeroit.

La Soubabie du Decan eft une vice-royauté compofée des provinces qui formoient autrefois les royaumes de Golconde, de Narfingue & de Vifapour. Elle s'étend depuis le cap Comorin jufqu'au Gange, & peut être regardée comme la quatrieme partie de la domination Mogole. Sa premiere deftination fut de veiller fur les Nababs répandus dans l'étendue de fa jurifdiction, de les remplacer lorfqu'ils mouroient, avant que la cour leur eut donné un fucceffeur, de recevoir de leurs mains les revenus annuels de la couronne. Les Nababs étoient tenus d'accompagner le Souba dans toutes les expéditions militaires, qui ne paffoient pas l'étendue de fon territoire, mais non au-delà de ces limites. Cette combinaifon les rendoit dépendans de leur fupérieur dans tout ce qui pouvoit fervir aux intérêts de l'empire, & les laiffoit en même tems dans un état d'indépendance qui empêchoit le Souba de fe fervir de leurs fecours pour braver le trône.

Cette grande place étant devenue vacante en 1748, Dupleix, après une fuite d'événemens & de révolutions dont il feroit trop long de rendre compte, en mit en poffeffion au commencement de 1751 Salabetzingue, un des fils du dernier vice-roi. Ce succès assuroit de grands avantages aux établissemens François répandus sur la côte de Coromandel ; mais l'importance de Pondichery parut exiger des soins plus particuliers. Cette ville située sur le territoire d'Arcate, a des rapports si suivis & si immédiats avec le Nabab de cette riche contrée, qu'on crut nécessaire de placer dans le gouvernement de cette province un homme sur l'affection & la dépendance duquel on put entiérement compter. Le choix tomba sur Chandasaeb.

Pour prix de leurs services, les François se firent céder un territoire immense. A la tête de leurs acquisitions du côté du midi, étoit l'isle de Scheringham formée par deux branches du Caveri. Cette isle longue & fertile est célebre dans l'Inde par la grande pagode qui lui donne son nom, & qui est fortifiée comme tous les édifices destinés au culte public. Le temple est fermé par sept enclos quarrés, renfermés les uns dans les autres, dont les murs ont trente cinq pieds d'hauteur, & quatre d'épaisseur. Ces enclos sont à trois cens cinquante pieds de distance les uns des autres, & chacun a quatre portes chargées de figures emblématiques avec une haute tour au-dessus. Le mur le plus intérieur a quatre lieues de circuit. Les chapelles sont renfermées dans cette derniere clôture, & doivent le concours que la vénération leur attire à l'opinion généralement établie qu'on y conserve l'image du dieu Witshnou, à laquelle le dieu Brama rendoit son culte. Un seul temple de cette espece avec ces fortifications, les mysteres & les richesses qu'il renferme, est plus propre à maintenir, à perpétuer une religion que la multiplicité des temples & des prêtres dispersés dans les villes avec les sacrifices, les cérémonies, les prieres, les discours, que leur nombre, leur publicité, leur fréquente répétition expose au rebut des sens fatigués, au mépris de la raison clairvoyante, à des profanations dangereuses, ou à un oubli & un abandon que le clergé rédoute encore plus que des sacrileges. Les prêtres de l'Inde aussi sages que ceux de l'Egypte, ont la politique de ne laisser pénétrer aucun étranger dans la pagode de Scheringham. A travers les fables qui enveloppent l'histoire de ce temple, il y a apparence qu'un philosophe savant qui pourroit y être admis, trouveroit dans les emblêmes, la forme & la construction de l'édifice, dans les pratiques superstitieuses & les traditions particulieres à cet enclos, des sources d'instruction, & des lumieres sur l'histoire des siecles les plus reculés. Des pélerins de tout l'Indostan y viennent chercher l'absolution de leurs péchés, & ne se présentent jamais sans une offrande proportionnée à leur fortune. Ces dons étoient encore si considérables au commencement du siecle, qu'ils faisoient subsister dans les douceurs d'une vie oisive & commode des Brames qui avec leurs familles formoient une population de quarante mille ames. Leur situation, malgré la gêne d'une assez grande subordination, leur plaisoit si fort, qu'ils ne quittoient jamais la tranquillité de leur retraite pour se jetter dans le tumulte des affaires d'état, & qu'ils n'ont jamais tiré le feu de l'autel pour incendier les provinces. Indépendamment des autres avantages que Scheringham offroit aux François, ils trouvoient à son voisinage une position qui devoit leur donner une grande influence dans les pays voisins, & un empire absolu sur le Tanjaour, qu'ils étoient les maîtres de priver quand ils le voudroient des eaux néceſſaires pour la culture de ſes ris.

Karcial & Pondichery virent augmenter chacun leur territoire d'un eſpace de dix lieues & de quatre-vingt villages. Si ces acquiſitions n'étoient pas auſſi conſidérables que celle de Scheringham pour la force politique, elles étoient bien plus avantageuſes au commerce.

Les unes & les autres paroiſſoient bien peu de choſe au prix du territoire qu'on gagnoit au nord. Il embraſſoit le Condavir, Mazulipatam avec ſes dépendances, l'iſle de Divy, & les quatre Carkars ou provinces d'Elour, de Montaſanagar, de Ragimendrie & de Chicakol. Des conceſſions de cette importance rendoient les François maîtres de la côte de Coromandel & d'Orixa, dans un eſpace non interrompu de ſix cens mille depuis Medapilly juſqu'à Jaquernat, la pagode la plus renommée de l'orient. Ces pays ſont bornés par une chaîne de montagnes qui ſuit preſque la même direction que la côte de la mer dont elles ſont éloignées le plus ſouvent de quatre-vingt ou quatre-vingt-dix mille, mais quelquefois ſeulement de trente. L'intérieur eſt peuplé de tiſſerands qui fabriquent des toiles propres pour l'Europe, fort ſupérieures à celles qui ſortent de l'Indoſtan, & que l'abondance des vivres leur permet de donner à meilleur marché. A la vérité, les François ne devoient jouir des quatre Carkars, qu'autant qu'ils enttretiendroient au ſervice du Souba le nombre des troupes dont on étoit convenu ; mais cet engagement qui ne lioit que leur probité, ne les inquiétoit guere. Leur ambition dévoroit d'avance les tréſors accumulés dans ces vaſtes contrées depuis tant de ſiecles. Cependant les nombreux & puiſſans Rajas qui partageoient ces richeſſes, devoient naturellement du fond de leurs forts & de leurs forêts impénétrables refuſer à des étrangers un tribut que l'empire même n'avoit jamais obtenu que les armes à la main. Les Anglois & les Hollandois dont les comptoirs étoient ſitués ſur ce territoire, ne pouvoient pas conſentir à voir leur rival devenir leur maître, à lui payer des redevances, à n'avoir que le rebut des marchandiſes les plus recherchées. Le Souba lui-même rougiroit un peu plutôt, un peu plus tard, des ſacrifices que les circonſtances lui auroient arrachés, & il trouveroit quelque inſtant favorable pour les retracter. Ces conſidérations dont les ſuites ont ſi bien démontré la ſolidité, ne ſe préſenterent pas, ou l'on ne s'y arrêta pas aſſez pour en ſentir l'importance.

Les honneurs qu'on prodiguoit perſonnellement à Dupleix paroiſſoient devoir être encore une nouvelle ſource de proſpérités. On n'ignoroit pas que toute colonie étrangere eſt plus ou moins odieuſe ; qu'il eſt dans les principes d'une politique judicieuſe de chercher à diminuer cette averſion, & que le plus puiſſant moyen pour arriver à ce but, eſt d'adopter autant qu'il eſt poſſible les uſages du pays où l'on veut vivre. Le penchant que le chef des François avoit pour le faſte Aſiatique, lui faiſoit goûter toutes ces conſidérations. Il fut au comble de la joie lorſqu'il ſe vit revêtu du titre de Nabab. Cette qualité le rendoit l'egal de ceux dont on avoit été réduit juſqu'alors à mandier la protection. Il ſe voyoit un des principaux membres d'un grand empire, & en quelque maniere ſouverain. Une ſituation ſi favorable lui aſſuroit toutes les facilités qu'il pouvoit deſirer pour ſe faire des créatures parmi les principaux Maures, parmi les principaux Indiens,

& pour préparer les révolutions qu'il jugeroit convenables aux grands intérêts qui lui étoient confiés. Toutes les dignités qu'il avoit reçues paroissoient concourir à l'aggrandissement de la compagnie ; mais celle dont on se promettoit de plus grands avantages étoit le gouvernement de toutes les possessions Mogoles situées au sud de la riviere de Khrisnha, c'est-à-dire, d'un terrein presqu'aussi étendu que la France entiere. Tous les revenus de ces riches contrées devoient être déposés dans ses mains, sans qu'il fut obligé d'en rendre compte qu'au Souba même.

Quoique ces arrangemens faits par des marchands ne dussent pas plaire naturellement à la cour de Delhy, on craignit peu son ressentiment. Son impuissance devenoit tous les jours plus grande. Privée des secours d'hommes & d'argent, que les Soubas, les Nababs, les Rajas, ses moindres préposés, se permettoient de lui refuser, elle se voyoit assaillie de tous côtés.

Les Rajeputes, descendans de ces anciens Indiens que combattit Alexandre, chassés de leurs possessions par les Mogols, se sont réfugiés dans des montagnes situées au centre de l'Indostan. Leurs dissensions perpétuelles les empêchent d'entreprendre des conquêtes ; mais dans les courts intervalles de repos que leur laissent ces troubles domestiques, ils font des incursions qui travaillent le corps épuisé de l'empire.

Les Patanes sont des ennemis encore plus redoutables. Ils habitent au pied du mont Imans, qui est une branche du Caucase, & sont sans difficulté les plus braves de tous les soldats Mahometans qu'on leve dans l'Indostan. La connoissance qu'ils ont de cette supériorité rend ceux qui sont dispersés au service de différens princes d'une audace & d'une violence extrêmes. De quelques crimes qu'ils se soient rendus coupables, on ne se détermine à les punir que rarement, & avec la plus grande circonspection. L'esprit de vengeance leur rend familier l'assassinat. Ils ne balancent guere à se le permettre lorsqu'ils sont en trop petit nombre pour lever l'étendart de la révolte: doublement redoutables à l'état, & comme soldats, & comme brigands. Le corps de la nation a secoué peu à peu le joug des Mogols depuis leurs derniers malheurs. Ses généraux ont même poussé il y a peu d'années leurs ravages jusqu'à Delhy, qu'ils n'ont abandonné qu'après un affreux pillage.

Mais, de tous les ennemis du Mogol, il n'y en a pas de plus redoutables que les Marates. Ces peuples devenus depuis quelque tems si célebres occupoient, autant que l'obscurité de leur origine & de leur histoire permet de le conjecturer, plusieurs provinces de l'Indostan, d'où ils furent chassés par les Mogols. Ils se réfugierent dans les montagnes qui s'étendent depuis Surate jusqu'à la hauteur de Goa, & y formerent plusieurs petits états indépendans les uns des autres, qui, avec le tems, se fondirent dans un seul. Leur chef fixa sa demeure à Sattarah. Il régnoit sur des provinces où l'on voyoit une culture florissante, des troupeaux nombreux, quelques manufactures. Ceux de ses sujets pour qui ces occupations paisibles n'avoient nul attrait, ne respiroient que le brigandage. Cette passion devint contagieuse. Bientôt la plupart porterent le vice & la licence à tous les excès qu'on doit attendre d'un peuple ignorant qui a secoué le joug des préjugés, sans mettre à leur place de bonnes loix & des lumieres. Leur ambition se bornoit cependant à détrousser les caravanes, lorsque le Coromandel pressé par Aurenhzeb, les avertit de leurs forces, en implorant leur secour. A cette époque, leur avidité prit un plus grand essor. On les vit sortir en foule de leurs rochers montés sur des chevaux petits, mais robustes, faits à la fatigue, sûrs dans les plus mauvais chemins, accoutumés à se nourrir en marchant des pâturages & des herbes qu'ils moissonnoient sur pied, vivant comme leurs maîtres de pillage & de butin, ayant au lieu de selle un panneau pareil à celui que le Marechal de Saxe recommende si fortement. Un turban autour de la tête, une ceinture pour couvrir la nudité, un mauvais manteau jetté sur ses épaules pendant le jour, & servant de couverture pour la nuit, formoient tout l'équipage du cavalier. Ses provisions consistoient en un petit sac de ris & en une bouteille de cuir remplie d'eau. Il n'avoit pour toutes armes qu'un sabre, mais d'une trempe si parfaite, que ceux d'Europe, au prix du sien n'étoient bons, disoit-il, que *pour couper du beurre*. Observateurs rigides des deux points de la religion de Brama, qui leur interdisoient de rien manger de ce qui avoit eu vie, & d'écraser le plus vil insecte. Ces brigands croyoient sur la foi de leurs prêtres expier par le sacrifice d'un buffle le sang de leur propre espece versé dans leurs courses, & les tortures affreuses qu'ils faisoient souffrir aux Mogols pour les forcer à déclarer où ils avoient enterré leur or.

Ces horreurs qui s'étendoient d'un bout de l'empire à l'autre, ne servirent de rien aux princes qui en avoient fourni le prétexte. Ils furent forcés de subir le joug d'Aurengzeb ; mais leur vainqueur vit les deux tiers de son regne empoisonnés par ces cruelles dévastations. Le désespoir de vaincre, d'arrêter même des troupes irrégulieres qui laissoient toujours un désert entre le camp & celui de leur ennemi, & qui faisoient jusqu'à quarante mille en un jour si elles y étoient forcées, le détermina à un traité qui auroit été honteux, si la nécessité plus forte que les préjugés, les sermens & les loix, ne l'avoit dicté. Il céda à perpétuité aux Marates le droit de chotaye, ou la quatrieme partie des revenus du Decan, Soubabie formée de toutes les conquêtes qu'il avoit faites dans la peninsule.

Cette espece de tribut fut réguliérement payé tout le temps que vécut Augrenzeb. Après sa mort, on le donna, on le refusa, suivant qu'on étoit, ou qu'on n'étoit pas en force. Le soin de le lever attira les Marates en corps d'armée jusques dans les lieux les plus éloignés de leurs montagnes. La décadence entiere de la puissance régissante augmenta leur audace. Ils firent trembler la cour de Delhy; ils déposerent des empereurs; ils étendirent leurs frontieres; plusieurs de leurs chefs se formerent loin de leur patrie des états indépendans. Les Rajas, les Nababs qui vouloient se rendre absolus dans leurs gouvernemens les appellerent à leurs secours. On ne se dissimuloit pas que cette cavalerie étoit une ressource dangereuse; elle soutient rarement une attaque vive; elle est tellement accoutumée au pillage, qu'elle se le permet jusques dans les pays qui l'ont armée pour leur défense; elle change souvent de parti pour des offres & des capitulations plus avantageuses. Mais, d'un autre côté, c'est la cavalerie de l'Inde qui soutient le mieux la fatigue avec le moins de subsistances; celle qui fait le mieux harceler un ennemi, & lui couper le mieux ses vivres; celle enfin qui par des mouvemens d'une extrême rapidité détruit le plus sûrement une armée battue & mise en déroute.

Tandis que la cour de Delhy luttoit avec désavantage contre tant d'ennemis acharnés à sa ruine, Monsieur de Bussy qui avec un foible corps de François & une armée Indienne avoit conduit Salabetzingue à Aurengabat, sa capitale, s'occupoit avec succès du soin de l'affermir sur le trône où il l'avoit placé. L'imbécillité du prince, les conspirations dont elle fut la cause, l'inquiétude des Marates, des Firmans accordés à des rivaux, d'autres obstacles traverserent ses vues sans y rien changer. Il fit régner le protégé des François plus paisiblement que les circonstances ne permettoient de l'espérer, & il le maintint dans une indépendance absolue de chef de l'empire.

La situation de Chandasaeb nommé à la Nababie d'Arcate n'étoit pas si heureuse. On lui avoit suscité un rival nommé Mametalikan. Leur nom servit de voile aux Anglois & aux François pour se faire une guerre vive. Les deux nations combattoient pour la gloire, pour la richesse, pour servir les passions de leurs chefs, Dupleix & Saunders. La victoire passa souvent de l'un à l'autre camp. Les succès auroient été moins variés, si le gouverneur de Madras eut eu plus de troupes, ou le gouverneur de Pondicheri de meilleurs officiers. Tout portoit à douter lequel de ces deux hommes, à qui la nature avoit donné le même caractere d'inflexibilité, finiroit par donner la loi; mais on étoit bien assuré qu'aucun ne la recevroit tout le tems qu'il lui resteroit un soldat ou une roupie pour se soutenir. Cet épuisement même malgré leurs efforts excessifs paroissoit fort éloigné, parce qu'ils trouvoient l'un & l'autre dans leur haine & dans leur genie des ressources que les plus habiles ne foupçonnoient pas. Il étoit manifeste que les troubles ne cefferoient point dans le Carnate à moins que la paix n'y arrivât d'Europe, & on pouvoit craindre que le feu concentré depuis fix ans dans l'Inde, ne fe communiquât au loin. Les miniftres de France & d'Angleterre diffiperent ce danger en ordonnant aux deux compagnies de fe rapprocher, elles firent un traité conditionnel qui commença par fufpendre les hoftilités dès les premiers jours de 1755, & qui devoit finir par établir contr'elles une égalité entiere de territoire, de force & de commerce à la côte de Coromandel & à celle d'Orixa. Cet arrangement n'avoit pas encore obtenu fa fanction des cours de Londres & de Verfailles, lorfque de plus grands intérêts rallumerent le flambeau de la guerre entre les deux nations.

La nouvelle de ce grand incendie, qui de l'Amérique feptentrionale fe communiqua à tout l'univers, arriva aux Indes dans un tems où la fituation des Anglois étoit très-fâcheufe & pouvoit le devenir encore davantage. Depuis quelque-tems, il s'étoit introduit dans ces contrées éloignées un ufage pernicieux. Tout gouverneur de quelque établiffement Européen fe permettoit de donner afile aux naturels du pays qui craignoient des vexations ou des châtimens. Les fommes fouvent très-confidérables qu'il recevoit pour prix de cette protection, lui faifoient fermer les yeux fur le danger auquel il expofoit les intérêts de fes commettans. Un des principaux officiers du Bengale qui connoiffoit cette reffource, fe refugia chez les Anglois à Calicota pour fe fouftraire aux peines que fes infidélités avoient meritées. Il fut accueilli avec une diftinction calculée fur les préfens que fes immenfes richeffes le mettoient en état d'offrir. Le Souba blessé, comme il le devoit être, se mit à la tête de son armée, attaqua la place & s'en empara. Il fit jetter la garnison dans un cachot étroit où elle fut étouffée en douze heures. Il n'en resta que vingt-trois hommes. Ces malheureux offrirent des grandes sommes à la garde qui étoit à la porte de leur prison pour qu'on fit avertir le prince de leur situation. Leurs cris, leurs gémissemens l'apprenoient au peuple. Il en étoit touché, mais personne ne vouloit aller parler au Souba. *Il dort*, disoit-on aux Anglois mourans, & il n'y avoit peut-être pas dans le Bengale un homme qui pensât que pour sauver la vie à un grand nombre de malheureux, il fallut ôter un moment de sommeil à son tyran.

L'amiral Watzon qui étoit arrivé depuis peu dans l'Inde avec une escadre, & le colonel Clive qui s'étoit fort distingué dans la guerre du Carnatte, ne tarderent pas à en venger leur nation. Ils ramasserent les Anglois dispersés & fugitifs, ils remonterent le Gange dans le mois de décembre 1756, reprirent Calicota, s'emparerent de plusieurs autres places & remporterent enfin une victoire complette sur le Souba qu'ils obligerent à un traité honteux.

Si les François avertis que les hostilités étoient commencées sur la fin de l'année précédente entre leur patrie & l'Angleterre avoient eu l'esprit qui les animoit quelques années auparavant, ils n'auroient pas vu ces événemens avec indifférence. Prévoyant que l'oppression du Sourajahdoula décideroit leur perte, ils l'auroient aidé secretement de conseils & de secours, ou même ouvertement s'il eut fallu de toutes leurs forces. Une passion déplacée pour la paix leur fit
desirer

desirer d'assurer par une convention formelle une neutralité que la crainte du gouvernement & l'intérêt reciproque des parties avoient fait observer jusqu'alors sur les bords du Gange, sans aucun engagement des parties. On la leur laissa espérer, tant qu'on craignit qu'ils ne se joignissent aux naturels du pays. Lorsqu'on crut qu'ils n'étoient plus à tems, on les attaqua dans le centre de leur puissance, à Chandernagor. Cette place entraîna dans sa chûte la ruine de tous leurs comptoirs. Le Souba laissant percer le chagrin qu'il ressentoit d'avoir imité l'inaction des François, fut détrôné, mis à mort & remplacé par Meerjaffer qui livra aux Anglois les immenses trésors de son prédécesseur & ses plus belles provinces.

Cette étonnante révolution conduite avec beaucoup de hardiesse, de sagesse & de vivacité par deux hommes d'un mérite rare, eut des suites très-heureuses. Elle mit les Anglois en état de faire passer des hommes, de l'argent, des vivres, des vaisseaux à la côte de Coromandel où les François venoient d'arriver avec des forces considérables de terre & de mer.

Ces forces destinées à couvrir les établissemens de leur nation, à détruire ceux de l'ennemi, étoient plus que suffisantes pour ces deux objets. Il s'agissoit seulement d'en faire un usage raisonnable, & l'on s'égara dès les premiers pas. La preuve en est bien sensible.

Avant le commencement des hostilités, la compagnie possedoit aux côtes d'Orixa & de Coromandel Muzalipatam avec cinq grandes provinces, un arrondissement au-tour de Pondichery qui n'avoit eu long-tems qu'une langue de sable, un territoire à-peu-près égal, près de Karillal, & l'isle de Scheyingam. Ces possessions séparées les unes des autres, formoient quatre masses principales. On leur trouvoit l'inconvénient de ne pas s'étayer mutuellement, de n'être pas susceptibles d'une bonne administration à cause de l'éloignement des chefs, d'exiger de trop grandes dépenses pour leur défense. Elles portoient l'empreinte de l'esprit un peu decousu & de l'imagination souvent gigantesque de Dupleix qui les avoit acquises.

Le vice de cette politique avoit pu être corrigé. Dupleix qui rachetoit ses défauts par de grandes qualités, avoit amené les affaires au point de se faire offrir le gouvernement perpétuel de la province d'Arcate. Cet état malgré l'instabilité des places & des affaires dans l'Indostan, avoit été gouverné successivement par trois Nababs d'une même famille qui s'étoient accoutumés peu à peu à regarder leur souveraineté comme héréditaire. Cette persuasion les avoit empêché de se conduire dans leur administration avec cet esprit de rapine & de destruction qui est la suite naturelle d'une possession incertaine & passagere. Ils avoient été plus loin. Voyant leurs revenus fondés en grande partie sur la récolte des grains, qui dépend de la quantité d'eau qu'on amasse, pour suppléer au défaut de pluie dans la saison seche, ils avoient construit de grands réservoirs. Le progrès des manufactures avoit également fixé leur attention. La félicité générale avoit été la suite d'une conduite si douce & si généreuse. Les revenus publics étoient montés à cinq millions de roupies. On en auroit donné la sixieme partie à Salabelzingue & le surplus seroit resté à la compagnie.

Si le ministere & la direction qui vouloient & ne vouloient pas être une puissance dans l'Inde avoient été capables d'une résolution ferme & invariable, ils auroient pu ordonner à leur agent d'abandonner toutes les conquêtes éloignées & de s'en tenir à ce grand établissement. Seul il devoit donner aux François une existance inébranlable, un état serré & contigu, une quantité prodigieuse de marchandises, des vivres pour l'approvisionnement de leurs places fortes, des revenus plus que suffisans pour entretenir un corps de troupes qui les mettroit en état de braver la jalousie de leurs voisins & la haine de leurs ennemis. Malheureusement pour eux, l'Europe ordonna qu'on refusât l'Arcate, & les affaires restèrent sur le pied où elles étoient avant cette proposition.

La situation étoit délicate & ne se soutenoit que par des ressorts très-déliés. Peut-être n'y avoit-il que l'auteur du système qui pût le défendre, ou à son défaut l'officier célèbre qui étoit entré le plus avant dans sa confidence, qui avoit eu le plus de part à ses combinaisons. On en jugea autrement. Le général qu'on chargea de la guerre de l'Inde, crut devoir renverser un édifice qu'il ne falloit qu'étayer dans des tems de troubles, & il publia ses idées avec un éclat qui ajoutoit beaucoup à l'imprudence de ses résolutions. Un mécontentement universel, la défiance, l'incertitude dans les opérations, des factions furent les suites de ces variations. Mais quand même il auroit régné un accord parfait parmi les esprits; quand même la conduite du chef eût été aussi suivie qu'elle fut folle & décousue, le changement seul du système politique devoit entraîner la ruine des affaires.

L'évacuation de l'isle de Sheringham fut la principale cause des malheurs de la guerre du

Tanjaour. On perdit Mazulipatam & les provinces du Nord pour avoir renoncé à l'alliance de Salabetzingue. Les petites puissances du Carnate ne respectant plus dans les François le caractere de leur ancien ami le Souba du Dekan, acheverent de tout perdre en embrassant d'autres intérêts. La conduite supérieure des Anglois sur terre & sur mer précipita les événemens. Après le 15 Janvier 1761, qui fit l'époque de la reddition de Pondichery, il ne resta pas à leur ennemi un pouce de terrein dans l'Inde.

Cette révolution qui a étonné l'Europe & l'Asie, avoit été prévue par les phylosophes qui suivoient les progrès de la corruption des mœurs Françoises, depuis la capitale de la métropole, jusques dans l'Amérique & l'Asie. Elles avoient sur-tout dégénéré dans le climat voluptueux des Indes. Les guerres que Dupleix avoit faites dans l'intérieur des terres avoient commencé un assez grand nombre de fortunes. Les dons que Salabetzingue prodigua à ceux qui le conduisirent triomphant dans sa capitale & l'affermirent sur le trône, les multiplierent & les augmenterent. Les officiers qui n'avoient pas partagé le péril, la gloire, les avantages de ces expéditions brillantes, chercherent à se consoler de leur malheur en réduisant à la moitié le nombre des Cipayes qu'ils devoient avoir, & dont ils pouvoient facilement detourner la solde, parce qu'on leur en laissoit la manutention. Les commis à qui ces ressources étoient interdites, débitant les marchandises envoyées d'Europe, ne rendoient à la compagnie que la moindre partie d'un bénéfice qu'elle auroit dû avoir entier, & lui vendoient eux-mêmes fort cher celles qu'elle auroit dû recevoir de la premiere main. Ceux qui étoient chargés de l'administration de quelque possession, l'affermoient eux-mêmes sous des noms Indiens ou la donnoient à vil prix, parce qu'ils avoient reçu d'avance une gratification considérable ; souvent même ils retenoient tout le revenu de ces possessions en supposant des violences & des ravages qui avoient rendu impossible le recouvrement ; toutes ces entreprises, de quelque nature qu'elles fussent, s'accordoient clandestinement : elles étoient la proie des employs qui avoient su se rendre redoutables, ou de ceux qui jouissoient de plus de faveur & de fortune. L'abus solemnel aux Indes de faire & de recevoir des présens à chaque traité, avoit multiplié les engagemens sans nécessité. Les agens de la compagnie ne craignoient pas de la précipiter dans ces dépenses ruineuses, parce qu'il leur en revenoit des sommes immenses, dont ils n'ont jamais rendu compte, quoique les loix de 1751 & de 1756 les y obligeassent formellement. Les navigateurs qui abordoient dans ces climats, éblouis des fortunes qu'ils voyoient quadrupler d'un voyage à l'autre, ne voulurent plus regarder les vaisseaux dont on leur confioit le commandement, que comme une voie de trafic & de richesse qui leur étoit ouverte. La corruption fut portée à son comble par les gens de qualité, avilis & ruinés, qui sur ce qu'ils voyoient, sur ce qu'ils entendoient dire, voulurent passer en Asie dans l'espérance d'y rétablir leurs affaires ou d'y continuer avec impunité leurs dérèglemens. La conduite personnelle des directeurs les mettoit dans la nécessité de fermer les yeux sur tous ces désordres. On leur reprochoit de ne voir dans leur place que le crédit, l'argent, la considération qu'elle leur donnoit. On leur reprochoit de livrer les postes les plus importans à des parens sans mœurs, sans application, sans capacité; on leur reprochoit de multiplier sans cesse & sans mesure le nombre des facteurs, pour se ménager des protecteurs à la ville & à la cour. On leur reprochoit de fournir eux-mêmes ce qu'on auroit obtenu ailleurs à un prix plus modique & de meilleure qualité. Soit que le gouvernement ignorât ces excès, soit qu'il n'eut pas le courage de les reprimer, il fut par son aveuglement ou par sa foiblesse complice en quelque sorte de la ruine des affaires de la nation dans l'Inde. On pourroit même sans injustice l'accuser d'en avoir été la cause principale par les instrumens foibles ou infideles qu'il employa pour diriger, pour défendre une colonie importante que sa corruption mettoit dans un aussi grand danger que les armées & les flottes Angloises.

Le poids des malheurs qui accabloient la compagnie dans l'Orient, étoit augmenté par la situation où elle se trouvoit en Europe. Ses finances étoient dans un désordre extrême, & y avoient toujours été depuis son origine. Ses premiers fonds furent bientôt plus qu'absorbés par des établissemens faits sans intelligence, par des répartitions prématurées, par des droits de présence onéreux, par des intérêts excessifs, par des emprunts à la grosse, à cinq pour cent par mois, qui emportoient au-delà des bénéfices de commerce. L'impuissance où elle se trouva souvent de continuer ses expéditions, la détermina plus d'une fois à consentir que des particuliers négociassent en concurrence avec elle.

Le système qui parut la relever lui fit jetter un éclat funeste & ne lui donna point de force. A sa chûte, elle se trouva avec des droits immenses qui la rendoient odieuse, & un revenu de trois millions qui lui provenoient de la vente exclusif du tabac qu'on lui avoit aliénée pour quatre-vingt-dix millions qui lui étoient dus, mais sans aucun fond. Le peu qu'elle put s'en ménager, fut employé à éteindre dans l'Inde quelques dettes de l'ancienne compagnie, & à payer les directeurs de ses comptoirs qui depuis des tems infinis ne recevoient pas leurs appointemens. Son inaction la rendoit la fable de l'Europe. Elle en sortit en 1726. La célérité de ses progrès étonna toutes les nations. L'effort qu'elle prenoit paroissoit devoir l'élever au-dessus des compagnies les plus florissantes. Cette opinion qui étoit générale, enhardissoit les actionnaires à se plaindre de ce qu'on ne doubloit pas, qu'on ne triploit pas les répartitions. Ils croyoient, & le public croyoit avec eux, que le trésor du prince s'enrichissoit de leurs dépouilles. Le profond mystere, sous lequel on enseveliffoit le secret des opérations, donnoit beaucoup de force à ces conjectures.

Le commencement des hostilités entre la France & l'Angleterre en 1744, rompit le charme. Le ministere trop gêné dans ses affaires pour donner des secours à la compagnie, l'abandonna à elle-même. Sa situation devint alors publique. On vit avec étonnement prêt à s'écrouler ce colosse qui n'avoit point éprouvé de secousses, & dont tous les malheurs se réduisoient à la perte de deux vaisseaux d'une valeur médiocre. La fureur de donner de la grandeur, de la force, de la magnificence à ses établissemens d'Asie; la passion de rendre son port de l'Orient rival de Brest & de Postmouth avoient porté sur le bord du précipice une société qui de quelques membres qu'elle fut composée, n'étoit après tout qu'un corps marchand.

Il y feroit tombé malgré la reffource d'un très-gros emprunt, fi le gouvernement ne fe fût reconnu en 1747 débiteur envers la compagnie de cent quatre-vingt millions dont il s'obligeoit à lui payer à perpétuité l'intérêt au denier vingt. Cet engagement qui devoit lui tenir lieu de la vente excluſive du tabac, eſt un point ſi important dans ſon hiſtoire, qu'on ne le trouveroit pas affez éclairci ſi nous ne reprenions les choſes de plus haut.

L'uſage du tabac introduit en Europe après la découverte de l'Amérique, ne fit pas en France des progrès rapides. La conſommation en étoit ſi bornée, que le premier bail qui commença le premier décembre 1674, & qui finit le premier octobre 1680, ne rendit au gouvernement que cinq cens mille francs les deux premieres années, & ſix cens mille les quatre dernieres, quoiqu'on eût joint à cette ſuperfluité le droit de marque ſur l'étain. Cette ferme fut confondue dans les fermes générales juſqu'en 1691 qu'elle y reſta encore unie, mais elle y fut compriſe pour un million cinq cens mille livres par an. En 1697, elle redevint ferme particuliere aux mêmes conditions juſqu'en 1709 où elle reçut une augmentation de cent mille francs par an juſqu'en 1715. Elle ne fut renouvellée alors que pour trois années, dont les deux premieres devoient rendre deux millions, & la derniere deux cens mille livres de plus. A cette époque, elle fut élevée à quatre millions vingt mille livres par an, mais cet arrangement ne dura que du premier octobre 1718, au premier juin 1720. Le tabac devint marchand dans toute l'étendue du royaume, & reſta ſur ce pied juſqu'au premier ſeptembre 1721. Les particuliers en firent dans ce court intervalle de ſi grandes proviſions, que lorsqu'on voulut rétablir cette ferme, on ne put la porter qu'à un prix modique. Ce bail qui étoit le onzieme devoit durer neuf ans, à commencer du premier septembre 1721, au premier octobre 1730. Les fermiers donnoient pour les treize premiers mois treize cens mille livres, dix-huit cens mille francs pour la seconde année, deux millions cinq cens soixante mille francs pour la troisieme, & trois millions pour chacune des six dernieres. Cet arrangement n'eut pas lieu, parce que la compagnie des Indes à qui le gouvernement devoit quatre-vingt-dix millions portés au trésor royal en 1717, demanda la ferme du tabac qui lui avoit été alors aliénée à perpétuité, & dont des événemens particuliers l'avoient empêché de jouir. Sa requête fut trouvée juste, & des arrêts du conseil du vingt-deux mars, du premier septembre 1723 lui adjugerent ce qu'elle sollicitoit avec une vivacité extrême.

Elle régit par elle-même cette ferme depuis le premier octobre 1723, jusqu'au trente septembre 1730. Le produit durant cet espace fut de cinquante millions quatre-vingt-trois mille neuf cens soixante-sept livres onze sols neuf deniers, qui fait par an sept millions cent cinquante-quatre mille huit cens cinquante-deux livres dix sols trois deniers, sur quoi il faut déduire chaque année pour les frais d'exploitation trois millions quarante-deux mille neuf cens soixante-trois livres dix-neuf sols six deniers.

Ces frais énormes firent juger qu'une affaire qui devenoit tous les jours plus considérable, seroit mieux entre les mains des fermiers généraux qui la conduiroient avec moins de dépense par le moyen des commis qu'ils avoient pour d'autres objets. La compagnie leur en fit un bail pour huit années. Ils s'engagerent à lui payer sept millions cinq cens mille livres pour chacune des quatre premieres, & huit millions pour chacune des quatre dernieres. Ce bail fut continué sur le même pied jusqu'au mois de Juin 1747, & le roi promit de tenir compte à la compagnie de l'augmentation de produit lorsqu'elle seroit connue & constatée.

A cette époque le roi réunit la ferme du tabac à ses autres droits, en créant & aliénant au profit de la compagnie neuf millions de rente perpétuelle au principal de cent quatre-vingt millions. On crut lui devoir ce grand dédommagement pour l'ancienne dette de quatre-vingt-dix millions, pour l'excédent du produit de la ferme du tabac depuis 1738 jusqu'en 1747, & pour l'indemniser des dépenses faites pour la traite des negres, des pertes soufferentes pendant la guerre, de la rétrocession du privilége exclusif du commerce de Saint Domingue, de la non-jouissance du droit de tonneau dont le payement avoit été suspendu depuis 1731. Ce traitement paroît cependant insuffisant à quelques actionnaires qui sont parvenus à découvrir que depuis 1758, il s'est vendu annuellement dans le royaume onze millions sept cens onze mille livres de tabac, à trois livres quatre sols la livre, quoiqu'il ne coûte d'achat que vingt-sept francs le cent.

La nation pense bien différemment. Elle a accusé les administrateurs qui ont déterminé le gouvernement à se reconnoître débiteur de cent quatre-vingt millions, envers la compagnie d'avoir sacrifié la fortune publique aux intérêts d'une société particuliere. Un écrivain qui examineroit de nos jours si ce reproche étoit ou n'étoit pas fondé, passeroit pour un homme oisif; peut-être nous permettra-t-on d'observer que si les protecteurs de la compagnie avoient été moins aveuglés par leurs préventions, ils auroient procuré à la nation quelques dédommagemens pour la dette immense qu'ils lui faisoient contracter. Rien n'étoit plus facile, il n'auroit fallu pour cela que la dépouiller du monopole odieux qui faisoit passer le castor du Canada dans les mains des Anglois ; rendre à l'état le Senegal dont elle ne tiroit annuellement que sept ou huit cens esclaves ; décharger le gouvernement & le commerce du tribut extravagant qu'ils lui payoient pour la traite de Guinée ; la ramener enfin à l'esprit de son institution, & l'y retenir sans lui jamais permettre d'en franchir les bornes.

Ceux qui ont suivi la marche de la compagnie sont instruits que son commerce fut peu de chose dans le dernier siecle. Des mémoires sur lesquels on peut compter font foi que depuis 1664 jusqu'en 1684, il ne s'éleva pas en totalité au-dessus de neuf millions cent mille livres. Ses progrès furent peu considérables dans la suite, parce que la France ne fut occupée que de l'ambition de reculer ses frontieres. Il comnença à prendre quelques accroissemens après 1720 ; mais ce ne fut que cinq ou six ans après qu'il devint un objet important. On espéroit encore davantage de sa fortune, lorsque deux guerres ruineuses interrompirent ou ruinerent ses opérations.

Il est prouvé que les ventes faites à l'Orient depuis 1726, jusques & y compris 1756, époque de la derniere guerre, n'ont monté qu'à 437, 376, 284 liv. On a gagné régulièrement de l'achat à la vente, cent deux pour cent depuis 1740 jusqu'en 1756 ; de sorte qu'en supposant les bénéfices toujours les mêmes, les exportations d'argent ont dû se réduire à 216, 522, 912 liv. Il seroit naturel de distraire de cette somme le produit des marchandises portées d'Europe en Asie, mais les troubles où la compagnie s'est engagée ont plus fait sortir de métaux de la métropole que l'exportation de ses marchandises n'y en a retenu.

Si on veut examiner à combien s'est élevé le commerce annuel de la compagnie durant cet espace de tems, on trouvera qu'il n'a pas passé 14,108,912 l. Des retours de vingt-quatre millions auroient été à peine suffisans pour la seule consommation du royaume, & ils auroient dû être beaucoup plus considérables pour pouvoir fournir aux besoins des états voisins.

Ces importantes considérations devoient fixer l'attention du gouvernement & des actionnaires au moment où le retour de la paix permettroit à la France de reprendre le commerce des Indes. Ce moment arriva, mais la perte de tous les établissemens de l'Inde, les événemens qui l'avoient précédée, ceux qui l'avoient suivie jetterent le désespoir dans l'ame des actionnaires, & ce désespoir enfanta cent systêmes la plupart absurdes. On passoit rapidement de l'un à l'autre, sans qu'aucun pût fixer des esprits pleins d'incertitude & de défiance. Des momens qui devenoient tous les jours plus précieux pour agir, se passoient en reproches & en invectives. L'aigreur étoit comme des délibérations. Personne ne pouvoit prévoir où tant de convulsions aboutiroient, lorsqu'un jeune négociant d'un génie hardi & lumineux se fit entendre. A sa voix, les orages se calment, les cœurs s'ouvrent à l'espérance; il n'y a qu'un avis, & c'est le sien. La compagnie que les esprits ennemis de tout privilége exclusif desiroient de voir abolie, & dont tant d'intérêts particuliers avoient, juré la ruine, est maintenue ; & ce qui étoit indispensable, on l'a réformé.

Parmi les causes qui avoient précipité la compagnie des Indes dans l'abîme où elle se trouvoit, il y en avoit une que le public & les actionnaires regardoient depuis long-tems comme la source de toutes les autres, & sur laquelle on insista fortement dans ce moment de crise où l'on n'avoit plus rien à ménager : c'est la dépendance ou plutôt la servitude dans laquelle le gouvernement tenoit la compagnie depuis près d'un demi siecle.

Dès 1723, la cour avoit elle-même choisi les directeurs. Elle jugea en 1730 que ce n'étoit pas assez de faire régir la fortune des actionnaires par des hommes indépendans d'eux, puisqu'ils n'étoient point à leur nomination. Un commissaire du roi fut introduit dans l'administration de la compagnie. Dès-lors plus de liberté dans les délibérations, plus de relation entre les administrateurs & les propriétaires ; aucun rapport immédiat entre ces mêmes administrateurs & le gouvernement. Tout se dirigea par l'influence & suivant les vues du commissaire du roi. Le mystere, ce voile dangereux d'une administration arbitraire, couvrit toutes les opérations ; & ce ne fut qu'en 1744 qu'on assembla les actionnaires pour la premiere fois depuis vingt ans. On leur montra la vérité, parce qu'on n'avoit plus de ressource à espérer dans le mensonge. Ils furent autorisés à nommer des Syndics. On fit tous les ans une assemblée générale : on leur y communiqua un bilan, mais ce bilan n'étoit propre qu'à les égarer. Le roi continua à nommer les directeurs, & au lieu d'un commissaire qu'il avoit eu jusqu'alors dans l'administration de la compagnie, il voulut en avoir deux.

Dès ce moment il y eut deux partis. Chacun des commissaires forma des projets différens, adopta des protegés & chercha à faire prévaloir ses vues. Delà les divisions, les intrigues, les délations, les haines dont le foyer étoit à Paris, mais qui s'étendirent jusqu'aux Indes & qui y éclaterent d'une maniere si funeste pour la nation.

Le ministere frappé de tant d'abus, & fatigué de ces guerres interminables, y chercha un remede. Il crut l'avoir trouvé en nommant un troisieme commissaire : il ne fit qu'augmenter le mal. On avoit vu le despotisme régner lorsqu'il n'y en avoit qu'un seul, la division lorsqu'il y en eut deux ; mais dès l'instant qu'il y en eût trois, tout tomba dans l'anarchie. On revint à n'en avoir que deux qu'on tâcha de concilier le mieux qu'on pût, & il n'y en avoit même qu'un en 1764, lorsque les actionnaires demanderent qu'on rappellât la compagnie à son essence en lui rendant sa liberté.

Ils oserent dire au gouvernement que c'étoit à lui à s'imputer les malheurs & les fautes de la compagnie, puisque les actionnaires n'avoient pris aucune part à l'administration de leurs affaires ; qu'elles ne pouvoient être dirigées vers le but le plus utile & pour eux & pour l'état, qu'autant qu'elles le seroient librement & qu'on établiroit des relations immédiates entre les propriétaires & leurs administrateurs, entre les administrateurs & le gouvernement : que toutes les fois qu'il y auroit un intermédiaire, les ordres donnés d'une part & les représentations faites de l'autre recevroient nécessairement en passant par ses mains l'impression de ses vues particulieres & de sa volonté personnelle, en sorte qu'il seroit toujours le véritable & l'unique administrateur de la compagnie ; qu'un administrateur de cette nature, toujours sans intérêt, souvent sans lumiere, sacrifieroit perpétuellement à l'état passager de son administration & à la faveur des gens en place, le bien & l'avantage réel du commerce : qu'on devoit tout attendre au contraire d'une administration libre, choisie par les propriétaires, éclairée par eux, agissant avec eux & loin de laquelle on écarteroit constamment toute idée de gêne & d'influence.

Ces raisons furent senties par le gouvernement. Il assura à la compagnie sa liberté par un édit solemnel ; & ce même négociant qui venoit de lui donner une nouvelle existance par son génie, forma un projet de statuts provisoires pour donner une nouvelle forme à son administration.

Le but de ces institutions étoit que la compagnie ne fut plus conduite par des hommes qui souvent n'étoient pas dignes d'en être les facteurs ; que le gouvernement ne s'en mêlât que pour la protéger : qu'elle fut également préservée & de la servitude sous laquelle elle gémissoit, & de l'esprit de mystere qui y perpétuoit la corruption : qu'il y eut des relations continuelles entre les administrateurs & les actionnaires : que Paris privé de l'avantage dont jouissent les capitales des autres nations commerçantes, celui d'être un port de mer, put s'instruire du commerce dans des assemblées libres & paisibles : que le citoyen s'y formât enfin des idées justes de ce lien puissant de tous les peuples, & qu'il apprit en s'éclairant sur les sources de la propriété publique, à respecter le négociant qui la nourrit ainsi qu'à mépriser les professions qui la détruisent.

Les événemens qui ont suivi ces institutions ont paru déposer en faveur de leur sagesse. En quatre années qui se sont écoulées sous le régime de la liberté, l'administration nouvelle a liquidé

& payé moitié en contrats, moitié en argent; soixante millions de dettes contractées dans l'Inde pendant la derniere guerre, ou même dans des tems antérieurs. Elle a fait quatre expéditions successives au moyen desquelles les ventes se sont successivement élevées à un dégré égal ou même supérieur à celui auquel elles étoient parvenues dans les tems de la plus grande splendeur de la compagnie. La premiere, c'est-à-dire celle de 1766, a monté net à la somme de 14,798,336 liv. Celle de 1767 à la somme de 16,913,826 liv. & celle de 1768 à la somme de 24,006,506 liv. en tout 55,717,668 liv. D'un autre côté, on a fait des réglemens sages pour les divers comptoirs, & l'on a rétabli l'ordre & l'œconomie dans différentes parties d'administration. Mais ces premiers succès qui ont surpassé l'attente des actionnaires & du public, n'ont point changé essentiellement l'état de la compagnie. On en jugera facilement par une exposition exacte & précise de sa situation actuelle.

Il existoit avant 1764 cinquante mille deux cens soixante-huit actions. A cette époque, le gouvernement qui en 1746, 1747 & 1748 avoit abandonné à la compagnie le produit des actions & des billets d'emprunt qui lui appartenoient, lui a sacrifié les billets & les actions même, les uns & les autres au nombre de onze mille huit cens trente-cinq, pour l'indemniser des avances qu'elle avoit fait à l'état durant la derniere guerre. Ces actions ayant été annulées, il n'en est resté que trente-huit mille quatre cens trente-deux. Le nombre s'est même trouvé réduit depuis à trente-six mille neuf cens vingt & une, & voici comment.

Les besoins de la compagnie ont fait décider

philosophique & politique.

un appel de quatre cens francs par action. Trente-huit mille quatre cens trente-deux devoient produire la somme de 15,372,800 liv. mais comme trente-quatre mille quatre cens trente-deux actions seulement ont fourni l'appel, la compagnie n'a reçu que 13,772,800 liv. L'édit qui a autorisé l'appel a divisé les actions en huit portions égales appellées huitiemes d'action, chacun desquels huitiemes a un capital de huit cens livres produisant dix livres par an. Cela doit s'entendre des actions qui ont satisfait à l'appel ; car les quatre mille qui s'en sont dispensées ne sont reputées que pour cinq huitiemes d'action. Il résulte de ce calcul que la compagnie ne reste chargée que de deux cens quatre-vingt-quinze mille trois cens soixante-quatorze huitiemes ; ce qui fait trente-six mille neuf cens vingt & une actions entieres & six huitiemes.

Le dividende des actions de la compagnie de France a varié comme celui de toutes les autres compagnies, selon les circonstances. Il fut de cent francs en 1722. Depuis 1723 jusqu'en 1745, de cent cinquante. Depuis 1746 jusqu'en 1649, de soixante & dix. Depuis 1750 jusqu'en 1758, de quatre-vingt. Depuis 1759 jusqu'en 1763, de quarante. Il ne fut que de vingt en 1764. Ces détails démontrent que le dividende & la valeur de l'action qui s'y proportionnoit toujours étoient nécessairement assujettis au hazard du commerce & au flux & reflus de l'opinion publique. Delà ces écarts prodigieux qui tantôt élevoient, tantôt abaissoient le prix de l'action ; qui de deux cens pistoles la réduisoient à cent dans la même année ; qui la reportoient ensuite à dix-huit cens livres pour la faire retomber à sept cens quelques tems après. Cependant au milieu de ces révolutions, les capitaux de la compagnie étoient presque toujours les mêmes. Mais c'est un calcul que le public ne fait jamais. La circonstance du moment le détermine, & dans sa confiance comme dans sa crainte, il va toujours au-delà du but.

Les actionnaires perpétuellement exposés à voir leur fortune diminuée de moitié en un jour, ne vouloient plus courir les hazards d'une pareille situation. En faisant de nouveaux fonds pour la reprise du commerce, ils demanderent à mettre à couvert ce qui leur restoit de leur bien, de maniere que dans tous les tems, l'action eut un capital fixe & une rente assurée. Le gouvernement consacra cet arrangement par son édit du mois d'août 1764. L'article 13 porte expressément que pour assurer aux actionnaires un sort fixe, stable & indépendant de tout événement futur du commerce, il sera détaché de la partie du contrat de cent quatre-vingt millions qui se trouvoit libre alors. Le fonds nécessaire pour former à chaque action un capital de seize cens livres & un intérêt de quatre-vingt, sans que cet intérêt & ce capital soient tenus de répondre *en aucun cas & pour quelque cause que ce soit, des engagemens que la compagnie pourroit contracter postérieurement à cet édit.*

Indépendamment de ces avantages qui ne doivent souffrir aucune altération & qui ont mis les actions au nombre des dettes hypotécaires de la compagnie, les actionnaires ont conservé un intérêt général dans ses propriétés & dans les bénéfices de son commerce, quels qu'ils puissent être. Cependant les actions n'ont point de faveur. Le public ne veut prendre aucune confiance en un établissement qui a été constamment si mal dirigé qu'il a coûté des sommes immenses au gouvernement & aux actionnaires, tandis que des institutions semblables étoient ailleurs assez florissantes pour payer cherement la faveur de leur privilege exclusif. A cette considération, s'en joint une autre qui est d'un grand poids dans l'esprit de beaucoup de spéculateurs. La fortune de la compagnie, disent-ils, n'a d'autre base qu'une créance bien ou mal fondée sur l'état. Si le trésor public est si obéré qu'il ne puisse pas long-tems faire face à tous ses engagemens, celui qu'il a pris avec la compagnie ne sera pas plus respecté que les autres; par conséquent les actions ne doivent pas avoir une plus grande valeur que les effets royaux. Inutilement veut-on leur faire observer que le ministere, quelques soient ses embarras, est trop pénétré de l'importance du commerce des Indes, pour en procurer lui - même la chûte par une infidélité : ils repondent que la rente payée aux actionnaires n'a nul rapport avec ce commerce qui ne s'est jamais fait, qui ne se fera jamais qu'avec les fonds qui sont en circulation.

Sans chercher à examiner jusqu'à quel point cette opinion est fondée, nous croyons devoir placer ici l'état détaillé des dettes hypotécaires de la compagnie.

Elle paye un intérêt de deux cens cinquante-huit mille six cens vingt-cinq livres pour dix mille trois cens quarante-cinq billets qui restent de l'emprunt fait en 1745, au denier vingt-cinq. Un intérêt de quinze cens mille francs pour des promesses de passer contrat, créées en 1751 & 1755 au denier vingt. Un intérêt de neuf cens soixante-quatre mille neuf cens quatre-vingt-cinq livres pour diverses promesses de passer contrat au denier vingt-cinq depuis 1764. Deux millions neuf cens cinquante - trois mille sept cens quarante livres pour trente-six mille neuf cens vingt & une actions & six huitiemes à quatre-vingt francs par action. Ces rentes sont perpétuelles & forment un total de cinq millions six cens soixante-dix-sept mille trois cens cinquante livres, au capital de cent dix-huit millions trois cens soixante - onze mille neuf cens quarante-six livres.

Les rentes viageres sont moins considérables. La compagnie doit un million cent quarante - six mille trois cens soixante-huit mille livres pour la loterie composée de 1724. Neuf cens neuf mille trois cens soixante-une livres pour les rentes créées sur deux têtes en 1748. Quatre cens soixante - dix mille six cens soixante-huit livres provenant de la loterie de 1765. Quatre cens dix-neuf mille cent deux livres d'un emprunt fait à neuf pour cent dans la même année. Cent vingt-neuf mille quatre cens livres pour des pensions ou quelques arrangemens particuliers. Les rentes viageres en tout montent à trois millions soixante-quatorze mille huit cens quatre-vingt-dix-neuf livres qui jointes aux cinq millions six cens soixante-dix-sept mille trois cens cinquante livres de rentes perpétuelles, élevent la dette de la compagnie à huit millions sept cens cinquante-deux mille deux cens quarante-neuf livres.

Il résulte de ce calcul qu'il reste à la compagnie sur son contrat de cent quatre-vingt millions, un revenu libre de deux cens quarante-sept mille sept cens cinquante & une livre qui peut paroître suffisant pour faire face aux prétentions encore mal éclaircies de quelques particuliers, & aux demandes de la compagnie Angloise pour la nourriture des prisonniers François durant la derniere guerre.

Outre les dettes hypotécaires en perpétuel &

en viager, la compagnie en a encore de deux natures. Les dettes anciennes, c'est-à-dire celles contractées avant l'époque du premier juillet 1764, montant à 12, 458, 678 livres, & les dettes contractées depuis le premier juillet 1764, montant à 69, 677, 860 livres, ce qui fait en tout 82, 136, 538 liv. Mais d'un autre côté la compagnie a dans son commerce ou dans sa caisse, soit en argent, soit en recouvremens à faire, 83, 113, 842 liv. somme suffisante pour balancer la masse de ses dettes anciennes & nouvelles.

Ses effets mobiliers & immobiliers s'élevent à environ vingt millions. Cette portion du bien de la compagnie comprend son hôtel de Paris; trente vaisseaux en état de naviguer; les édifices de l'Orient & les munitions navales qu'ils renferment; treize cens quarante neuf têtes de Noirs restant aux isles de France & de Bourbon; les bâtimens civils que la compagnie a conservés dans ces deux isles, & ceux qui ont été reconstruits aux Indes. On oublie tout ce que ces objets ont coûté pour les réduire à leur valeur actuelle.

Une propriété bien plus importante, c'est un fond d'environ soixante millions qui est actuellement hypotéqué sur le contrat de cent quatre-vingt millions pour sûreté du payement de trois millions de rentes viageres que la compagnie paye actuellement. Pour peu qu'on veuille faire attention au tems qui s'est écoulé depuis la constitution d'une partie de ces rentes, on sentira que la propriété de ce fond vaut au moins aujourd'hui trente millions ou quinze cens mille francs de rentes perpétuelles.

En récapitulant les divers articles qui constituent l'actif & le passif de la compagnie, & en évaluant les rentes viageres sur le pied de dix pour cent, on trouvera que les dettes hypotécaires montent en capital à la somme de 149, 120, 936 liv. & les autres dettes anciennes & nouvelles à la somme de 82, 136, 538 liv. ce qui porte le passif à 231, 257, 474 liv.

On trouvera d'un autre côté que le contrat de cent quatre-vingt millions, les fonds que la compagnie a dans son commerce ou dans sa caisse, soit en argent, soit en recouvremens à faire, montant à 83, 113, 842 liv. & ses effets mobiliers & immobiliers estimés vingt millions, forment un total de 283, 113, 842 livres; & en comparant ces deux résultats, on trouvera définitivement que l'actif surpasse le passif de 51, 856, 368 liv.

Indépendamment de ces propriétés, la compagnie jouit de quelques droits qui lui sont extrêmement utiles. On lui avoit accordé le commerce exclusif du caffé. Le bien général exigea que celui qui venoit des isles de l'Amérique sortit de son privilege en 1736. Il lui fut accordé en dédommagement une somme annuelle de cinquante mille francs qui lui est encore payée. Le gouvernement l'a dépouillée aussi au mois de janvier 1767 du monopole du caffé de Moka, mais sans lui donner aucune gratification.

Un an auparavant il étoit arrivé une plus grande révolution dans les affaires de la compagnie. Elle avoit obtenu en 1720 le droit de porter seule des esclaves dans les colonies d'Amérique. Le vice de ce système ne tarda pas à se faire sentir, & il fut décidé que tous les négocians du royaume pourroient prendre part à ce trafic, à condition qu'ils ajouteroient une pistole par tête de Négre aux treize livres qu'avoit accordé le trésor royal. En supposant que les isles Françoises recevoient quinze mille Noirs par an, il en résultoit un revenu de trois cens quarante-cinq mille livres pour la compagnie. Cet encouragement qui lui étoit donné pour un commerce qu'elle ne faisoit pas, a été supprimé ; mais il a été remplacé par un équivalent. On va voir comment.

La compagnie au tems de sa formation avoit obtenu une gratification de cinquante francs pour chaque tonneau de marchandises qu'elle exporteroit, & une gratification de soixante - quinze livres pour chaque tonneau de marchandises qu'elle importeroit. Le ministere en lui ôtant ce qu'elle tiroit des Négres, a poussé la gratification de chaque tonneau d'exportation à soixante-quinze livres, & à quatre-vingt celle de chaque tonneau d'importation. Qu'on les évalue annuellement à six mille tonneaux, & on trouvera pour la compagnie un produit de plus d'un million, en y comprenant les cinquante mille francs qu'elle reçoit pour les caffés.

En conservant ses revenus, la compagnie a vu diminuer ses dépenses. L'édit de 1764 a fait passer la propriété des isles de France & de Bourbon dans les mains du gouvernement qui s'est imposé l'obligation de les fortifier & de les défendre. Par cet arrangement la compagnie s'est trouvée déchargée de la dépense annuelle de deux millions, sans que le commerce exclusif dont elle jouissoit dans ces deux colonies ait reçu la moindre atteinte.

Avec tant de moyens de prospérité, la compagnie languit & languira long-tems, parce qu'elle manque d'argent & de crédit. Le vuide de sa caisse la met dans l'impossibilité de donner dans l'Inde des avances au marchand qui ne fait pas travailler, & par son canal à l'ouvrier qui ne travaille pas sans cet encouragement. On reste dans l'inaction une partie de l'année. Les fonds arrivent: ils sont distribués, & tout se ressent de la précipitation avec laquelle on les employe. La nécessité d'expédier les vaisseaux dans un tems convenable, fait fermer les yeux sur les vices de la fabrication. Cette facilité qui décrie en Europe les ventes Françoises, a encore un autre cause. L'impossibilité où l'on se trouve à la fin de chaque traité de solder avec les fournisseurs Indiens, met indispensablement dans leur dépendance, sans qu'on en soit moins obligé de leur payer un intérêt de douze pour cent pour toutes les sommes qui leur restent dues.

Ce désordre durera jusqu'à ce que la compagnie soit en situation de laisser des fonds d'avance dans ses comptoirs, & il paroît difficile, peut-être impossible dans la situation actuelle, qu'elle se les procure. Sous le régime de la liberté, elle auroit pu attendre plus de zele de la part de ses actionnaires, plus de confiance de la part du public; mais ni le public, ni les actionnaires ne verseront dans une entreprise de cette nature des fonds considérables, sur la foi d'une administration qui depuis les nouvelles lettres patentes du mois de juin 1768, ne peut ni se diriger elle-même, ni se laisser diriger par les propriétaires; & qui nécessairement assujettie à l'influence d'un commissaire, doit faire craindre pour l'avenir les mêmes inconvéniens qu'on a éprouvés par le passé. Comme tout son capital se trouve absorbé, ou par les dettes qu'on a contractées, ou par le parti qu'on a bien ou mal pris d'assurer aux actionnaires une rente fixe, il ne lui reste aucune sûreté à donner à des prêteurs. Nous n'ignorons pas qu'à la rigueur, elle pourroit aliéner ce que l'extinction des rentes viageres laisse à sa disposition, & qui selon toutes les probabilités doit s'élever annuellement à cinquante mille francs; mais nous doutons beaucoup que les propriétaires de l'argent fissent des prêts considérables sur cette hypotéque.

Si on cherchoit à les tenter par l'appas séduisant d'un fort intérêt, ils seroient ramenés à leur défiance naturelle par les révolutions arrivées dans le commerce qui ne peuvent plus faire espérer les mêmes profits, par les obstacles de toute nature qu'il éprouve, & qui ne permettent pas d'élever les ventes au-dessus de vingt ou vingt-cinq millions, tandis qu'il faudroit les porter à trente ou trente-cinq, pour donner à la consommation qui se fait dans le royaume des marchandises d'Asie, & à l'exportation qui peut s'en faire au-dehors, toute l'étendue dont ces objets sont susceptibles.

Ils seroient encore ramenés à leur défiance naturelle par l'obligation où est la compagnie d'approvisionner les isles de France & de Bourbon pour acquitter les devoirs de son privilege, tandis que ces isles, si l'on en excepte pour environ un million de caffé, n'ayant que des lettres de change sur les trésoriers des colonies, à donner en payement des marchandises d'Europe qu'on leur apporte, il en resulte pour la compagnie la nécessité de faire successivement des avances de douze ou quinze millions, & d'acquérir sur le roi une créance que les circonstances publiques rendent toujours incertaine, soit pour la nature, soit pour l'époque du payement.

Un autre principe de défiance très-fondé naît de l'énormité des dépenses auxquelles la compagnie est assujettie. Nous ne prétendons pas dire qu'elles ne soient pas nécessaires, qu'elles ne soient pas même en général réglées avec œconomie : mais elles s'élevent à huit millions par an, suivant les derniers relevés qui en ont été faits; & elles peuvent même se porter plus loin, la compagnie étant chargée des dépenses de souveraineté, dépenses qui par leur nature sont susceptibles de s'étendre & de s'accroître à l'infini suivant les vues politiques du gouvernement qui est l'unique juge de leur nécessité & de leur importance.

Ce sont toutes ces circonstances qui nous font penser que si le roi ne se charge pas des dépenses de souveraineté, que s'il ne prend pas des arrangemens qui rendent l'approvisionnement des isles de France & de Bourbon moins onéreux pour la compagnie; que s'il ne lui assure pas de nouveau & d'une maniere plus inviolable toute la liberté qui fait l'essence d'une entreprise de commerce, celui de la compagnie dépérira tous les jours & finira par s'anéantir. Ces changemens, qui ne font au fond que le retour à l'ordre naturel, deviennent encore plus indispensables pour mettre la compagnie en état de surmonter les obstacles de toute nature qui naissent de la situation où elle se trouve dans l'Inde.

Ce corps a eu pendant quelques années dans les mers d'Asie des possessions immenses que sur la foi de ses agens, il croyoit une source intarissable de richesses. On le flattoit que quelque extension qu'il voulut donner à son commerce, il ne seroit plus obligé d'envoyer des métaux dans l'Orient. Il est démontré aujourd'hui que le Condavir & les quatre Cerkars qui formoient ce grand territoire dont on attendoit tant de trésors, n'ont rendu durant les cinq ans qu'on les a occupés, que treize millions sept cens soixante-treize mille quatre cens soixante-six roupies, & que leur administration ou leur défense en ont coûté quatorze millions neuf cens quatre-vingt-dix-neuf mille six cens quatre-vingt-quatre. La dépense a donc excédé le revenu d'un million deux cens vingt-six mille deux cens dix-huit roupies. A quoi il faut ajouter les frais supportés par la compagnie pour le transport ou le renouvellement des hommes dans ces régions éloignées, & environ douze cens mille francs qu'il a fallu payer à M. de Bussy que ses négociations appuyées par les troupes dont il avoit le commandement, avoient mis à portée d'obtenir la premiere des cinq provinces en 1752, & en 1753 les quatre autres.

Les calculs qu'on vient de voir & dont aucun homme instruit ne contestera la justesse, sont bien propres à consoler la compagnie de la perte qu'elle a faite de la grande acquisition dont nous avons parlé, & de quelques autres qui ne lui étoient pas moins à charge. Les Anglois ont profité de leur supériorité pour la réduire au territoire qu'elle possédoit avant 1749, ce qu'on peut regarder comme un avantage; mais ce qui est un mal peut-être irréparable, ils ne lui ont restitué en 1763 ses établissemens que totalement détruits; parcourons rapidement ces ruines en commençant par le Malabar où elle n'avoit qu'une colonie.

Entre le Canara & le Calicut est une contrée qui a dix-huit lieues d'étendue sur la côte, & sept ou huit au plus dans les terres. Le pays est beau, quoiqu'inégal, couvert de bois presque jusqu'au sommet des montagnes, mais sur-tout de cocotiers & de poivriers qui font sa richesse. Il est partagé en plusieurs petits districts soumis à des seigneurs Indiens tous vassaux de la maison de Colastry. Le chef de cette famille Bramine peut bien porter son attention sur ce qui regarde le culte des dieux ; mais il est reçu de tems immémorial qu'il seroit au-dessous de sa dignité de se livrer à des soins profanes ; & c'est son plus proche parent qui tient les rênes du gouvernement. L'empire est partagé en deux provinces. Dans la plus considérable nommée l'Irouvenate, on voit le comptoir Anglois de Tallichery, & le comptoir Hollandois de Cananor. Ces deux nations s'en partagent le poivre, de maniere que la premiere en tire ordinairement quinze cens mille livres pesant & qu'il n'en reste guere que cinq cens mille pour sa rivale.

C'est dans la seconde province appellée Cartenate, & qui n'a que cinq lieues de côte, que les François s'établirent en 1725, l'épée à la main sur l'embouchure de la riviere de Mahé. Cet acte de violence n'empêcha pas qu'ils n'obtinssent du seul prince qui régissoit ce canton, le commerce exclusif du poivre. Une faveur si marquée donna naissance à une colonie, qui sans compter la garnison & une vingtaine d'ouvriers Européens établis dans le pays, renfermoit six mille Indiens dont les deux tiers étoient chrétiens. Outre les occupations que la compagnie donnoit à ces habitans paisibles, ils avoient trois cens jacquiers, six mille trois cens cinquante cocotiers, deux mille quatre cens soixante arrequiers, huit cens cinquante poivriers, ce qui leur faisoit un revenu annuel de douze à treize mille roupies. Telle étoit cette possession lorsque les Anglois s'en rendirent maîtres en 1760.

L'esprit de destruction qu'ils avoient porté dans leurs autres conquêtes, les suivit à Mahé. Leur projet étoit d'en démolir les maisons pour disperser les habitans. Le souverain du pays s'opposa à cette politique, & il fut assez heureux pour être écouté. Tout fut sauvé, excepté les fortifications. En rentrant dans leur établissement, les François ont trouvé les choses telles à peu près qu'ils les avoient laissées. Il leur convient d'assurer leur état, il leur convient de l'améliorer.

Mahé est dominé par des hauteurs placées à des distances inégales sur lesquelles on avoit élevé à grands frais cinq forts qui n'existent plus. C'étoit beaucoup trop d'ouvrages, il faut les diminuer pour pouvoir réduire la garnison qui étoit autrefois de quatre cens hommes; mais il est indispensable de prendre quelques précautions. On ne doit pas rester perpétuellement exposé à l'inquiétude & aux caprices des Naïrs qui ont été autrefois tentés de détruire, de piller la colonie, & qui pourroient bien l'être encore pour se jetter dans les bras des Anglois de Tallichery qui ne sont éloignés que de trois mille.

Indépendamment des postes que la sûreté de l'intérieur exige, on a besoin de fortifier l'entrée de la riviere. Depuis que les Marattes ont acquis des ports, ils infectent la mer Malabare par leurs pirateries. Tous les bâtimens, à l'exception des Anglois, sont attaqués par eux. Ces brigands tentent même des descentes par-tout où ils comptent faire du butin. Mahé ne seroit pas à l'abri de leurs entreprises, s'il y avoit de l'argent ou des marchandises sans défense qui pussent exciter leur cupidité.

La compagnie se dédommagera aisément de

la dépense qu'exigeront les constructions que nous jugeons nécessaires, si elle conduit son commerce avec l'intelligence & l'activité qu'on a droit d'attendre d'elle. Son comptoir est le mieux placé de tous pour l'achat du poivre. Le pays lui en fournira au moins deux millions cinq cens mille livres pesant. Ce qu'elle n'en vendroit pas en Europe, elle l'envoyera en Chine, dans la mer rouge & dans le Bengale. L'entretien de sa colonie qui lui coûtoit annuellement environ cent trente mille roupies, & qu'elle peut aisément réduire à quatre-vingt-dix mille, ne sera que peu sensible, lorsqu'elle prendra la récolte entiere. Dans cet arrangement, la livre de poivre ne lui coûtera que douze sols, & elle la vendra en Europe de vingt-cinq à trente.

Ce bénéfice considérable par lui-même, est susceptible d'augmentation par celui qu'on pourra faire sur les marchandises d'Europe qu'on portera à Mahé. Les spéculateurs auxquels ce comptoir est le mieux connu, jugent qu'il sera aisé d'y débiter annuellement quatre cens milliers de fer, deux cens milliers de plomb, ving-cinq milliers de cuivre, deux mille fusils, vingt mille livres de poudre, cinquante ancres & grapins, cinquante bales de drap, cinquante mille aulnes de toile à voile, une assez grande quantité de vif-argent, & environ deux cens barriques de vin ou d'eau-de-vie pour les François établis dans la colonie ou pour les Anglois de Tallichery. Ces objets réunis produiront au moins cent soixante mille roupies, dont soixante-quatre mille seront gain, en supposant un bénéfice de quatre pour cent. Un autre avantage de cette circulation, c'est qu'elle entretiendra toujours dans ce comptoir des fonds qui le mettront en état de se procurer le poivre, le cardamome, le fandal dans les faisons de l'année où ces productions font à meilleur marché. Si, comme le projet en paroît formé, on peut parvenir à attirer à Mahé les navigateurs du golphe Persique, ce port doit devenir un marché important.

Le plus grand obstacle que le commerce peut trouver à s'étendre, c'est la douane établie dans la colonie. La moitié de cet impôt gênant appartient au souverain du pays & a été toujours un principe de discension. Les Anglois de Tallichery qui éprouvoient le même dégoût, ont réussi à se procurer de la tranquillité. On pourroit comme eux se rédimer de cette contrainte pour une rente fixe & équivalente. Jamais le prince ne tiendroit contre quelques présens faits à propos, si on avoit l'attention de lui payer les sommes qu'il a prêtées, & le tribut auquel on s'est engagé pour vivre paisiblement sur ses possessions. Il n'est pas si aisé de disposer favorablement les choses dans le Bengale.

La France s'est obligée par le traité de 1763 à ne point ériger de fortifications, à n'entretenir aucunes troupes dans cette riche & vaste contrée. Les Anglois qui, sous le titre modeste de fermiers, y exercent la souveraineté, ne permettront jamais qu'on s'écarte de cette dure loi qu'ils ont imposée; ainsi Chandernagor qui avant la derniere guerre comptoit environ soixante mille ames, & qui n'en a guere aujourd'hui que la moitié, est, & sera toujours un lieu entierement ouvert, quoique son entretien coûte trois cens cinquante mille roupies, & que son revenu ne soit que de trente mille.

A ce malheur d'une situation précaire, se joignent des vexations de tous les genres. Peu contens des préférences que leur assure une autorité sans bornes, les Anglois se sont portés à des excès crians. A leur instigation, les naturels du pays ont insulté les loges Françoises. Ils en ont fait enlever les ouvriers qui leur convenoient. Les toiles destinées à la compagnie de France ont été déchirées sur le métier même. Il a été publiquement ordonné à toutes ces manufactures de ne travailler que pour eux pendant trois mois. Leurs cargaisons qui deviennent tous les jours plus considérables, doivent, disent-ils, être choisies & completées avant qu'on ne puisse rien detourner des atteliers. On a forcé le Souba de défendre aux particuliers des autres nations de faire aucun commerce, quoique toutes les capitulations leur en eussent assuré le droit. Le projet imaginé par les François & les Hollandois réunis de faire un dénombrement exact des tisserands & de se contenter ensemble de la moitié, tandis que l'Anglois jouiroit seul du reste, a été regardé comme un outrage. Ce peuple dominateur a poussé ses prétentions jusqu'à vouloir que ses facteurs pussent acheter dans Chandernagor même, & il a fallu se plier à cette hauteur pour ne se pas voir exclu des marchés de tout le Bengale. En un mot il a tellement abusé de l'injuste droit de la victoire, qu'il sembleroit intéresser les gouvernemens à faire des efforts, & les philosophes même des vœux pour la ruine de sa liberté, si les peuples n'étoient cent fois plus oppresseurs & plus cruels encore sous l'autorité d'un seul homme que dans les propriétés d'un gouvernement tempéré par l'influence de la multitude.

Les moyens que les agens de la compagnie de France mettent en usage pour lutter contre tant de difficultés, sont assurement très-sages. Ils ont réformé les marchands Indiens avec lesquels on contractoit à des conditions énormes, & leur ont substitué des hommes de confiance qui fournissent les marchandises aux prix des manufactures, moyennant une commission de trois pour cent. Ils ont assuré au corps dont ils conduisent les affaires, les toiles qui se fabriquent dans Chandernagor même, & qui étoient autrefois abandonnées aux particuliers, quoique ce fut un objet de grande importance. Enfin ils ont cherché à diminuer les vexations & à remplir les ordres qui leur venoient d'Europe en achetant des chefs même des comptoirs Anglois une partie de ce qui devoit entrer dans leurs envois. Malgré les précautions, les cargaisons qui arrivent en France sont cheres, foibles, tardives, de mauvaise qualité, & il faut que sa compagnie abandonne le Bengale ou qu'elle y périsse, à moins qu'elle ne change Chandernagor contre Chatigam.

Chatigam est situé sur les confins d'Arrakan. Les Portugais qui dans le tems de leur prospérité cherchoient à occuper tous les postes importans de l'Inde, y formerent un grand établissement. Ceux qui s'y étoient fixés, secouerent le joug de leur patrie après qu'elle fut passée sous la domination Espagnole, & se firent corsaires plutôt que d'être esclaves. Ils désolerent long-tems par leurs brigandages les côtes & les mers voisines. A la fin les Mogols les attaquerent, & éleverent sur leurs ruines une colonie assez puissante pour empêcher les irruptions que les peuples d'Arrakan & du Pegu auroient pu être tentés de faire dans le Bengale. Cette place rentra alors dans l'obscurité & n'en est sortie qu'en 1758, lorsque les Anglois s'y sont établis.

Le climat en est sain, les eaux excellentes &

les vivres abondans. L'abord est facile & l'encrage sûr. Le continent & l'isle de Sandiva lui forment un assez bon port. Les rivieres de Barrempoeter & de l'Ecki qui sont des bras du Gange, ou qui du moins y communiquent, rendent faciles ses opérations de commerce. Si elle est plus éloignée de Patna, de Cassimbazar, de quelques autres marchés que les colonies Européennes de la riviere d'Ougly, elle est plus proche de Jougdia, de Daka, de toutes les manufactures du bas Fleuve. Il est indifférent que les grands vaisseaux puissent ou ne puissent pas entrer de ce côté-là dans le Gange, puisque la navigation intérieure ne se fait jamais qu'avec des batteaux.

Quoique la connoissance de ces avantages eût déterminé l'Angleterre à s'emparer de Chatigam, nous pensons qu'à la derniere paix elle l'auroit cédé aux François pour être debarassée de leur voisinage, de leur concurrence dans les lieux pour lesquels l'habitude lui avoit donné plus d'attachement. Nous présumons même qu'elle se seroit désistée pour Chatigam des conditions qui font de Chandernagor un lieu tout-à-fait ouvert & qui impriment sur ses possesseurs un opprobre plus nuisible qu'on ne croit aux spéculations de commerce. C'est une profession libre. La mer, les voyages, les risques & les vicissitudes de la fortune, tout lui inspire l'amour de l'indépendance. C'est-là son ame & sa vie. Dans les entraves elle languit, elle meurt. L'occasion est peut-être favorable pour s'occuper de l'échange que nous indiquons. Quelques tremblemens de terre qui ont renversé les fortifications que les Anglois avoient commencé à élever, paroissent les avoir dégoûtés d'un lieu pour lequel ils avoient montré de la prédilection. Si nous ne nous trompons, Chatigam avec cet inconvénient vaut mieux pour la compagnie de France que Chandernagor dans l'état où elle est obligée de le laisser. Sa situation au Coromandel n'est pas si gênée.

Au nord de cette immense côte, elle occupe Yanon dans la province de Reginendrie. Ce comptoir sans territoire, situé à neuf mille de l'embouchure de la riviere d'Ingerom, fut autrefois florissant. De fausses vues le firent négliger vers l'an 1748. On s'en occupe aujourd'hui sérieusement, & il s'y achete chaque année pour deux cens mille roupies de marchandises. Ce commencement de prospérité doit augmenter avec le tems, parce que la fabrication des toiles, des bonnes, de belles toiles est très-considérable dans le voisinage. Quelques expériences heureuses prouvent qu'on y peut trouver un débouché avantageux pour les draps d'Europe. Le commerce y seroit plus lucratif, si l'on n'étoit obligé d'en partager le bénéfice avec les Anglois qui ont un petit établissement à deux mille seulement de celui des François.

Cette concurrence est bien plus funeste encore à Mazulipatam. La compagnie de France réduite dans cette ville qui reçut autrefois ses loix à la loge qu'elle y occupoit avant 1749, ne peut pas se soutenir l'égalité contre la Grande-Bretagne à laquelle il faut payer des droits d'entrée & de sortie, & qui obtient d'ailleurs dans le commerce toute la faveur qu'entraîne la souveraineté; aussi toutes les spéculations des François se bornent-elles à l'achat de quelques mouchoirs fins, de quelques autres toiles pour la valeur d'environ cinquante mille roupies. Il faut se former une autre idée de Karikal.

Cette ville située dans le royaume de Tanjaour, sur une des branches du Colram qui peut recevoir des bâtimens de cent cinquante tonneaux, fut cedée en 1738 à la compagnie par un roi détrôné qui cherchoit de l'appui par-tout. Ses affaires s'étant rétablies, avant la prise de possession, il retracta le don qu'il avoit fait. Un Nabab nommé Sander-Saheb alla attaquer la place avec son armée, & la remit en 1739 aux François dont il étoit ami. Dans ces circonstances, le prince ingrat & perfide fut étranglé par les intrigues de ses oncles, & son successeur qui avoit hérité de ses ennemis comme de son trône, voulut se concilier une nation puissante en la confirmant dans sa possession. Il lui conseilla même de s'y fortifier. On ne déféra que trop à ses avis. Karikal devint un Fort quarré avec des ravelins devant chaque courtine, une fausse braye demi circulaire, un fossé plein d'eau, un chemin couvert palissadé & un glacis avec des logemens à l'épreuve de la bombe pour cinq cens hommes. Tous ces ouvrages coûterent deux millions quatre cens quarante-cinq mille six cens livres. Il ne reste plus maintenant qu'un souvenir amer de tant de folles dépenses faites ou ordonnées dans la chaleur du premier enthousiasme. Les Anglois s'étant rendus maîtres de la place, en ont fait sauter les fortifications, ainsi que les maisons des Européens & des principaux Indiens attachés au service de la compagnie. Le reste de la ville a été conservé & restitué aux François qui y sont rentrés dans le mois d'avril 1765.

Dans l'état actuel Karikal est un lieu ouvert qui peut avoir quinze mille habitans, la plupart occupés à fabriquer des mouchoirs communs & des toiles propres à l'usage des naturels du pays. Son territoire considérablement augmenté par les cessions qu'avoit faites en 1749 le roi de Tanjaour, est redevenu ce qu'il étoit dans les premiers tems.

de deux lieues de long sur une dans sa plus grande largeur. De quinze aldées qui le couvrent, la seule digne d'attention se nomme Tiroumalé Kayenpatnam. Elle n'a pas moins de vingt-cinq mille ames. L'industrie des Indiens qui forment le plus grand nombre de ces habitans, est de faire & de peindre des Perses médiocrement fines, mais très-convenables pour Batavia & pour les Philippines. Les Choulios Mahométans sont tous négocians & ont de petits bâtimens avec lesquels ils font le commerce de Ceylan & le Cabotage.

La compagnie peut tirer tous les ans de cette colonie deux cens bales de toiles ou de mouchoirs propres pour l'Europe, & beaucoup de ris pour l'approvisionnement de Pondichery dont elle n'est éloignée que de vingt-deux lieues. Sa situation au vent de cette importante place, la met à portée les deux tiers de l'année d'y faire passer en tems de guerre des vivres que fournissent abondamment les pays voisins, & toutes les especes de secours qui arrivent d'Europe. Ses revenus couvrent d'ailleurs ses dépenses.

Toutes les marchandises achetées à Karikal, à Mazulipatam, à Yanon, sont portées à Pondichery, chef-lieu de tous les établissemens François dans l'Inde.

Cette ville, dont les commencemens furent si foibles, acquit avec le tems de la grandeur, de la puissance & un nom fameux. Ses rues la plupart fort larges & toutes tirées au cordeau, étoient bordées de deux rangs d'arbres qui donnoient de la fraîcheur, même au milieu du jour. Elles étoient fermées par quatre mille sept cens maisons presque généralement bâties de brique & couvertes de thuile. Celles qu'occupoient les naturels du pays avoient des cours remplies de vingt-cinq mille cocotiers qui donnoient un revenu de soixante mille roupies, & dont le cœur pouvoit fournir dans le besoin une nourriture salutaire, comme on le prouva dans le blocus de 1760. Une mosquée, deux pagodes, deux églises & le gouvernement regardé comme le plus magnifique édifice de l'Orient, étoient des édifices publics dignes d'attention. La citadelle reguliere, mais trop petite, construite en 1704, se trouvoit au centre de la ville par la liberté qu'on avoit laissé aux particuliers de bâtir tout au tour : ainsi devenue inutile à la défense des habitans, elle ne servoit plus que de magasin. Pour suppléer à son impuissance, les trois côtés de Pondichery qui regardoient les terres, avoient été entourés d'un mur & d'un rempart flanqués de onze bastions avec deux demi bastions aux extrémités les plus proches de la mer. Tous ces ouvrages avoient un fossé avec un glacis imparfait en quelques endroits. Le côté de la rade étoit défendu par des batteries basses, capables de contenir cent pieces de canon.

La ville, dans une circonférence d'une grande lieue, contenoit soixante-dix mille habitans. Environ quatre mille étoient Européens, Metis ou Topasses. Il y avoit au plus dix mille Mahométans, les reste étoient des Indiens dont quinze mille étoient chrétiens, & les autres de dix-sept ou dix-huit castes différentes. Trois aldées établies sur le territoire pouvoient contenir dix mille ames.

Tel étoit l'état de la colonie, lorsque les Anglois s'en rendirent les maîtres dans les premiers jours de 1761, la détruisirent de fond en comble, & en chasserent tous les habitans. D'autres examineront peut-être si le droit barbare de la guerre pouvoit justifier toutes ces horreurs, & s'il est permis de tout saccager pour tout envahir. Nous détournerons les yeux de ces cruautés d'un peuple libre, magnanime, éclairé, pour ne parler que de la résolution que la compagnie de France a prise de rétablir Pondichery & d'en faire de nouveau le centre de son commerce. Tout justifie la sagesse de ce choix.

La ville privée de port, comme toutes celles qui sont établies sur la côte de Coromandel, a sur elles l'avantage d'une rade beaucoup plus commode. Les vaisseaux peuvent mouiller près du rivage par quatre ou cinq brasses d'eau sous la protection du canon de la place contre les escadres ennemies. Son territoire d'environ trois lieues de long sur une de large, n'a qu'une bande étroite d'un sable stérile sur la côte : le reste est propre à la culture du ris, des légumes & d'une racine nommée Chaya qui fait les couleurs. Les foibles rivieres d'Ariancoupram & d'Archionac qui traversent le pays, ne sont d'aucune utilité pour la navigation, mais leurs eaux ont un excellent mordant pour les teintures, pour le bleu singulierement. A trois mille au nord-est de la place, commence un coteau regardé jusqu'ici comme stérile, mais qui depuis peu commence à se couvrir de palmiers; il s'éleve à environ cent toises au-dessus du niveau de la mer, & sert de guide aux navigateurs à sept ou huit lieues de distance, avantage inestimable sur une côte généralement trop basse. A l'extrémité de cette hauteur, est un vaste étang creusé depuis plusieurs siecles & qui après avoir rafraîchi & fertilisé le territoire de Vilnour & de Valdaour, vient arroser les environs de Pondicheri. Enfin la colonie est favorablement située pour recevoir les vivres & les marchandises du Carnate, du Mayssour & du Tanjaour.

Tels sont les puissans motifs qui ont déterminé la compagnie de France à la réédification de Pondichery. Aussi-tôt que ses agens ont paru le onze avril 1765, on a vu accourir les infortunés Indiens que la guerre, la dévastation & la politique avoient dispersés. Déja il s'en trouve réunis environ trente-cinq mille qui ont élevé deux mille maisons sur les ruines de leurs anciennes habitations. Le préjugé où ils sont élevés qu'on ne peut être heureux qu'en mourant dans le lieu où l'on a reçu le jour, ce préjugé si doux à conserver, si utile à nourrir, ne permet pas de douter qu'ils ne reviennent tous aussitôt que la ville sera fermée. Les tisserands, les teinturiers, les peintres, les marchands, ceux qui ont quelque chose à perdre, n'attendent que cette sûreté pour suivre leur inclination.

Dans l'état actuel les quatre comptoirs François de la côte de Coromandel, ne rapportent à la compagnie que cent dix mille roupies. Les dépenses fixes y sont de deux cens quatre-vingt-dix mille. C'est donc cent quatre-vingt mille roupies qu'elle est obligée de prendre sur les bénéfices de son commerce pour soutenir ces établissemens.

Il n'est pas aisé de deviner dans quelles sources on puisera les fonds nécessaires pour la réédification des fortifications de Pondichery, qui vient d'être ordonnée & qu'on se dispose à commencer. Cette entreprise coûtera un million & demi de roupies au moins, quoiqu'on soit déterminé à profiter, mais avec quelques changemens, des fossés, des fondemens des anciens ouvrages. Ce n'est pas la crainte des naturels du pays qui a décidé un si grand sacrifice ; les moindres ouvrages auroient suffi contre des peuples qui ignorent entiérement l'art d'attaquer des places. On n'avoit rien à redouter non plus de la plupart des autres nations Européennes qui trafiquent dans l'Inde & qui sont trop occupées de leur conservation pour méditer la ruine des François. La terreur de la Grande-Bretagne qui tient aujourd'hui dans ses mains le sceptre de l'Asie, a pu seule inspirer le projet de ces travaux si coûteux, de ces précautions aussi ruineuses par leurs dépenses que par la jalousie qu'elles doivent reveiller ; mais qu'on nous permette une réflexion à ce sujet.

Les Anglois sont parvenus à établir aux Indes le systême qui convenoit le mieux à leurs intérêts. Ils n'ignorent pas les vœux secrets qui se forment de toutes parts pour le renversement d'un édifice qui offusque tous les autres de son ombre. Le Souba du Bengale est dans un désespoir secret de n'avoir pas même un ombre d'autorité. Celui du Dekan ne se console pas de voir tout son commerce dans leur dépendance. Le Nabab d'Arcate n'est occupé qu'à dissiper leurs défiances. Les Marattes gémissent de trouver partout des obstacles à leurs rapines. Toutes les puissances de ces contrées ou portent des fers ou se croyent à la veille de les recevoir. Est-il naturel de penser que la Grande-Bretagne provoquant sans-cesse la France, la forcera à devenir le centre & le refuge de tant de haines, à se mettre à la tête d'une ligue universelle ? Ne doit-on pas plutôt présumer que si de nouvelles hostilités divisoient les deux nations en Europe, les Anglois feroient les premiers à desirer que le feu de cet embrasement ne passât pas jusqu'en Asie. On n'ignore pas que la plupart des guerres que fait la Grande-Bretagne ont pour but de détruire le commerce de ses rivaux, que la supériorité de ses forces maritimes nourrit cette espérance tant de fois trompée, & qu'elle ne laissera jamais reposer l'inquiéte activité, la valeur de ses flottes & de ses escadres. Mais en supposant qu'elle promeneroit dans les autres parties du monde les ravages & les foudres qu'elle auroit allumés dans nos parages, cette puissance auroit si peu à gagné, tant à perdre, de troubler la paix dans l'Inde qu'une neutralité de bonne foi seroit le parti qui lui conviendroit le mieux & qu'elle embrasseroit avec plus de joie.

Cependant comme la cour de Londres pourroit s'égarer dans les routes souvent obscures d'une fausse politique, la compagnie de France ne doit pas faire dépendre sa conservation de la justesse des combinaisons Angloises. Il lui convient de mettre en état de défense le chef-lieu de ses établissemens, mais sans se flater qu'il fasse échouer lui seul les forces qui pourront l'attaquer. On sait que la Grande-Bretagne a aujourd'hui dans ses possessions des Indes huit mille deux cens soldats Européens & soixante mille cipayes tous disciplinés, tous pleins de valeur & de confiance lorsqu'ils sont menés au combat par des officiers blancs. Ces troupes ordinairement dispersées, peuvent se réunir au besoin. Le moyen que Pondichery, quoique défendu par la mer, par la riviere d'Auriancoupam, par des marais, quoiqu'il ne soit accessible que par deux endroits, puisse résister aux efforts d'une armée si formidable; tout ce qu'on peut espérer, c'est qu'il les soutienne jusqu'à l'arrivée des secours qui au premier signal doivent être toujours prêts à partir de l'isle de France.

Cette isle devenue célebre occupa plus long-tems l'imagination que les soins actifs de ses possesseurs. Ils s'épuiserent en conjectures sur l'usage qu'on en pouvoit faire.

Les uns vouloient qu'elle fût un entrepôt où viendroient aboutir toutes les marchandises qu'on tireroit des différens comptoirs de l'Inde. Elles devoient y être portées par des bâtimens du pays & versées ensuite dans des vaisseaux François qui ne pousseroient jamais leur navigation plus loin. Cet arrangement leur offroit le double avantage de l'œconomie, puisque la solde & la nourriture des matelots Indiens ne coûtent que peu, & de la conservation des équipages Européens souvent détruits par la longueur des voyages, plus souvent encore par l'intemperie du climat, sur-tout dans le Bengale & dans l'Arabie. Ce système fut démontré impraticable à cause de la nécessité reconnue de promener dans les mers d'Asie un pavillon formidable pour prévenir ou pour reprimer les vexations qui y sont toujours à craindre. On auroit pu ajouter que la compagnie n'étoit pas en état de faire les avances qu'auroit exigé cette maniere de conduire les affaires.

Une nouvelle combinaison occupa les esprits. On conjectura qu'il pourroit être utile d'ouvrir aux habitans de l'isle de France le commerce des Indes qui leur avoit été d'abord interdit. Les défenseurs de cette opinion soutenoient qu'une pareille liberté seroit une source féconde de richesses pour la colonie & par conséquent pour la compagnie. Ils pouvoient avoir raison, mais les expériences ne furent pas heureuses; & sans examiner si cette innovation avoit été ou n'avoit pas été judicieusement conduite, l'isle fut fixée à l'état d'un établissement purement agricole.

Ce nouvel ordre des choses occasionna de nouvelles fautes. On fit passer d'Europe dans la colonie, des hommes qui n'avoient ni le goût, ni l'habitude du travail. Les terreins furent distribués au hazard & sans distinguer ce qui devoit être défriché de ce qui ne devoit pas l'être. Des avances furent faites au cultivateur, non en proportion de son industrie, mais de la protection qu'il avoit su se ménager dans l'administration. La compagnie qui gagnoit cent pour cent sur les marchandises qu'elle tiroit de la métropole, & cinquante pour cent sur celles qui lui venoient de l'Inde, exigea que les productions du pays fussent livrées à vil prix dans ses magasins. La tyrannie des corvées sans objet & sans mesure, aggrava les excès du monopole. Pour comble de malheur, le corps qui avoit concentré dans ses mains tous les pouvoirs, manqua aux engagemens qu'il avoit pris avec ses sujets, ou, si l'on veut, avec ses esclaves.

Sous un pareil gouvernement tout bien étoit impossible, rien ne marchoit d'un pas ferme & soutenu. Le caffé, le coton, l'indigo, le sucre, le poivre, la canelle, la soie, le thé, le cacao, le roucou, tout fut essayé, mais avec cette legereté qui ne permet aucun succès. En courant après des chimeres, on négligea les cultures essentielles. Quoiqu'il y en eût en 1765 dans la colonie trois mille cent soixante-trois blancs, cinq cens quatre-vingt-sept Indiens ou Negres libres, quinze mille vingt-deux esclaves, ses productions ne s'élevoient pas au-dessus de trois cens vingt mille six cens cinquante livres pesant de bled, de quatre cens soixante-quatorze mille trente livres pesant de ris, d'un million cinq cens soixante-dix mille quarante livres de mays, de cent quarante-deux mille sept cens livres de haricots, de cent trente-cinq mille cinq cens livres d'avoine, & d'une vingtaine de bales de coton. On avoit accordé cent quarante-neuf mille soixante-sept arpens de terre, & il n'y en avoit que six mille trois cens quatre-vingt cinq en valeur. Il ne s'étoit point formé de pâturages pour les troupeaux qu'on envoyoit mourir de faim dans les bois. Les observateurs qui voyoient l'agriculture de l'isle de France, ne la trouvoient pas différente de celle qu'ils avoient apperçue parmi ces sauvages.

Tel, si l'on en excepte quelques caffiers nouvellement plantés, étoit l'état de la colonie lorsque le gouvernement qui se l'étoit fait retrocéder en 1764 en prit l'administration au mois de juillet de l'an 1767. Il sentoit bien que l'isle solitairement prise n'étoit d'aucune considération ; mais il la regarda avec raison comme le plus heureux présent que la nature put faire à une nation qui vouloit faire le commerce de l'Asie. Elle est située dans les mers d'Afrique, mais à l'entrée de l'océan Indien. Un peu écartée de la route ordinaire, elle en est plus sûre du secret de ses armemens. Ceux qui la desireroient plus près de notre continent, ne voyent pas qu'il seroit alors impossible de se porter en un mois à la côte de Coromandel, & en deux ou plus dans les golphes les plus éloignés, avantage inestimable pour un peuple qui n'a aucun port dans l'Inde. La position de cette isle située à la hauteur des côtes arides, brûlantes & dépeuplées de l'Affrique, ne l'empêche pas d'être tempérée & saine. Son sol quoique pierreux, est assez fertile. L'expérience a prouvé qu'il pourroit donner la plupart des choses nécessaires aux besoins, aux délices même de la vie. Ce qui pourroit manquer lui sera fourni par Madagascar qui a des vivres abondans, & par Bourbon où des mœurs encore simples ont maintenu le goût de l'agriculture. Le fer qu'elle ne trouveroit pas dans ces deux isles, elle le tire de ses propres mines.

L'intérêt de la France est donc de s'occuper sérieusement à porter à sa perfection une colonie qui bien peuplée, bien cultivée, bien approvisionnée, bien fortifiée, bien administrée, doit lui procurer les plus grands avantages dans toutes les circonstances. Elle offrira d'abord à ses navigateurs un relâche commode & agréable durant la paix. A la guerre il en sortira des escadres qui assureront le commerce de la nation & intercepteront celui du seul ennemi qu'elle ait à craindre. Quelques puissent être les forces des Anglois dans l'Indostan, ils y éprouveront nécessairement des revers, s'ils sont attaqués avec intelligence. Leurs Conquêtes sont trop étendues pour pouvoir être bien défendues. Les armemens qui fonderont sur elles seront d'autant plus redoutables qu'ils seront composés en grande partie des habitans des isles de France & de Bourbon, hommes, bienfaits, sains, vigoureux, comparables ou supérieurs aux meilleurs soldats de l'Europe.

La Grande-Bretagne voit d'un œil chagrin dans les mains de ses rivaux, une possession où l'on peut préparer la ruine de ses prospérités d'Asie. Dès les premieres hostilités entre les deux nations, elle dirigera sûrement tous ses efforts contre une colonie qui menace la source de ses plus riches trésors. Quel malheur pour la France si elle perdoit cette tige renaissante de sa grandeur, & quel opprobre pour son gouvernement si cette fleur de sa couronne tomboit sans résistance. Cependant que ne doivent pas craindre les commerçans de cette monarchie en voyant qu'il n'y a rien de commencé pour la défense de cette isle importante, & qu'une partie des moyens qu'on deſtinoit à l'affermir ſont enfouis à Madagaſcar. Celle-ci fut-elle même ſuſceptible d'un établiſſement avantageux & ſolide, devroit-elle occuper les ſoins d'un miniſtere ſage avant que l'iſle de France eut acquis toute la conſiſtance dont elle a beſoin, & pour ſe maintenir, & pour protéger les poſſeſſions qui ſont à ſa garde ? Juſqu'à quand reprochera-t-on à la France de travailler avec plus de ſoin, d'intrigue & d'habileté peut-être à connoître & à affoiblir les forces des autres nations, qu'à employer & à ménager les ſiennes ? Voyons ſi les cours du nord conduiſent plus ſagement leur commerce dans les Indes.

Fin du quatrieme Livre.

HISTOIRE
PHILOSOPHIQUE
ET
POLITIQUE,

Des établiſſemens & du commerce des Européens dans les deux Indes.

LIVRE CINQUIEME.

C'EST une opinion aſſez généralement reçue que les Cimbres occupoient dans les tems les plus reculés à l'extrêmité de la Germanie, la Cherſoneſe Cimbrique, connue de nos jours ſous le nom de Holſtein, de Sleſwick, de Jutland, & que les Teutons habitoient ces iſles voiſines. Que l'origine des deux peuples fut ou ne fut pas commune, ils ſortirent de leurs forêts ou de leurs marais enſemble & en corps de nation pour aller chercher dans les Gaules du butin, de la gloire & un climat plus doux. Ils ſe diſpoſoient même à paſſer les Alpes lorſque Rome

jugea

jugea qu'il étoit tems d'opposer des digues à un torrent qui entraînoit tout. Ces barbares triompherent de tous les généraux que leur opposa cette fiere république, jusqu'à l'époque mémorable où ils furent exterminés par Marius.

Leur pays presqu'entiérement désert après cette terrible catastrophe, fut de nouveau peuplé par des Scytes qui, chassés par Pompée du vaste espace renfermé entre le Pont-Euxin & la mer Caspienne, marcherent vers le nord & l'occident de l'Europe, soumettant les nations qui se trouvoient sur leur passage. Ils mirent sous le joug la Russie, la Saxe, la Westphalie, la Chersonese Cimbrique & jusqu'à la Fionie, la Norwege & la Suede. On prétend qu'Odin leur chef, ne parcourut tant de contrées, ne chercha à les asservir, qu'afin de soulever tous les esprits contre la puissance formidable, odieuse & tyrannique des Romains. Ce levain qu'en mourant il laissa dans le nord, y fermenta si bien en secret, que quelques siecles après toutes les nations fondirent d'un commun accord sur cet empire ennemi de toute liberté, & eurent la consolation de le renverser après l'avoir affoibli par plusieurs secousses réitérées.

Le Danemarck & la Norwege se trouverent sans habitans après ces expéditions glorieuses. Ils se rétablirent peu à peu dans le silence, & recommencerent à faire parler d'eux vers le commencement du huitieme siecle. Ce ne fut plus la terre qui servit de théâtre à leur valeur, l'océan leur ouvrit une autre carriere. Entourés de deux mers, on les vit se livrer entiérement à la piraterie qui est toujours la premiere école de la navigation pour des peuples sans police.

Ils s'esseyerent d'abord sur les états voisins & s'emparerent du petit nombre de bâtimens marchands qui parcouroient la Baltique. Ces premiers succès enhardirent leur inquiétude & les mirent en état de former des entreprises plus considérables. Ils infesterent de leurs brigandages les mers & les côtes d'Ecosse, d'Irlande, d'Angleterre, de Flandre, de France, d'Espagne même, d'Italie & de la Grece. Souvent ils pénétrerent dans l'intérieur de ces vastes contrées, & ils s'éleverent jusqu'à la conquête de la Normandie & de l'Angleterre. Malgré la confusion qui régne dans les annales de ces tems barbares, on parvient à démêler quelques unes des causes de tant d'événemens étranges.

Dabord les Danois & les Norwegiens avoient pour la piraterie ce penchant violent qu'on a toujours remarqué dans les peuples qui habitent le voisinage de la mer, lorsqu'ils ne sont pas contenus par de bonnes mœurs & de bonnes loix. L'habitude dut les familiariser avec l'océan, les aguerrir à ses fureurs. Sans agriculture, élevant peu de troupeaux, ne trouvant qu'une foible ressource à la chasse dans un pays couvert de neiges & de glaces, rien ne les attachoit à leur territoire. La facilité de construire des flottes qui n'étoient que des radeaux grossierement assemblés pour naviguer le long des côtes, leur donnoit les moyens d'aller par-tout, de descendre, de piller & de se rembarquer. Le métier de pirate étoit pour eux ce qu'il avoit été pour les premiers héros de la Grèce, la carriere de la gloire & de la fortune, la profession de l'honneur qui consistoit dans le mépris de tous les dangers. Ce préjugé leur inspiroit un courage invincible dans leurs expéditions, tantôt combinées entre différens chefs, & tantôt séparées en autant d'armemens que de nations. Ces irruptions subites, faites en cent endroits à la fois, ne laissoient aux habitans des côtes mal défendues parce qu'elles étoient mal gouvernées, que la triste alternative d'être massacrés ou de racheter leur vie en livrant tout ce qu'ils avoient.

Quoique ce caractere destructeur fut une suite de la vie sauvage que menoient les Danois & les Norwegiens, de l'éducation grossiere & toute militaire qu'ils recevoient, il étoit plus particuliérement l'ouvrage de la religion d'Odin. Ce conquérant imposteur exalta, si l'on peut s'exprimer ainsi, par ses dogmes sanguinaires la férocité naturelle de ces peuples. Il voulut que tout ce qui servoit à la guerre, les épées, les haches, les piques, fut déifié. On cimentoit les engagemens les plus sacrés par ces instrumens si chers. Une lance plantée au milieu de la campagne attiroit à la priere & aux sacrifices. Odin lui-même, mis par sa mort au rang des immortels, fut la premiere divinité de ces affreuses contrées où les rochers & les bois étoient teints & consacrés par le sang humain. Ses sectateurs croyoient l'honorer en l'appellant le dieu des armées, le pere du carnage, le dépopelateur, l'incendiaire. Les guerriers qui alloient se battre faisoient vœu de lui envoyer un certain nombre d'ames qu'ils lui consacroient. Ces ames étoient le droit d'Odin. La croyance universelle étoit que ce dieu se montroit dans les batailles, tantôt pour protéger ceux qui se défendoient avec courage, & tantôt pour frapper les heureuses victimes qu'il destinoit à périr. Elles le suivoient au séjour du ciel qui n'étoit ouvert qu'aux guerriers. On couroit à la mort, au martyre pour mériter cette récompense. Elle achevoit d'élever jusqu'à l'entousiasme, jusqu'à une sainte yvreſſe du ſang, le penchant de ces peuples pour la guerre.

Le chriſtianiſme renverſa toutes les idées qui formoient la chaîne d'un pareil ſyſtême. Ses miſſionnaires avoient beſoin de rendre leurs proſélytes ſédentaires pour travailler utilement à leur inſtruction, & ils réuſſirent à les dégoûter de la vie vagabonde en leur ſuggérant d'autres moyens de ſubſiſter. Ils furent aſſez heureux pour leur faire aimer la culture & ſur-tout la pêche. L'abondance du hareng que la mer amenoit alors ſur les côtes, y procuroit un moyen de ſubſiſtance très-facile. Le ſuperflu de ce poiſſon fut bientôt échangé contre le ſel néceſſaire pour conſerver le reſte. Une même foi, de nouveaux rapports, des beſoins mutuels, une grande ſûreté encouragerent ces liaiſons naiſſantes. La révolution fut ſi entiere, que depuis la converſion des Danois & des Norwegiens on ne trouve pas dans l'hiſtoire la moindre trace de leurs expéditions, de leurs brigandages.

Le nouvel eſprit qui paroiſſoit animer la Norwerge & le Danemarck devoit étendre de jour en jour leur communication avec les autres peuples de l'Europe. Malheureuſement elle fut interceptée par l'aſcendant que prenoient les villes Anſéatiques. Lors même que cette grande & ſinguliere confédération fut déchue, Hambourg maintint la ſupériorité qu'il avoit acquiſe ſur tous les ſujets de la dénomination Danoiſe. Ils commencoient à rompre les liens qui les avoient aſſervis à cette eſpece de monopole, lorſqu'ils furent décidés à la navigation des Indes par une circonſtance aſſez particuliere pour être remarquée.

Un facteur Hollandois nommé Boschower, chargé par sa nation de faire un traité de commerce avec l'empereur de Ceylan, se rendit si agréable à ce monarque, qu'il devint le chef de son conseil, son amiral & fut nommé prince de Mingone. Boschower enivré de ces honneurs, se hata d'aller en Europe les étaler aux yeux de ces concitoyens. L'indifférence avec laquelle ces républicains reçurent l'esclave titré d'une cour Asiastique l'offensa cruellement. Dans son dépit, il passa chez Christiern IV, roi de Danemarck, pour lui offrir ses services & le crédit qu'il avoit à Ceylan. Ses propositions furent acceptées. Il partit en 1618 avec six vaisseaux, dont trois appartenoient au gouvernement, & trois à la compagnie qui s'étoit formée pour entreprendre le commerce des Indes. Sa mort arrivée dans la traversée ruina les espérances qu'on avoit conçues. Les Danois furent mal reçus à Ceylan, & Ové Giedde de Tommerup leur chef, ne vit d'autre ressource que de les conduire dans le Tanjaour, partie du continent le plus voisin de cette isle.

Le Tanjaour est un petit état gouverné par un prince Indien qui s'appelloit autrefois Naick & qui avec le tems s'est approprié le titre de Raja qui veut dire Roi. Il a cent mille dans sa plus grande longueur, & quatre-vingt-mille dans sa plus grande largeur. C'est la province de cette côte la plus abondante en ris. Cette richesse naturelle, beaucoup de manufactures communes, beaucoup de racines propres à la teinture, font monter ses revenus publics à près de deux millions de roupies. Elle doit sa prospérité à l'avantage d'être arrosée par le Caveri, riviere qui prend sa source dans les montagnes de Malabar. Ses eaux après avoir parcouru un espace de plus de quatre cens mille, se divisent à l'entrée du Tanjaour en deux bras. Le plus oriental prend le nom de Colram. L'autre conserve le nom de Caveri & se subdivise encore en quatre branches qui coulent toutes dans le royaume & le préservent de cette sécheresse horrible qui brûle durant une grande partie de l'année le reste du Coromandel.

Cette heureuse situation fit desirer aux Danois de former un établissement dans le Tanjaour. Leurs propositions furent accueillies favorablement. On leur accorda un territoire fertile & peuplé sur lequel ils bâtirent dabord Trinquebar, & dans la suite la forteresse de Dansbourg, suffisante pour la défense de la rade & de la ville. De leur côté ils s'engagerent à une redevance annuelle de deux mille pagodes qu'ils payent encore.

La circonstance étoit favorable pour fonder un grand commerce. Les Portugais opprimés par un joug étranger, ne faisoient que de foibles efforts pour la conservation de leurs possessions. Les Espagnols n'envoyoient des vaisseaux qu'aux Moluques & aux Philippines. Les Hollandois ne travailloient qu'à se rendre maîtres des épiceries. Les Anglois se ressentoient des troubles de leur patrie même aux Indes. Toutes ces puissances voyoient avec chagrin un nouveau rival, mais aucune ne le traversoit.

Il arriva de là que les Danois, malgré la modicité de leur premier fond qui ne passoit pas dix-huit cens neuf mille six cens quatorze rixdalers, firent des affaires assez considérables dans toutes les parties de l'Inde. Malheureusement la compagnie de Hollande prit une supériorité assez décidée pour les exclure des marchés où ils avoient traité avec le plus davantage ; & par un malheur plus grand encore, les dissensions qui bouleverserent le nord de l'Europe ne permirent pas à la métropole de cette nouvelle colonie de s'occuper d'intérêts si éloignés. Les Danois de Trinquebar tomberent insensiblement dans le mépris des naturels du pays qui n'estiment les hommes qu'en proportion de leurs richesses, & des nations rivales dont ils ne purent pas soutenir la concurrence. Cet état d'impuissance les découragea. La compagnie remit son privilege & céda ses établissemens au gouvernement pour le dédommager des sommes qui lui étoient dues.

Une nouvelle société s'éleva en 1670 sur les débris de l'ancienne. Christiern V lui fit un présent en vaisseaux & autres effets, qui fut estimé soixante-neuf mille soixante-treize rixdalers, & les intéressés fournirent cent soixante-deux mille huit cens écus. Cette seconde entreprise formée sans fonds suffisans, fut encore plus malheureuse que la premiere. Après un petit nombre d'expéditions, le comptoir de Trinquebar fut abandonné à lui-même. Il n'avoit pour fournir à sa subsistance, à celle de sa misérable garnison, que son petit territoire & deux bâtimens qu'il fretoit aux négocians du pays qui naviguoient d'Inde en Inde. Ces ressources même lui manquerent quelquefois, & il se vit réduit, pour ne pas mourir de faim, à engager trois des quatre bastions qui formoient la forteresse. A peine le mettoit-on en état d'expédier tous les trois ou quatre ans un vaisseau pour l'Europe avec une cargaison médiocre.

La pitié paroissoit le seul sentiment qu'une situation si désespérée peut inspirer. Cependant la jalousie qui ne dort jamais & l'avarice qui s'allarme de tout, fufciterent aux Danois une guerre odieufe. Le Raja de Tanjaour qui leur avoit coupé plufieurs fois la communication avec l'intérieur du pays, les attaqua en 1689 dans Trinquebar même à l'inftigation des Hollandois. Ce prince étoit fur le point de prendre la place après fix mois de fiége, lorfqu'elle fut fecourue & délivrée par les Anglois. Cet événement n'eut pas & ne pouvoit pas avoir des fuites importantes. La compagnie Danoife continua à languir. Son dépériffement devenoit même tous les jours plus grand. Elle expira en 1730.

De fes cendres naquit deux ans après celle qui fubfifte aujourd'hui. Les faveurs qu'on lui prodigua pour la mettre en état de négocier avec œconomie, avec liberté, font la preuve de l'importance que le gouvernement attachoit à ce commerce. Son privilege exclufif doit durer quarante ans. Ce qui fert à l'armement, à l'équipement de fes vaiffeaux eft exempt de tout droit. Les ouvriers du pays qu'elle employe, ceux qu'elle fait venir des pays étrangers ne font point affujettis aux réglemens des corps de métier qui enchaînent l'induftrie en Danemarck comme dans le refte de l'Europe. On la difpenfe de fe fervir de papier timbré dans fes affaires. Sa jurifdiction eft entiere fur fes employés, & les fentences de fes directeurs ne font point fujettes à revifion, à moins qu'elles ne prononcent des peines capitales. Pour écarter jufqu'à l'ombre de la contrainte, le fouverain a renoncé au droit qu'il devroit avoir de fe mêler de l'adminiftration, comme principal intéreffé. Il n'a nulle influence dans le choix des officiers civils ou militaires, & ne s'eft réfervé que la confirmation du gouverneur de Trinquebar. Il s'eft même engagé à ratifier toutes les conventions politiques qu'on jugeroit à propos de faire avec les puissances de l'Asie.

Pour prix de tant de sacrifices le gouvernement n'a exigé qu'un pour cent sur toutes les marchandises des Indes & de la Chine qui seroient exportées, & deux & demi pour cent sur toutes celles qui se consommeroient dans le royaume.

L'octroi, dont on vient de voir les conditions, n'eut pas été plutôt accordé, qu'on s'occupa du soin de trouver des intéressés. Pour y parvenir plus aisément, on distingua deux especes de fonds. Le premier appellé *constant*, fut destiné à l'acquisition de tous les effets que l'ancienne compagnie avoit en Europe & en Asie. On donna le nom de *roulant* à l'autre, parce qu'il est réglé tous les ans sur le nombre, la cargaison & la dépense des vaisseaux qu'on juge convenable d'expédier. Chaque actionnaire à la liberté de s'intéresser ou de ne pas s'intéresser à ces armemens qui sont liquidés à la fin de chaque voyage. Si quelqu'un refusoit d'y prendre part, ce qui n'est pas encore arrivé, on céderoit sa place à d'autres. Par cet arrangement, la compagnie fut permanente par son fonds constant, & annuelle par le fonds roulant.

Il paroissoit difficile de régler les frais que devoit supporter chacun des deux fonds Tout s'arrangea plus aisément qu'on ne l'avoit espéré. Il fut arrêté que le roulant ne feroit que les dépenses nécessaires pour l'achat, l'équipement, la cargaison des vaisseaux. Tout le reste devoit regarder le constant qui pour se dédommager préleveroit dix pour cent sur toutes les marchandises de l'Asie qui se vendroient en Europe, & de plus cinq pour cent sur tout ce qui partiroit de Trinquebar. Cette addition continuelle au fonds *constant* a tellement augmenté sa masse, qu'au lieu de quatre cens actions, de deux cens cinquante écus chacune qu'avoit la compagnie, on lui en compte aujourd'hui feize cens de trois cens foixante-quinze écus chacune. Elle s'eſt fixée à ce nombre en 1755, & depuis cette époque les droits dont s'accroiſſoit le fonds conſtant ont ſervi à augmenter le dividende qui avoit été pris juſqu'alors ſur les bénéfices du fond roulant.

Il ſuffit d'être propriétaire d'une action pour avoir droit de ſuffrage dans les aſſemblées générales. Ceux qui en ont trois, ont deux voix ; ceux qui en ont cinq, ont trois voix, & ainſi dans la même proportion juſqu'au nombre de vingt actions qui donnent douze voix ſans qu'on puiſſe aller au-delà.

Le Danemarck fait ſon commerce d'Aſie dans les mêmes contrées que les autres nations de l'Europe. Ce qu'il tire de poivre du Malabar, ne paſſe pas une année dans l'autre ſoixante milliers.

Tout porteroit à croire que ſes affaires du Coromandel ſont animées. Il y poſſede un excellent territoire qui, quoique de deux lieues de circonférence ſeulement, a une population de trente mille ames. Environ dix mille habitent Trinquebar. Il y en a douze mille dans une grande aldée remplie de manufactures groſſieres. Le reſte travaille utilement dans quelques autres aldées moins conſidérables. Trois cens Danois, dont cent cinquante forment la garniſon, ſont tout ce qu'il y a d'Européens dans la colonie. Leur entretien ne coûte annuellement que quarante mille roupies, ce qui eſt à peu près le revenu de la poſſeſſion.

La compagnie y occupe peu ſes facteurs. Elle ne leur expédie que deux bâtimens tous les trois ans, & ces vaiſſeaux n'emportent en tout que dix huit cens bales de toiles communes qui ne coûtent pas six cens mille roupies. Les facteurs eux-mêmes ne savent pas profiter pour leur fortune particuliere de l'inaction où on les laisse. Toute leur industrie se borne à prêter à gros intérêts à des marchands indiens les foibles fonds dont ils ont la disposition. Aussi Trinquebar quoique fort ancien n'a-t-il pas cet air de vie & d'opulence qu'une activité éclairée a donné à des colonies plus modernes. Les François chassés de leurs établissemens avoient donné quelque vigueur à Trinquebar ; mais leur retraite a fait retomber cette colonie dans son état languissant. Cependant la situation des Danois au Coromandel est encore moins fâcheuse que dans le Bengale.

Peu de tems après leur arrivée en Asie, ils firent voir leur pavillon sur le Gange. Une prompte décadence les en éloigna, & on ne les y a revus qu'en 1755. La jalousie du commerce qui est devenue la passion dominante de notre siecle, a traversé leurs vues sur Bankibasar, & ils ont été réduits à se fixer dans le voisinage. Les François qui avoient seuls appuyé le nouveau comptoir y ont trouvé dans les malheurs de la derniere guerre un asile & tous les secours de l'amitié & de la reconnoissance. Rarement il reçoit des vaisseaux directement d'Europe. Depuis 1757 on n'y en a vu que deux dont les cargaisons réunies n'ont coûté dans le pays que neuf cens mille roupies.

Le commerce de Chine n'étant point sujet à tant de longueurs, à tant d'obstacles, la compagnie Danoise s'y est attachée avec plus de vivacité qu'à celui du Gange ou de Coromandel qui demandent des fonds d'avance. Elle y envoye tous les ans un & le plus souvent deux gros vaisseaux. Les thés qui forment leur plus grand retour se consommoient la plupart en Angleterre. L'acquisition que ce royaume a faite de l'isle du Man qui servoit d'entrepôt à cette fraude, en fermant au Danois ce débouché, doit naturellement diminuer le commerce qu'ils faisoient à la Chine.

Quoiqu'il en soit de cette conjecture, il est constant que la compagnie actuelle a dans les quatorze années qui ont suivi son octroi expédié, trente & un vaisseaux. Leur charge en argent montoit à trois millions sept cens quatorze mille cinq cens trente-cinq écus Danois, & en marchandises à la valeur de deux cens cinquante-huit mille neuf cens trente-huit écus. Elle a reçu dans le même espace de tems vingt quatre vaisseaux, dont la charge a été vendue sept millions quatre cens soixante-dix mille sept cens soixante & un écu. La métropole en a si peu consommé, que l'exportation s'est élevée à six millions cent soixante-six mille quatre cens trente-deux écus. Dans les proportions, il n'y a aucune compagnie des Indes qui ait été aussi utile à son pays, puisqu'il n'y en a aucune qui ait autant vendu à l'étranger.

Depuis cette époque, le commerce de la compagnie Danoise s'est étendu, & ses ventes annuelles se sont élevées à six millions cinq cens mille livres tournois. Il n'est pas vraisemblable qu'elle les pousse beaucoup plus loin. Ses armemens, nous le savons, se font facilement & à bon marché. Ses navigateurs moins hardis que ceux de quelques autres nations, ont de la sagesse & de l'expérience. Elle trouve dans les mines de Norwege le fer qu'elle porte aux Indes où il est la premiere des marchandises. Le gouvernement lui paye un prix très-avantageux le salpêtre qu'il l'oblige de rapporter. Les manufactures nationales ne sont ni en assez grand nombre ni assez favotifées pour la gêner dans ses ventes. Tout le Nord & une partie de l'Allemagne lui ouvrent par leur situation un débit facile. Elle a de bonnes loix, & sa conduite est digne des plus grands éloges. Peut-être n'y a-t-il pas de régie qu'on puisse comparer à la sienne pour la probité & l'œconomie.

Malgré ces avantages, la compagnie Danoise languira toujours. Les consommations de ses marchandises seront nécessairement médiocres dans une région que la nature a condamné à la pauvreté & que l'industrie ne peut enrichir. La métropole n'est ni assez peuplée ni assez puissante pour lui fournir de grands moyens d'étendre son commerce. Ses fonds sont foibles & le seront toujours. Les étrangers ne confieront point leurs capitaux à un corps soumis à l'autorité arbitraire d'une monarchie absolue. Avec une administration dont la sagesse feroit honneur à la république la mieux constituée, il éprouvera les maux qu'entraîne la servitude. Un gouvernement despotique eût-il les meilleures intentions, n'est jamais assez puissant pour faire le bien. Il commence par ôter aux sujets ce libre exercice des volontés qui est l'ame, le ressort des nations ; & quand il a brisé ce ressort, il ne peut plus le rétablir.

Le projet formé en 1728 de transférer de Copenhague à Altena le siége de la compagnie, ne pouvoit pas remédier à ces inconvéniens. L'expédition des vaisseaux auroit été à la vérité plus facile, & ils n'auroient pas été exposés au malheur de manquer leur voyage que les glaces du Sud leur font perdre quelquefois ; mais nous ne pensons pas avec les auteurs du projet que le voisinage eût déterminé Hambourg à placer ses capitaux dans une affaire pour laquelle il a toujours montré de l'éloignement; ainsi nous ne craindrons pas de dire que l'Angleterre & la Hollande firent un acte de tyrannie inutile en s'opposant à cet arrangement domestique d'une puissance libre & indépendante. Leurs inquiétudes sur Ostende étoient mieux fondées.

Les lumieres sur le commerce & sur l'administration, la saine philosophie qui gagnoient insensiblement d'un bout de l'Europe à l'autre, avoient trouvé des barrieres insurmontables dans quelques monarchies. Elles n'avoient pu pénétrer à la cour de Vienne qui ne s'occupoit que de projets de guerre & d'aggrandissement par la voie des conquêtes. Les Anglois & les Hollandois attentifs à empêcher la France d'augmenter son commerce, ses colonies & sa marine, lui suscitoient des ennemis dans le continent & prodiguoient à la maison d'Autriche des sommes immenses qu'elle employoit à combattre la France; mais à la paix le luxe d'une couronne rendoit à l'autre plus de richesses qu'elle ne lui en avoit ôté par la guerre.

Des états qui par leur étendue rendent formidable la puissance Autrichienne, bornent ses facultés par leur situation. La plus grande partie de ses provinces est éloignée des mers. Le sol de ses possessions produit peu de vins & de fruits précieux aux autres nations. Il ne fournit ni les huiles, ni les soies, ni les belles laines qu'on recherche. Rien ne lui permettoit d'aspirer à l'opulence, & elle ne savoit pas être œconome. Avec le luxe & le faste naturel aux grandes cours, elle n'encourageoit point l'industrie & les manufactures qui pouvoient fournir à ce goût de dépense. Le mépris qu'elle a toujours eu pour les sciences arrêtoit ses progrès en tout. Les artistes restent toujours médiocres dans tous les pays où ils ne sont pas éclairés par les savans. Les sciences & les arts languissent ensemble par-tout où n'est point établie la liberté de penser. L'orgueil & l'intolérance de la maison d'Autriche entretenoient dans ses vastes domaines la pauvreté, la superstition, un luxe barbare.

Les pays bas même autrefois si renommés pour leur activité & leur industrie, ne conservoient rien de leur ancien éclat. Anvers ne voyoit pas un seul pavillon dans son port, il n'étoit pas le magasin du Nord comme il l'avoit été pendant deux siecles. Bien loin de fournir aux nations leur habillement, Bruxelles & Louvain recevoient le leur des Anglois. La pêche si précieuse du hareng avoit passé de Bruges à la Hollande. Gand, Courtrai, quelques autres villes voyoient diminuer tous les jours leurs manufactures de toile & de dentelles. Ces provinces placées au milieu des trois peuples les plus éclairés, les plus commerçans de l'Europe, n'avoient pu malgré leurs avantages naturels soutenir cette concurrence. Après avoir lutté quelque tems contre l'oppression, contre des entravées multipliées par l'ignorance, contre les privileges qu'un voisin avide arrachoit aux besoins continuels du gouvernement, elles étoient tombées dans un dépérissement extrême.

Le prince Eugène aussi grand homme d'état que grand homme de guerre, élevé au-dessus de tous les préjugés, cherchoit depuis long-tems les moyens d'accroître les richesses d'une puissance dont il avoit si fort reculé les frontieres, lorsqu'on lui proposa d'établir à Ostende une compagnie des Indes. Les vues de ceux qui avoient formé ce plan étoient étendues. Ils démontroient que si cette entreprise pouvoit se soutenir, elle animeroit l'industrie dans tous les états de la maison d'Autriche, leur donneroit une marine, dont une partie seroit dans les Pays-bas, & l'autre à Fiume ou à Trieste, la délivreroit de la sorte de dépendance où elle étoit encore des subsides de l'Angleterre & de la Hollande, & la mettroit en état de se faire craindre sur les côtes de Turquie & jusques dans Constantinople.

L'habile ministre auquel s'adressoit ce discours, sentit aisément le prix des ouvertures qu'on lui faisoit. Il ne voulut cependant rien précipiter. Pour accoutumer les esprits de sa cour, ceux de l'Europe entiere à cette nouveauté, il voulut qu'en 1717 on fit partir avec ses seuls passe-ports deux vaisseaux pour l'Inde. Le succès de leur voyage multiplia les expéditions les années suivantes. Toutes les expériences furent heureuses, & la cour de Vienne crut devoir en 1722 fixer le sort des intéressés la plupart Anglois ou Hollandois, par l'octroi le plus ample qui eût été jamais accordé.

La nouvelle compagnie qui avoit un fonds de dix millions de florins partagé en dix mille actions, parut avec éclat dans tous les marchés des Indes. Elle forma deux établissemens, celui de Coblom, entre Madras & Sadraspalan à la côte de Coromandel, & celui de Bankibasar dans le Gange. Elle projettoit même de se procurer un lieu de relâche, & ses regards s'étoient arrêtés sur Madagascar. Elle étoit assez heureuse pour pouvoir avec sûreté se reposer de tout sur ses agens, tous tirés du service d'Angleterre ou de Hollande, qui avoient eu assez de fermeté pour surmonter les obstacles que la jalousie leur avoit opposés, assez de lumiere pour se débarasser des piéges qu'on leur avoit tendus. La richesse de ses retours, la réputation de ses actions qui gagnoient quinze pour cent ajoutoient à sa confiance. On peut penser que les événemens ne l'auroient pas trahie, si les opérations qui en étoient la base n'eussent été traversées par la politique. Pour bien développer les causes de cette discussion, il est nécessaire de reprendre les choses de plus haut.

Lorsqu'Isabelle eût fait découvrir l'Amérique & fait pénétrer jusqu'aux Philippines, l'Europe étoit plongée dans une telle ignorance, qu'on jugea devoir interdire la navigation des deux Indes à tous les sujets de l'Espagne qui n'étoient pas nés en Castille. La partie des Pays-bas qui n'avoit pas recouvré la liberté, ayant été donnée en 1598 à l'infante Isabelle qui épousoit l'archiduc Albert, on exigea des nouveaux souverains qu'ils renonçassent formellement à ce commerce. La réunion de leurs états faite de nouveau en 1638 au corps de la monarchie, ne changea rien à cette odieuse stipulation. Les Flamands blessés avec raison de se voir privés du droit que la nature donne à tous les peuples de trafiquer par-tout où d'autres nations ne sont pas en possession légitime d'un commerce exclusif, firent éclater leurs plaintes. Elles furent appuyées par leur gouverneur le cardinal Infant qui fit décider qu'on les autoriseroit à naviguer aux Indes orientales. L'acte qui devoit constater cet arrangement n'étoit pas encore expédié, lorsque le Portugal brisa le joug sous lequel il gémissoit depuis si long-tems. La crainte d'augmenter son mécontentement en lui donnant un nouveau rival en Asie, fit éloigner la conclusion de cette importante affaire. Elle n'étoit pas finie, lorsqu'il fut réglé en 1648 à Munster que les sujets du roi d'Espagne ne pourroient pas étendre leur commerce dans les Indes plus qu'il ne l'étoit à cette époque. Cet acte ne doit pas moins lier l'empereur qu'il ne lioit la cour de Madrid, puisqu'il ne possède les Pays-bas qu'aux mêmes conditions, avec les mêmes obligations que cette puissance les avoit.

Ainsi raisonnerent la Hollande & l'Angleterre pour parvenir à obtenir la suppression de la nouvelle compagnie dont le succès leur causoit les plus vives inquiétudes. Ces deux alliés dont les forces maritimes pouvoient anéantir Ostende & son commerce, voulurent ménager une puissance qu'ils avoient élevée eux-mêmes, & dont ils croyoient avoir besoin contre la maison de Bourbon. Ainsi quoique déterminés à ne point laisser puiser la maison d'Autriche à la source de leurs richesses, ils se contenterent de lui faire des représentations sur la violation des engagemens les plus solemnels. Ils furent appuyés par la France qui avoit le même intérêt & qui de plus étoit garante du traité violé.

L'empereur ne se rendit pas à ces représentations. Il étoit soutenu dans son entreprise par l'opiniâtreté de son caractere, par les espérances ambitieuses qu'on lui avoit données, par les grands privileges, les préférences utiles que l'Espagne accordoit à ses négocians. Cette couronne se flattoit alors d'obtenir pour Dom Carlos l'héritiere de la maison d'Autriche, & ne croyoit pas pouvoir faire de trop grands sacrifices à cette alliance. La liaison des deux cours qu'on avoit cru irréconciliables, agita l'Europe. Toutes les nations se crurent en péril. Il se fit des ligues, des traités sans nombre pour rompre une harmonie qui paroissoit plus dangereuse qu'elle ne l'étoit. On n'y réussit malgré tant de mouvemens, que lorsque le conseil de Madrid qui n'avoit plus de trésors à verser en

Allemagne, se fût convaincu qu'il couroit après des chimeres. La défection de son allié n'étonna pas l'Autriche. Elle parut décidée à soutenir toutes les prétentions qu'elle avoit formées, spécialement les intérêts de son commerce. Soit que cette fermeté en imposât aux puissances maritimes, soit, comme il est plus vraisemblable, qu'elles ne consultassent que les principes d'un politique utile, elles se déterminerent en 1727 à garantir la pragmatique sanction. La cour de Vienne paya un si grand service par le sacrifice de la compagnie d'Ostende.

Quoique les actes publics ne fissent mention que d'une suspension de sept ans, les associés sentirent bien que leur perte étoit décidée, & que cette stipulation n'étoit là que par ménagement pour la dignité impériale. Ils avoient trop d'opinion de la cour de Londres & des états généraux pour penser qu'on eût assuré l'indivisibilité des possessions Autrichiennes pour un avantage qui n'auroit été que momentané. Cette persuasion les détermina à oublier Ostende & à porter ailleurs leurs capitaux. Ils firent successivement des démarches pour s'établir à Hambourg, à Trieste, en Toscane. La nature, la force ou la politique ruinerent leurs efforts. Les plus heureux d'entr'eux furent ceux qui tournerent leurs regards vers la Suede.

La Suede dont les habitans sous le nom de Goths avoient concouru au renversement de l'empire Romain, après avoir fait le bruit & les ravages d'un torrent, se perdit dans ses déserts & retomba dans l'obscurité. Ses dissensions domestiques, toujours assez vives quoique continuelles, ne lui permirent pas de s'occuper de guerres étrangeres, ni de mêler ses intérêts à ceux des autres nations. Elle avoit malheureusement de tous les gouvernemens le plus vicieux, celui où l'autorité est partagée sans qu'aucune puissance de l'état sache précisément le dégré qui lui en appartient. Les prétentions opposées du roi, du clergé de la noblesse, des villes, des paysans formoient une espece de cahos qui auroit cent fois perdu le royaume, si les peuples voisins n'avoient langui dans la même barbarie. Gustave Vasa en réunissant dans sa personne une grande partie des différens pouvoirs, mit fin à cette anarchie ; mais il précipita l'état dans une autre calamité tout aussi funeste.

Cette nation que l'étendue de ses côtes, l'excellence de ses ports, ses bois de construction, ses mines de fer & de cuivre, tous les matériaux nécessaires à la marine appelloient à la navigation, l'avoit abandonnée depuis qu'elle s'étoit dégoûtée de la piraterie. Lubeck étoit en possession d'enlever aux Suedois leurs productions, & de leur fournir le sel, les étoffes, toutes les marchandises qu'ils tiroient de l'étranger. On ne voyoit dans leurs rades que les vaisseaux de cette république, ni d'autres magasins dans leurs villes, que ceux qu'elle y avoit formés.

Cette dépendance blessa l'ame fiere de Gustave Vasa. Il voulut rompre les liens qui enchaînoient ses sujets, mais il le voulut avec trop de précipitation. Avant d'avoir construit des vaisseaux, d'avoir formé des négocians, il ferma les ports aux Lubeckois. Dès-lors il n'y eut plus de communication entre son peuple & les autres peuples. Cette interruption subite & entiere dans les affaires fit tomber l'agriculture, le premier des arts dans tous les pays & le seul qui fût alors connu en Suede. Les champs resterent en friche, aussi-tôt que le laboureur vit cesser ces demandes réitérées & continuelles qui avoient excité jusqu'alors son activité. Quelques bâtimens Anglois & Hollandois qui se montroient de loin en loin n'avoient pas reveillé l'ancienne émulation, lorsque Gustave Adolphe monta sur le trône.

Les premieres années de son regne furent marquées par des changemens utiles. Les travaux champêtres furent ranimés. On exploita mieux les mines. Il se forma des compagnies pour la Perse & pour les Indes occidentales. Les côtes de l'Amérique septentrionale virent jetter les fondemens d'une colonie. Le pavillon Suedois répendit dans toutes les mers d'Europe du cuivre, du fer, du bois, du suif, du goudron, des cuirs, du beurre, des grains, du poisson, des pelleteries; il recevoit en échange des vins, des eaux-de-vie, du sel, des épiceries, toutes sortes d'étoffes.

Cette prospérité n'eut qu'un moment. Les guerres du Grand Gustave en Allemagne, firent aisément disparoître une industrie naissante. Christine voulut la relever, mais des nouvelles guerres qui durerent jusqu'à la mort de Charles XII, la firent tomber encore. Durant ce long période, les rois n'avoient d'autre but que de s'emparer du pouvoir absolu, & le génie de la nation étoit entiérement tourné du côté des armes.

Les Suedois ne s'occuperent des objets utiles que lorsqu'ils eurent perdu toutes leurs conquêtes, & que l'élevation de la Russie ne leur laissa plus l'espérance d'en faire de nouvelles. Les états du royaume ayant aboli le despotisme, corrigerent les abus d'une administration si vicieuse. Le passage rapide d'un état d'esclavage à la plus grande liberté n'occasionna pas pourtant les secousses violentes qui accompagnent ces révolutions. Tous les changemens furent faits avec maturité. Les professions les plus nécessaires ignorées ou méprisées jusqu'alors fixerent les premiers regards. On ne tarda pas à connoître les arts de commodité ou d'agrémens. Il parut sur les sciences les plus profondes des ouvrages lumineux qui mériterent d'être adoptés par les nations même les plus éclairées. La jeune nobléffe alla se former dans tous les états de l'Europe qui offroient quelque genre d'instruction. Ceux des citoyens qui s'étoient éloignés d'un pays depuis long-tems ruiné & dévasté, y rapporterent les talens qu'ils avoient acquis. L'ordre, l'œconomie politique, les différentes branches d'administration devinrent le sujet de tous les entretiens. Tout ce qui intéressoit la république fut mûrement discuté dans les assemblées générales, & librement approuvé, librement censuré par des écrits publics. On appella des lumieres de tous les côtés. Les étrangers qui apportoient quelques inventions, quelque connoissance utile étoient accueillis; & c'est dans ces heureuses circonstances que les agens de la compagnie d'Ostende se présenterent.

Un riche négociant de Stockholm, nommé Henri Koning, goûta leurs projets & les fit approuver par la diete de 1731. On établit une compagnie des Indes à qui on accorda le privilege exclusif de négocier au-delà du cap de Bonne-espérance. Son octroi fut borné à quinze ans. On crut qu'il ne falloit pas lui donner plus de durée, soit pour remédier de bonne heure aux imperfections qui se trouvent dans les nouvelles entreprises, soit pour diminuer le chagrin d'un grand nombre de citoyens qui s'élevoient contre un établissement que la nature & l'empire du climat sembloit repousser. Le desir de réunir le plus qu'il seroit possible les avantages d'un commerce libre & ceux d'une association privilegiée, fit regler que les fonds ne seroient pas limités & que tout actionnaire pourroit retirer les siens à la fin de chaque voyage. Comme les intéressés étoient la plupart étrangers, il parut juste d'assurer un bénéfice à la nation en les assujettissant à payer au gouvernement quinze cens d'alers d'argent par last, pour chaque bâtiment qu'ils expédieroient.

Cette condition n'empêcha pas que les actionnaires qui bornoient à peu près leurs opérations au commerce de Chine, ne partageassent de beaucoup plus gros bénéfices que ne l'avoit jamais fait aucune compagnie. Un pareil succès détermina les états qui en 1746 renouvelloient le privilege à exiger à la place de l'ancien droit, un droit de cinquante mille dalers d'argent ou de soixante-quinze mille livres tournois par vaisseau. La convention fut exactement remplie jusqu'en 1753. Alors les directeurs qui trouvoient leur position utile formerent le projet de la rendre permanente en donnant une consistance fixe à l'association passagere dont ils conduisoient les affaires, & ils firent adopter leur plan par la nation assemblée. Il paroissoit plus difficile de faire goûter aux actionnaires un arrangement qui engageoit leur liberté, & que les malheurs des autres compagnies devoient leur rendre plus que suspect. On les ébranla par l'espoir d'un revenu à peu près régulier, au lieu d'un dividende qui depuis quelques années varioit d'une maniere incroyable, soit que ce fût un moyen imaginé pour préparer le succès du projet, soit que ce fût une suite naturelle des révolutions du commerce. Ils furent tout-à-fait déterminés par la complaisance qu'eut le gouvernement de se contenter d'un droit de vingt pour cent sur les thés, sur les autres marchandises des Indes qui se consommeroient dans le royaume, au lieu des cinquante mille dalers qu'il recevoit depuis six ans pour chaque navire. Ce nouvel ordre de choses dura jusqu'en 1766, tems auquel expiroit le privilege accordé vingt ans auparavant.

On n'avoit pas attendu ce terme pour s'occuper du renouvellement de la compagnie. Dès le sept juillet 1762 il fut accordé un nouvel octroi pour vingt ans encore. Les conditions en furent plus avantageuses pour l'état que ne l'esperoient ceux de ses membres qui n'avoient pas suivi les bénéfices de ce commerce. On lui prêta quinze cens mille francs sans intérêt, & trois millions à un intérêt de six pour cent. Les actionnaires qui faisoient ces avances absolument nécessaires pour la liquidation des dépenses de la guerre d'Allemagne, en devoient être remboursés successivement par la retenue des soixante-quinze mille dalers qu'ils s'engageoient à payer pour chaque navire qu'ils expédieroient. Celles de leurs marchandises qui sortiroient du royaume furent de plus assujetties à un droit d'un quart pour cent de leur vente, & celles qui seroient consommées dans l'intérieur du pays, aux droits anciens ou à des droits nouveaux tels qu'il plairoit au gouvernement de les regler. Tel est l'ordre qui subsiste depuis 1766.

La compagnie a établi le siége de ses affaires à Gotenbourg, dont la position offre pour la navigation des facilités que refusoient les autres ports. Ses fonds varioient au commencement d'un voyage à l'autre. Il est reçu qu'en 1753 ils furent fixés à neuf millions, dont il n'y en eut que six de fournis. L'opinion des gens les mieux instruits, est que le dernier arrangement les a portés réellement à dix millions. On est réduit à de simples conjectures sur ce point important, jamais il ne fut mis sous les yeux du public. Comme les Suedois n'entroient que pour très-peu dans ce capital, on jugea convenable de dérober la connoissance de cette pauvreté. Pour y parvenir, il fut statué que tout directeur qui découvriroit le nom des intéressés ou les sommes qu'ils auroient souscrites, seroit suspendu, déposé même, & qu'il perdroit sans retour tout l'argent qu'il auroit dans cette entreprise. Cet esprit de mystere s'est perpétué. A la vérité douze des principaux actionnaires, choisis tous les quatre ans dans une assemblée générale, reçoivent régulierement les comptes de l'administration ; mais cette sûreté ne paroîtra jamais suffisante à des négocians ; ils trouveront toujours étonnant qu'un état libre ait couvert une pareille porte à la corruption.

Une opération sur laquelle la compagnie n'a pas pu jetter de voile, c'est sur le nombre de vaisseaux qu'elle a expédiés. Jusqu'à l'an 1763 inclusivement, on en compte cinquante-sept, dont les trois ont pris la route de Bengale, trois celle de Surate, & le reste celle de la Chine. Tous n'ont pas fini leur voyage, cinq ont péri misérablement.

Malgré ces malheurs, le dividende une année dans l'autre s'est élevé à trente-deux pour cent. Ce bénéfice n'a été fait que sur des ventes qui n'ont pas passé annuellement six millions de livres. Les onze douziemes de ces marchandises ont été portés à l'étranger, & la Suede a payé de ses productions le peu qu'elle a consommé. La foiblesse de son numéraire & la médiocrité de ses ressources lui interdisoit un plus grand luxe. On en va voir la preuve.

La Suede a six mille neuf cens lieues quarrées, à n'en compter que dix & demi par dégré comme elle fait. Une grande partie est occupée par des lacs immenses. Son sol assez généralement gras & argileux est plus difficile à cultiver que des champs sablonneux, mais il est plus fertile. Les neiges prodigieuses qui le couvrent garantissent & nourissent ses plantes. Elles parviennent toujours à une maturité entiere, quoique la chaleur de l'été ne soit pas fort longue, parce que son influence est soutenue par celle des chaleurs que d'affreux climats avoient long-tems concentrées dans les entrailles de la terre. Malheureusement les travaux de la campagne sont réduits à peu de chose à cause de la longueur des hyvers, de la briéveté des jours. Il faut d'ailleurs à des hommes plus grands & plus robustes qu'on ne les trouve ailleurs une nourriture plus solide, plus abondante.

Ces raisons pourroient faire soupçonner que la Suede ne fut jamais excessivement peuplée, quoique Jornandès l'ait appellée la fabrique du genre humain, *officina generis humani*. Il est vraisemblable que les nombreuses bandes qui en sortoient, & qui sous ce nom si redouté de Goths & de Vendales, ravagerent, asservirent tant de contrées de l'Europe, n'étoient que des esseins de Scytes & de Sarmates qui s'y rendoient par le nord de l'Asie, & qui se poussoient, se remplaçoient successivement. Cependant ce seroit une erreur de croire que cette vaste contrée ait été toujours aussi déserte que nous la voyons. Des preuves historiques présentées aux derniers états les convainquirent que leur pays avoit il y a trois siecles à peu près trois fois plus d'habitans qu'aujourd'hui, quoique la religion Catholique qu'on y professoit alors autorisât les cloîtres & prescrivit au clergé le célibat. Un dénombrement fait avec la plus grande précision, par ordre du gouvernement en 1760, prouve que la Suede, sans y comprendre ses possessions d'Allemagne qui sont très-peu de chose, n'a actuellement que deux millions trois cens quatre-vingt-trois mille cent treize sujets, & que dans cette population il y a un million cent vingt-sept mille neuf cens trente-huit hommes, & un million deux cens cinquante-cinq mille cent soixante-quinze femmes. En prenant un terme moyen, c'est trois cens quarante-cinq habitans par lieue quarrée. Les deux extrêmes sont la Gothie qui en compte douze cens quarante-huit, & la Lapponie qui n'en compte que deux.

Le nombre seroit plus grand dans toutes les provinces si elles n'étoient continuellement abandonnées & souvent sans retour, par un grand nombre de ceux qui y ont pris naissance. On voit par-tout des hommes qui par curiosité, par inquiétude naturelle & sans objet déterminé, passent d'un pays dans un autre; mais c'est une maladie qui attaque seulement quelques individus & ne peut être regardée comme la cause générale d'une émigration constante. Il y a dans tous les hommes un penchant à aimer leur patrie qui tient plus à des causes morales qu'à des principes physiques. Le goût naturel pour la société, les liaisons de sang & d'amitié, l'habitude du climat & du langage, cette prévention qu'on contracte si aisément par le lieu, les mœurs, le genre de vivre auxquels on est accoutumé; tous ces liens attachent un être raisonnable à des contrées où il a reçu le jour & l'éducation. Il faut de puissans motifs pour lui faire rompre à la fois tant de nœuds & préférer une autre terre où tout fera étranger & nouveau pour lui. En Suede où tout le pouvoir est entre les mains des états composés de différens ordres du royaume, même de celui des paysans, on devroit plus tenir à son pays; cependant on en sort beaucoup & il doit y avoir des raisons de cette émigration.

La classe de citoyens la plus attachée à sa patrie est celle des laboureurs. L'agriculture fut assez florissante avant que Gustave Vasa défendit l'exportation des grains; depuis ce funeste édit elle retrograda toujours. Les efforts qu'on a fait dans les derniers tems pour lui redonner de l'activité n'ont pas eu un succès aussi complet qu'on le desiroit. L'état achete annuellement la onzieme partie du bled nécessaire à sa consommation. Ce besoin peut durer long-tems par la difficulté d'élever de nombreux troupeaux. Il faut les nourrir neuf mois au sec, & on manque de bras pour couper, pour serrer la quantité de fourage que la longueur des hyvers rendroit nécessaire.

Les mines ne sont pas exposées à de pareils malheurs. Leur exploitation fut long-tems la plus grande ressource du royaume. Elles tomberent depuis dans la dépendance des Anglois & des Hollandois par les avances considérables que les négocians de ces deux nations faisoient à leurs propriétaires. Une meilleure administration les a fait successivement sortir de cette servitude. Celles d'argent rendent annuellement à l'état quatre mille cinq cens marcs; celles de cuivre huit mille chiffons ou lingots dont on en exporte cinq mille cinq cens, & celles de fer quatre cens mille chiffons, dont environ trois cens mille passent à l'étranger. Il étoit facile de multiplier les dernieres sur-tout dans les provinces boréales où abondent les bois, les eaux, les cataractes nécessaires pour ces travaux, & où l'hyver par sa rigueur & par sa durée favorise les charrois. Les états de 1766 ont défendu d'en ouvrir de nouvelles, sans qu'on puisse découvrir les raisons d'œcomie politique qui ont suggéré cette prohibition. Les manufactures n'ont pas été mieux traitées que les mines.

Jusqu'à l'heureuse révolution qui rendit à la Suede sa liberté, la nation étoit généralement habillée d'étoffes étrangeres. On sentit à cette époque mémorable l'impossibilité de faire cesser un si grand abus avec les laines du pays extrêmement grossieres, & on fit venir d'Espagne, d'Angleterre des brebis & des beliers qui par les précautions qu'on a prises ont très-peu dégénéré. A mesure que les troupeaux se sont multipliés, les fabriques ont augmenté au point qu'en 1763 elles occupoient quarante-cinq mille ames. Ces progrès ont blessé quelques citoyens qui les croyoient nuisibles à l'agriculture. Inutilement on a voulu leur faire observer qu'il n'y avoit au plus dans l'état que huit ou neuf villes dignes de ce nom, & que leur population n'étoit relativement à celle de la campagne que dans le rapport d'un à douze, ce qui ne se trouvoit dans aucun autre gouvernement. Ces représentations n'ont pas été goûtées. La derniere dicte a adopté les vues de ceux qui vouloient renvoyer tout le monde à la charrue. Pour faire réussir ce plan, elle a supprimé les encouragemens accordés à différens atteliers, anéanti le comptoir des manufactures, refusé le renouvellement de plusieurs privileges, interrompu les recherches faites pour arrêter la contrebande, proscrit comme luxe tout ce qui tenoit à l'industrie. Il est arrivé delà que les ouvriers ont porté ailleurs, sur-tout en Russie, leurs talens, & que la Suede se trouve actuellement sans manufactures.

Ses pêcheries n'ont pas eu la même destinée. La seule qui mérite d'être envisagée sous un point de vue politique, c'est celle du hareng. Elle ne remonte pas au-delà de 1740. Avant cette époque, ce poisson fuyoit les côtes de Suede. Il donna alors à celle de Gothenbourg, & il ne s'en est pas retiré depuis. On en exporte annuellement deux cens mille barils qui, à raison de vingt francs par baril, forment un objet de quatre millions de livres. Environ huit mille barils sont portés dans les isles Angloises de l'Amérique. Il est bien étonnant que les François qui ont plus d'esclaves à nourrir & moins de facilité pour les nourrir ayent négligé jusqu'à présent un moyen que tout les invitoit à adopter.

La nation ne jouissoit pas encore de sa pêche du hareng, lorsqu'elle défendit aux étrangers d'introduire dans les ports de Suede d'autres denrées que celles du cru de leur pays, & de transporter ces marchandises d'un port du royaume à l'autre. Cette loi célebre comme sous le nom de *placard des productions*, & qui est de 1724, ressuscita la navigation anéantie depuis long-tems par les malheurs des guerres. Un pavillon inconnu partout se montra sur toutes les mers. Ceux qui l'arboroient ne tarderent pas à acquérir de l'habileté par l'expérience. Leurs progrès parurent même à des politiques éclairés être trop considérables pour un pays depeuplé. Ils penserent qu'il falloit s'en tenir à l'exportation des productions de l'état, &

l'importation de celles dont il avoit befoin, & abandonner le commerce purement de fret. Ce fyftême a été vivement combattu. De grands adminiftrateurs ont cru que bien loin de gêner cette branche d'induftrie, il convenoit de l'encourager en aboliffant tous les reglemens qui la contrarient. Le droit excluſif de paſſer le Sund fut anciennement attribué à un petit nombre de villes défignées fous le nom de *Staple*. Tous les ports même fitués au nord de Stockholm ou Dabo, furent afservis à porter leurs denrées à l'un de ces entrepôts, & à s'y pourvoir des marchandifes de la Baltique qu'ils auroient pu fe procurer de la premiere main à meilleur marché. Ces odieufes diftinctions imaginées dans des tems barbares, exiftent encore. Les fpéculateurs les plus fages en matiere d'adminiftration defirent qu'elles foient anéanties, afin qu'une concurrence plus univerfelle produife une plus grande activité. Perfonne ne fait des vœux pour l'augmentation des troupes.

Avant Guſtave Vafa tout Suedois étoit foldat. Au cri du befoin public, le laboureur quittoit fa charrue & prenoit un arc. La nation entiere fe trouvoit aguerrie par des troubles civils qui ne difcontinuoient pas. L'état ne foudoyoit que cinq cens hommes qui devoient être toujours prêts à marcher. En 1542 ce foible corps fut porté jufqu'à fix mille. Les payfans chez qui on mettoit en quartier ces troupes, trouverent le fardeau trop lourd, & il fallut les en décharger. Pour y parvenir, on réunit au Fifc les terres incultes, on les fit défricher & on y plaça les nouveaux défenfeurs de la patrie. Cette excellente inftitution s'eft perpétuée. Les gens de guerre ne font pas emprifonnés comme ailleurs dans l'oifiveté des garnifons. Depuis le général jufqu'au foldat, tous ont une maison qu'ils habitent, une portion de terre qu'ils font valoir comme leur propre bien. L'étendue & la valeur réelle de ce terrein sont proportionnées aux grades de milice. Cette possession qu'ils tiennent de la couronne, s'appelle *Bostell*, & ne s'accorde jamais que dans les domaines qui appartiennent au gouvernement. L'armée est actuellement composée de huit régimens de cavalerie, de trois régimens de dragons, de deux régimens d'hussards, de vingt-un régimens d'infanterie nationale qui sont payés de cette maniere, & de dix régimens de troupes étrangeres qui ont une solde en argent & qu'on place dans les provinces, dans les forteresses situées au-delà des mers ; ce qui forme en tout cinquante mille hommes. Cette masse est grossie & portée jusqu'à quatre-vingt-quatre mille hommes par trente-quatre mille soldats de reserve qui ont aussi leurs bostells & qui par leur institution sont destinés à remplacer ceux de l'infanterie nationale qui meurent, qui se perdent ou qui sont faits prisonniers. Vingt vaisseaux de ligne, un nombre de frégates proportionné, & quelques galeres achevent de former les forces de la république.

Indépendamment des secours étrangers, qui peuvent manquer à chaque moment & qui manquent en effet souvent, l'état a pour faire agir ces forces un revenu de dix-huit millions de livres. Il est formé par un impôt sur les terres, par le produit des douanes, par des droits sur le cuivre & sur le fer, par le papier timbré, par une capitation & un don gratuit. C'est bien peu pour les dépenses de la guerre, pour les besoins du gouvernement, & encore y faut-il puiser ce qui doit servir à l'acquittement des dettes.

Elles

Elles montoient à sept millions cinq cens mille livres, lorsque Charles XI arriva au trône. Ce prince œconome de la maniere dont il convient aux souverains de l'être, les paya. Il fit plus. Il dégagea plusieurs domaines de la couronne en Allemagne, qui avoient été aliénés à des voisins puissans. Il retira les diamans de la couronne sur lesquels la reine Christine avoit emprunté des Hollandois des sommes considérables. Il fortifia les places frontieres. Il secourut ses alliés & arma souvent des escadres pour maintenir sa supériorité dans la mer Baltique. Les événemens qui suivirent sa mort replongerent les affaires dans le cahos d'où il les avoit tirées. Le désordre a été toujours en augmentant, & la derniere diete a trouvé que l'état devoit quatre-vingt-deux millions cinq cens mille livres pour lesquels il payoit un intérêt de quatre & demi pour cent. De cette somme huit millions appartiennent à l'étranger, cinq millions à une caisse d'amortissement qui fut établie pour le paiement des dettes de Charles XII; un million & demi à quelques communautés; douze millions & demi à des particuliers Suedois, & cinquante-cinq millions à la banque. Les meilleurs calculateurs prétendent que cette banque qui appartient uniquement à l'état & dont la nation assemblée en diete a seule la disposition, a autant gagné en prêtant son papier aux particuliers sur des terres, des maisons, des contrats, des effets mobiliers que lui doit l'administration. En ce cas la république n'a réellement que le tiers de la dette dont elle paye les intérêts dans la vue de soutenir ce crédit public.

Ce crédit est d'autant plus nécessaire, que depuis la derniere guerre d'Allemagne qui a coûté cent millions à la Suede au-delà de ce que lui a fourni la France, il ne reste pas deux millions d'especes en circulation dans tout le royaume. Tout s'y fait avec du papier. L'obligation que contractent, sous la foi du serment, ceux auxquels le dépôt en est confié de garder un profond secret sur tout ce qui a rapport à leurs fonctions, ne permet pas de fixer avec la derniere précision quelle est la quantité de papier qui tient lieu d'argent. Cependant on ne craindra pas d'avancer d'après les observateurs les plus profondément instruits que la masse des billets de banque ne passe pas soixante-dix-sept millions.

La pauvreté n'est pas toutefois la plus dangéreuse maladie qui travaille actuellement la Suede. L'état a bien plus à craindre de l'esprit de vertige qui a plongé cette vaillante & généreuse nation dans un abîme de dégradation qui afflige amerement tous les cœurs sensibles. Une corruption générale y franchit depuis long-tems toutes les bornes. La détermination arrêtée de tout rapporter à son intérêt, a rempli de défiances la cour, le senat, tous les ordres de la république. On a travaillé à se détruire réciproquement avec un acharnement qui n'a point d'exemple. Lorsque les moyens manquoient, on a été les chercher au loin, & l'on n'a pas rougi de conspirer en quelque maniere avec des étrangers contre sa patrie. Elle a été livrée à de faux & puissans amis qui l'opprimeront infailliblement.

Si le zele & la bonne foi n'étoient l'ame de cet ouvrage, nous aurions dissimulé à nos lecteurs la malheureuse situation où se trouve réduit un état libre. Les réflexions que ce tableau présente sont très-propres sans doute à nourrir l'esprit de servitude qui regne dans la plupart des contrées de l'Europe. On ne manquera pas de voir dans la liberté de la Suede, la source de tous ses maux, & de bénir les chaînes des autres nations. Mais il est d'autres causes qui la privent des avantages de sa constitution. Il est certain que la liberté y excéde ses bornes naturels, qu'elle y tient beaucoup de l'anarchie, que les droits de l'individu n'y sont pas assez heureusement combinés avec les droits de la société, & que les mouvemens de chaque membre ne s'y prêtent pas assez aux besoins de tout le corps pour le soutenir & en être aidés. D'ailleurs une dépopulation considérable, triste fruit des guerres, laisse de grands vuides entre les habitans isolés les uns des autres, & s'oppose aux progrès, à la multiplication des idées qui doivent éclairer un peuple qui veut se conduire lui-même. Ainsi, quoique dans les grandes opérations de ce gouvernement on voye souvent la bonne foi réunie au courage d'entreprendre, au pouvoir d'exécuter, il ne faut pas s'étonner qu'il n'en ait pas résulté un meilleur plan.

Dans les gouvernemens monarchiques un heureux hazard peut donner un bon souverain, un bon ministre qui rendent assez rapidement à l'état ses mœurs, sa force, sa considération. Le bon esprit n'est pas si-tôt ramené dans les associations libres. Les fonctions qui les divisent empêchent long-tems de voir ce mal, & leur jalousie les éloigne réciproquement de concourir au rétablissement de l'ordre. Dans cette situation, le meilleur parti peut être de confier à un seul assez d'autorité pour étouffer les haines, pour ranimer l'amour du bien public. Plusieurs anciennes républiques tirérent un grand avantage de cette politique, & nous ne craindrons pas de prédire à la Suede qu'elle ne sortira de l'affreuse anarchie où elle est plongée, que lorsqu'elle aura remis au fantôme de roi qu'elle a formé, un pouvoir suffisant pour sonder les plaies de l'état & pour y appliquer les remedes convenables. C'est le plus grand acte de souveraineté que puisse faire une nation, & ce n'est pas perdre sa liberté que d'en remettre la direction à un dépositaire de confiance, en veillant soi-même à l'usage qu'il fera de ce pouvoir commis. Mais il est tems de revenir de l'espece d'écart où nous a entraîné la compagnie de Suede pour parler de celle d'Embden établie par le roi de Prusse.

Ce prince eut le courage dans l'âge des plaisirs de préférer à la molle oisiveté des cours l'avantage de s'instruire. Le commerce des premiers hommes du siecle & ses reflexions mûrissoient dans le secret son génie actif, impatient de s'étendre. Ni la flaterie, ni la contradiction ne purent jamais le distraire de ses profondes méditations. Il forma de bonne heure le plan de sa vie & de son regne. On osa prédire à son avénement au trône, que ses ministres ne seroient que ses secrétaires, les administrateurs de ses finances que ses commis, ses généraux que ses aides de camp. Des circonstances heureuses le mirent à portée de développer aux yeux des nations des talens acquis dans la retraite. Saisissant avec une rapidité qui n'appartenoit qu'à lui, le point décisif de ses intérêts, Frederic attaqua une puissance qui avoit tenu ses ancêtres dans la servitude. Il gagna cinq batailles contr'elle, lui enleva la meilleure de ses provinces, & fit aussi à propos la paix qu'il avoit fait à propos la guerre.

En cessant de combattre, il ne cessa pas d'agir. On le vit aspirer à l'admiration des mêmes peuples dont il avoit été la terreur. Il appella tous les arts à lui, & les associa en quelque sorte à sa gloire. Il réforma les abus de la justice, & dicta lui-même des loix pleines de sagesse. Un ordre simple, invariable s'établit dans toutes les parties de l'administration. Il veilloit jour & nuit sur ses sujets, dont le moindre eut toujours la liberté de l'approcher & de lui écrire. Tous les instans de sa vie étoient consacrés au bien de ses peuples. Ses delassemens même leur étoient utiles. Ses ouvrages d'histoire, de morale, de politique étoient remplis de vérités pratiques. On vit regner jusques dans ses poësies des idées profondes, & propres à reprendre la lumiere. Il s'occupoit du soin d'enrichir ses états, lorsque des événemens heureux le mirent en possession de l'Oostfrise en 1744.

Embden, capitale de cette petite province, passoit il y a deux siecles pour un des meilleurs ports de l'Europe. Les Anglois forcés de quitter Anvers en firent le centre de leurs liaisons avec le continent. Les Hollandois après avoir aspiré long-tems inutilement à se l'approprier, en étoient devenus jaloux jusqu'à travailler à le combler. Tout indiquoit que c'étoit un lieu propre à devenir l'entrepôt d'un grand commerce. L'éloignement où étoit ce foible pays de la masse des forces Prussiennes, pouvoit exposer à quelques inconvéniens; mais Frederic espéra que la terreur de son nom contiendroit la jalousie des puissances maritimes. Dans cette persuasion, il voulut qu'en 1750 une compagnie pour les Indes orientales fût établie à Embden.

Le fond de la nouvelle société étoit d'un million d'écus d'Allemagne. Il fut principalement formé par les Anglois & les Hollandois malgré la sévérité des loix que leur gouvernement avoit portées pour l'empêcher. On étoit encouragé à ces spéculations par la liberté indéfinie dont on devoit jouir en payant au souverain trois pour cent de toutes les ventes qui seroient faites. L'événement ne répondit pas aux espérances. Six vaisseaux partis successivement pour la Chine, ne rendirent aux intéressés que leur capital & un bénéfice de dix pour cent en sept années. Une compagnie qui se forma peu de tems après dans le même lieu pour le Bengale, prit encore plus mal ses mesures. Un procès, dont vraisemblablement on ne verra jamais la fin, est tout ce qui lui reste des deux seules expéditions qu'elle ait tentées. Les commencemens de la derniere guerre ont anéanti l'un & l'autre corps.

C'est le seul échec qu'ait essuyé la grandeur du roi de Pruse. Nous n'ignorons pas qu'il est difficile d'apprécier ses contemporains, on les voit de trop près. Encore moins peut-on se flatter de bien connoître les princes dont la renommée qui les tire de l'oubli ne parle jamais sans passion. L'admiration qu'ils inspirent éveille toujours l'envie, & trouble ou suspend le jugement des sages même. Cependant, s'il étoit permis de prononcer d'après une multitude de faits liés les uns aux autres, on diroit de Frederic qu'il dissipa les complots de l'Europe conjurée contre lui, par un hazard aussi peu prévu que mal combiné; qu'avec des moyens invisibles, il exécuta les choses les plus frappentes; qu'il changea la maniere de faire la guerre qu'avant lui on croyoit portée à sa perfection; qu'il montra un courage d'esprit dont l'histoire ne lui fournissoit pas peut-être de modele; qu'il tira de ses fautes même plus d'avantage que les autres n'en savent tirer de leurs succès; qu'il fit taire d'étonnement ou parler d'admiration toute la terre; que les guerriers les plus célébres de son âge n'arriveront à la postérité qu'à l'aide de son nom & de sa mémoire; & qu'il donna autant d'éclat à sa nation que les autres souverains en reçoivent de leurs peuples.

Il présente un front toujours menaçant. L'opinion de ses talens, le souvenir de ses actions, un revenu annuel de soixante-sept millions, un trésor de plus de deux cens, une armée de cent quatre-vingt-quatre mille hommes, assure sa tranquillité. Malheureusement elle n'est pas utile à ses sujets comme elle le fut autrefois. Ce prince continue à laisser les Juifs à la tête de ses monnoyes où ils ont introduit un si grand désordre. Il a vu tomber sans les secourir les plus riches négocians de ses provinces dans des abîmes que ses opérations leurs avoient crusés. Il a mis dans ses mains les manufactures les plus considérables de son pays. Ses états sont remplis de monopoles destructeurs de toute industrie. Des peuples dont il fut l'idole ont été livrés à l'avidité d'une foule de brigands étrangers. Cette conduite a inspiré une défiance si universelle, soit au-dedans soit au-dehors de la Prusse, qu'il n'y a point de hardiesse à assurer que les efforts qui se font pour ressusciter la compagnie d'Embden seront inutiles.

O Frederic, Frederic! tu reçus de la nature une imagination vive & hardie, une curiosité sans bornes, du goût pour le travail, des forces pour le supporter. L'étude du gouvernement, de la politique, du commerce, de la législation occupa ta jeunesse. L'humanité par-tout enchaînée, abattue, essuya ses larmes à la vue de tes premiers travaux, & sembla se consoler de ses malheurs dans l'espérance de trouver en toi son vengeur. Elle augura & bénit d'avance tes succès. L'Europe te donna le nom du roi philosophe.

Lorsque tu parus sur le théâtre de la guerre, la célérité de tes marches, l'art de tes campemens, l'ordre de tes batailles étonnerent toutes les nations. On ne cessoit d'exalter cette discipline inviolable qui donnoit à tes troupes la victoire, cette subordination méchanique qui ne fait de plusieurs armées qu'un corps dont tous les mouvemens dirigés par une impulsion unique frappent à la fois au même but. Les philosophes même prévenus par l'espoir dont tu les avois remplis, enorgueillis de voir un ami des arts & des hommes parmi les rois, applaudissoient peut-être à tes succès sanglans. Tu fus regardé comme le modele des rois guerriers.

Il existe un titre plus glorieux, c'est celui de roi citoyen. On ne l'accorde pas aux princes qui confondent les vérités, les erreurs, les préjugés, les loix, les sources du bien & du mal, envisagent les principes de la morale comme des hypotheses de métaphysique, & la raison comme un orateur gagé par l'intérêt. O si l'amour de la gloire s'étoit éteint au fond de ton cœur ! si ton ame épuisée par tes grandes actions avoit perdu son ressort & son énergie ! si les foibles passions de la vieillesse vouloient te faire rentrer dans la foule des rois, que deviendroit ta mémoire, que deviendroient les éloges que toutes les bouches de la renommée, que la voix immortelle des lettres & des arts t'ont prodigués ? Mais non : ton regne & ta vie ne seront pas un problème dans l'histoire. Rouvre ton cœur aux sentimens nobles & vertueux qui firent tes premiers délices. Occupe tes derniers jours du bonheur de tes peuples. Prépare la félicité des générations futures par la félicité de la génération actuelle. Respecte la tranquillité de tes voisins. Ose davantage. L'univers est la patrie d'un grand homme, d'un roi qui peut le remuer. Donne le repos à la terre. Que l'autorité de ta médiation, que le pouvoir de tes armes force à la paix les nations inquiétes : sois un roi citoyen.

Rien n'est grand, n'est heureux dans les monarchies, sans l'influence du maître qui les gouverne ; mais il ne dépend pas toujours d'un monarque de faire tous les biens convenables à sa nation, quand elle ne seconde pas les intentions du gouvernement par son caractere ou ses dispositions. C'est peut-être autant la faute des peuples que des rois, si les projets qu'on a souvent formés en Espagne pour faire prospérer le commerce des Philippines n'ont pas eu du succès.

Les Philippines, anciennement connues sous le nom de Manilles, forment un archipel immense à l'est de l'Asie. Les montagnes de ces isles sont peuplées de sauvages qui paroissent être les plus anciens habitans du pays. Quelques rapports qu'on a cru entrevoir entre leur langue & celle du Malabar, ont fait soupçonner qu'ils pouvoient être venus de cette agréable contrée de l'Inde. Leur vie est toute animale. Ils n'ont point de demeure fixe. Les fruits, les racines qu'ils trouvent dans les bois sont leur unique nourriture ; & lorsqu'ils ont épuisé un canton, ils vont en dévorer un autre. Les efforts qu'on a fait pour les assujettir ont toujours été vains, parce qu'il n'y a rien de si difficile que de dompter des peuples errans.

Les plaines d'où on les a chassés ont été successivement occupées par des colonies de Siam, de Sumatra, de Borneo, de Macaffar, de Malaca, des Moluques & d'Arabie. Les mœurs de ces colons étrangers, leur religion, leur gouvernement ne permettent pas de fe méprendre fur les lieux de leur origine.

Fernand de Magellan fut le premier Européen qui reconnut ces ifles. Mécontent du Portugal fa patrie, il étoit paffé au fervice de Charlequint; & par le détroit qui depuis porta fon nom, il arriva aux Manilles en 1521. Le malheur qu'il eut d'y périr, n'auroit pas empêché vraifemblablement que fon voyage n'eût eu des fuites, fi elles n'avoient été arrêtées par la combinaifon dont on va rendre compte.

Tandis qu'au quinzieme fiecle les Portugais s'ouvroient la route des Indes orientales & fe rendoient les maîtres des épiceries & des manufactures qui avoient toujours fait les délices des nations polies, les Efpagnols s'affuroient par la découverte de l'Amérique, plus de tréfors que l'imagination des hommes n'en avoit jufqu'alors defiré. Quoique les deux nations fuiviffent leurs vues d'agrandiffement dans des régions bien féparées, il parut poffible qu'on fe rencontrât. Leur antipathie auroit rendu cet événement dangéreux. Pour le prévenir, le pape Alexandre VI fixa en 1493 les prétentions refpectives, par une fuite de ce pouvoir univerfel & ridicule que les pontifes s'étoient arrogés depuis plufieurs fiecles, & que l'ignorance idolâtre de deux peuples également fuperftitieux prolongeoit encore pour affocier le ciel à leur avarice. Il donna à l'Efpagne tout le pays qu'on découvriroit à l'oueft du méridien pris à cent lieues des Acores, & au Portugal tout ce qu'il pourroit conquérir à l'eft de ce méridien. Dans la fuite les deux puiffances convinrent de reculer cette ligne de démarcation à deux cens cinquante lieues plus à l'ouest pour assurer davantage leur tranquillité. Avec plus de lumieres la cour de Rome auroit senti que les Espagnols poussant leurs découvertes du côté de l'ouest, & les Portugais du côté de l'est, c'étoit une nécessité qu'ils se rencontrassent. L'expédition de Magellan demontra cette vérité.

Les Portugais qui, quoique navigateurs, n'avoient pas imaginé qu'on put parvenir aux Indes par une autre route que celle du cap de Bonne-Espérance, furent très-étonnés d'y voir arriver les Espagnols par la mer du sud. Ils craignirent pour les Moluques sur lesquels leurs rivaux prétendoient avoir des droits ainsi que sur les Manilles. La cour de Lisbonne étoit déterminée à tout plutôt qu'à voir échapper de ses mains le commerce des épiceries. Cependant avant de se commettre avec la seule puissance dont les forces maritimes fussent alors redoutables, elle crut devoir tenter la voie de la négociation. Ce moyen réussit plus facilement qu'on ne l'avoit espéré. Charlequint que ses entreprises continuelles réduisoient à des besoins fréquens, consentit pour la somme de trois cens soixante mille ducats, à suspendre tous les armemens pour les Moluques, jusqu'à ce que les droits respectifs eussent été éclaircis. Il s'engagea même, en cas que la décision lui fut favorable, à n'en tirer avantage qu'après avoir remboursé l'argent qu'il auroit touché. Depuis cet accommodement, ce monarque Espagnol occupé de son agrandissement en Europe & en Amérique, perdit de vue les Indes orientales.

Philippe II reprit en 1564 le projet de soumettre les Manilles. L'exécution en fut confiée à

Michel Lopes de l'Egafpe. Il s'établit folidement à Luçon, la principale de ces ifles, & jetta les fondemens de quelques colonies dans les ifles voifines, en particulier dans celle de Zebu où Magellan avoit abordé. Ses fucceffeurs auroient vraifemblablement achevé la conquête de cet archipel, fi on leur eût fourni de plus grands moyens, peut-être même s'ils n'avoient été obligés d'employer le peu qu'ils en avoient à foutenir les Portugais dans les Moluques. La patience Hollandoife triompha de ces efforts foibles, tardifs & peu finceres. Ils ne firent que retarder la perte des riches poffeffions qui en étoient l'objet, & ils laifferent la domination Caftillane dans les Manilles qu'on commençoit à appeller Philippines dans un état de langueur dont elle n'eft jamais fortie.

Le nombre des Efpagnols n'y paffe pas trois mille. On peut compter le triple de Metis. Les uns & les autres font chargés de contenir un million trois cens foixante & quelques mille Indiens qui fe trouverent foumis lors du récenfement de 1752. La plupart font chrétiens, & tous payent un tribut de demi piaftre. Ils font difperfés dans neuf ifles & diftribués en vingt départemens, dont celle de Luçon feule en contient douze. Sa capitale nommée dans tous les tems Manille, eft fituée à l'embouchure d'une grande riviere dans le fond d'une baye qui a trente lieues de circuit. L'Egafpe la jugea propre à être le centre de l'état qu'il vouloit fonder, & il y fixa le gouvernement & le commerce. Gomez Perez de las Marignas l'entoura de murailles en 1590, & y bâtit le fort faint Jacques. Comme elle ne reçoit que de petits bâtimens, on jugea dans la fuite qu'il convenoit de fortifier Cavite qui n'en eft éloigné que de trois lieues & qui lui fert de port. Il eft en demi cercle.

Les vaisseaux y sont par-tout à l'abri des vents du sud, mais exposés à être battus de ceux du nord, s'ils ne se tiennent fort près de terre. Trois ou quatre cens Indiens y sont toujours occupés dans les chantiers.

La colonie a pour chef un gouverneur dont l'autorité subordonnée au vice-roi du Mexique, doit durer huit ans. Il a le commandement des armes. Il dispose de tous les emplois civils & militaires. Il peut distribuer des terres aux soldats, les ériger même en fiefs. Cette puissance, quoiqu'un peu balancée par l'influence que le clergé & l'inquisition ont dans tous les établissemens Espagnols du nouveau monde, s'est trouvée si dangéreuse, que pour en arrêter l'excès, on a imaginé plusieurs expédiens. Le plus utile a été celui qui régle qu'on poursuivra la mémoire d'un gouverneur mort dans l'exercice de sa charge, & que celui qui sera révoqué ne pourra pas partir avant que son administration ait été recherchée. Tout particulier peut porter ses plaintes. S'il a éprouvé quelque injustice, il doit être dédommagé aux dépens du prévaricateur qu'on condamne de plus à une amende envers le souverain pour l'avoir rendu odieux. Dans les premiers tems de cette sage institution, la sévérité fut poussée si loin, que lorsque les accusations étoient graves & nombreuses, le coupable étoit mis en prison. Plusieurs y moururent de frayeur, & d'autres n'en sortirent que pour subir des peines rigoureuses. La corruption a fait depuis des progrès. Celui qui succéde est communément décidé par des sommes considérables ou par les vexations qu'il se propose de commettre à pallier celles de son prédécesseur.

Cette collusion a formé un système suivi d'oppression. On a exigé arbitrairement des impôts.

Le revenu public s'est perdu dans les mains destinées à le recueillir. Des droits excessifs ont fait dégénérer le commerce en contrebande. Le cultivateur s'est vu contraint de déposer ses récoltes dans les magasins du gouvernement. On a poussé l'atrocité jusqu'à fixer la quantité de grains que ses champs devoient produire, jusqu'à l'obliger de les fournir au Fisc sans en être payé que dans le tems & de la maniere qu'il plairoit aux Hidres de ce gouffre public. Cette tyrannie a déterminé une infinité d'Indiens à abandonner les Philippines, ou à se refugier dans les lieux inaccessibles de ces isles. L'histoire fait monter à plusieurs millions les malheureux que les vexations ont fait périr. Il n'est pas possible d'évaluer le nombre de ceux que l'anéantissement de la culture & des subsistances a empêché de naître. Ce qui a échappé à tant de calamités, a cherché sa sûreté dans l'obscurité & dans la misere. Les efforts que quelques administrateurs honnêtes ont fait dans l'espace de deux siecles pour arrêter le cours de tant de barbaries, ont été inutiles, parce que les abus étoient trop invétérés pour céder à une autorité subordonnée & passagere. Il n'auroit pas moins fallu que le pouvoir suprême de la cour de Madrid pour opposer une digue suffisante au torrent de la cupidité universelle; mais ce moyen unique n'a jamais été employé. Cette honteuse indifférence est cause que les Philippines n'ont pas été civilisées. Il n'y a ni police, ni industrie. A peine sauroit-on leur nom sans les liaisons qu'elles entretiennent avec le Mexique.

Ces liaisons aussi anciennes que l'établissement des Espagnols dans les deux Indes, se réduisent à faire passer en Amérique par la mer du sud, les productions, les marchandises de l'Asie. Nul des objets qui forment ces riches cargaisons n'est le produit du sol ou des manufactures de ces isles. Elles tirent la canelle de Batavia. Les Chinois leur portent les soieries, & les Anglois ou les François les toiles blanches, les toiles peintes de Bengale & de Coromandel. Tous les peuples de l'Orient y peuvent naviguer ouvertement, mais les nations Européennes sont obligées de masquer leur pavillon. Sans cette précaution qui n'est heureusement qu'une cérémonie vaine, elles ne seroient pas reçues. De quelque port qu'ayent été expédiées les marchandises, il faut qu'elles arrivent avant le départ des Galions. Celles qui viendroient après, ou ne seroient pas vendues, ou ne le seroient qu'à perte à des négocians qui se trouveroient réduits à les garder dans leurs magasins jusqu'à un autre voyage. Les payemens se font avec de la cochenille & des piastres venues du Mexique. Il y entre aussi des cauris qui n'ont point de cours en Afrique, mais qui sont d'un usage général sur les bords du Gange. Il est rare qu'on traite directement avec les Espagnols. La plupart dégoûtés des soins pénibles du commerce, mettent tous leurs biens entre les mains des Chinois qui s'enrichissent aux dépens de ces maîtres indolens. Si, comme la cour de Madrid l'avoit ordonné en 1750, on eût forcé ces agens les plus actifs de l'Asie à se faire baptiser ou à sortir du pays, les affaires seroient tombées dans un désordre extrême.

Il y a des politiques qui pensent que ce ne seroit pas un mal, & cette opinion est fort ancienne. A peine les Philippines eurent-elles ouvert leur communication avec l'Amérique, qu'on parla de les abandonner comme nuisibles aux intérêts de la métropole. Philippe II & ses successeurs ont constamment rejetté cette proposition qui a été renouvellée à plusieurs reprises. La ville de Seville en 1731, & celle de Cadix en 1733 ont eu des idées plus raisonnables. Toutes deux ont imaginé ce qu'il est bien étonnant qu'on n'eût pas vu plutôt, qu'il seroit utile à l'Espagne de prendre part directement au commerce de l'Asie, & que les possessions qu'elle a dans cette partie du monde seroient le centre des opérations qu'elle y voudroit faire. Inutilement leur a-t-on opposé que l'Inde fournissant des étoffes de soie, des toiles de coton supérieures à celles de l'Europe pour le fini, pour les couleurs, sur-tout pour le bas prix, les manufactures nationales n'en pourroient soutenir la concurrence & seroient infailliblement ruinées. Cette objection qui peut être de quelque poids chez certains peuples, leur a paru tout-à-fait frivole dans la position où étoit leur patrie.

En effet les Espagnols s'habillent, se meublent d'étoffes, de toiles étrangeres. Ces besoins continuels augmentent nécessairement l'industrie, les richesses, la population, les forces de leurs voisins. Ils abusent de ces avantages pour tenir dans la dépendance la nation qui les leur procure. Ne se conduiroit-elle pas avec plus de sagesse & de dignité, si elle adoptoit les manufactures des Indes? Outre l'œconomie & l'agrément qu'elle y trouveroit, elle parviendroit à diminuer une prépondérance dont elle sera tôt ou tard la victime.

Les inconvéniens presqu'inséparables des nouvelles entreprises, sont levés d'avance. Les isles que l'Espagne possede sont situées entre le Japon, la Chine, la Cochinchine, Siam, Borneo, Macassar, les Moluques, & à portée d'entrer en liaison avec ces différens états. Si elles sont trop
éloignées

éloignées du Malabar, de Coromandel & de Bengale pour protéger efficacement les établissemens qu'on y formeroit, elles font si près de plusieurs de plus riches pays que les Européens fréquentent, qu'elles en excluroient facilement leurs ennemis en tems de guerre. D'ailleurs la distance où elles sont du continent les garantit des ravages qui les désolent, & les dérobent à la tentation délicate de prendre part à ses divisions.

Cet éloignement n'empêche pas que leur subsistance ne soit assurée. A la vérité les tremblemens de terre sont fréquens aux Philippines, & les pluies ne discontinuent pas depuis juillet jusqu'en novembre; mais rien de tout cela ne nuit à leur fertilité. Il n'y a pas dans l'Asie des contrées plus abondantes en poisson, en grains, en fruits, en légumes, en bestiaux, en sagu, en cocotiers, en plantes nourrissantes de toutes les especes.

On y trouve même plusieurs objets propres au commerce d'Inde en Inde. L'ébene, le tabac, la cire, ces nids d'oiseau si recherchés des Chinois, le bray, une espece de chanvre blanc dont on fait des cables & des voiles, des bois de charpente & de construction, excellens & en abondance; les cauris, les perles, du sucre qu'on peut multiplier sans bornes, & enfin de l'or. On a des preuves incontestables que dans les premiers tems les Espagnols faisoient passer en Amérique une grande quantité de ce métal trouvé dans les rivieres par les naturels du pays. Si ce qu'ils en ramassent annuellement ne passe pas aujourd'hui mille ou douze cens livres pesant, il faut en accuser la tyrannie qui ne leur permet pas de jouir du fruit de leur industrie. Une modération raisonnable les engageroit à reprendre leurs anciens travaux

& à se livrer à des travaux encore plus utiles à l'Espagne.

Alors cette couronne tirera de la colonie pour l'Europe, de l'alun, des peaux de buffle, de la casse, la féve de saint Ignace si utile dans la médecine, de l'indigo, du cacao qu'on y a transporté du Mexique & qui y réussit fort bien, des bois de teinture, du coton, de la fausse canelle qu'on perfectionnera peut-être, & dont telle qu'elle est les Chinois se contentoient avant qu'ils fréquentassent Batavia. Quelques voyageurs assurent que l'isle de Mindanao qui la produit avoit aussi autrefois des Giroffliers. Ils ajoutent que le souverain du pays ordonna de les arracher en disant qu'il valoit mieux qu'il le fît lui-même que s'il y étoit forcé par les Hollandois. Cette anecdote paroît bien suspecte. Ce qu'il y a de certain, c'est que le voisinage des Moluques donne des grandes facilités pour se procurer les arbres qui produisent la muscade & le girofle, & que tout doit faire espérer qu'ils ne dégénereront jamais.

Les marchés étrangers fourniront à l'Espagne les soieries, les toiles, les autres productions de l'Asie nécessaires à sa consommation, & les lui fourniront à meilleur marché qu'à ses concurrens. Tous les peuples de l'Europe se servent de l'argent tiré de l'Amérique pour négocier dans l'Inde. Avant qu'ils ayent pu l'y faire arriver, cet argent a dû payer des droits considérables, faire des détours prodigieux, courir de grands risques. Les Espagnols en l'envoyant directement d'Amérique aux Philippines, gagneront sur l'imposition, sur le tems, sur les assurances; de sorte qu'en donnant la même quantité de métaux que les nations rivales, ils payeront réellement moins cher qu'elles.

Les transports d'argent diminueroient même avec le tems, si on savoit élever ces isles au dégré de splendeur auquel la nature les appelle. Il faudroit pour cela rappeller dans leurs ports les nations qui les fréquentoient avant que les Espagnols les eussent envahies; faire oublier à la Chine que quarante mille de ses sujets qui s'étoient établis aux Philippines y furent massacrés la plupart parce qu'ils souffroient impatiemment le joug affreux qu'on leur imposoit. Ils déserteroient Batavia qu'ils trouvent trop éloignée de leur patrie & ranimeroient dans ces isles les arts & la culture. On les verroit bientôt suivis de beaucoup de négocians libres de l'Europe répendus dans l'Inde, qui se regardent comme victimes du monopole de leurs compagnies. Les naturels du pays excités au travail par les avantages inséparables de cette concurrence sortiroient de leur indolence. Ils aimeroient le gouvernement qui s'occuperoit de leur bonheur, se rangeroient en foule sous ses loix & seroient en peu de tems tous Espagnols. Si nos conjectures ne sont pas vaines, une colonie telle qu'on vient de la présenter seroit plus utile qu'un établissement purement passif qui dévore une partie des trésors de l'Amérique. La révolution est facile. On ne peut manquer de la hâter en établissant une grande liberté de commerce, une grande liberté civile & religieuse & une sûreté entière pour les propriétés.

Cet édifice ne sauroit être l'ouvrage d'une compagnie. Depuis plus de deux siecles que les Européens fréquentent les mers d'Asie, ils n'ont jamais été animés d'un esprit qu'on put estimer. Envain la société, la morale, la politique ont fait des progrès parmi nous, ces pays éloignés n'ont vu que notre avidité, notre inquiétude, notre tyrannie. Le mal que nous avons fait aux autres parties du monde, a été quelquefois compensé par les lumieres que nous y avons portées, par des sages inſtitutions que nous y avons établies. Les Indes ont continué à gémir dans leurs ténèbres & ſous leur deſpotiſme, ſans aucun effort de notre part pour les délivrer de ces fléaux terribles. Si les différens gouvernemens avoient eux-mêmes dirigé les démarches de leurs négocians libres, il eſt vraiſemblable que l'amour de la gloire ſe ſeroit joint à la paſſion des richeſſes, & que plus d'un peuple auroit tenté des choſes capables de l'illuſtrer. Aucune compagnie n'a eu des vues ſi élevées. Reſſerrées dans les idées étroites d'un gain préſent, elles n'ont jamais penſé au bonheur des nations avec qui elles faiſoient le commerce, & on ne leur a pas fait un crime de la conduite qu'on attendoit d'elles.

Combien il ſeroit honorable pour l'Eſpagne, de qui perſonne n'eſpére peut-être en ce moment de grandes choſes, de ſe montrer ſenſible aux intérêts du genre humain & de s'en occuper. Ses vaiſſeaux deſtinés à porter la félicité dans les contrées les plus reculées de l'Aſie, partiroient de ſes différens ports & ſe réuniroient aux Canaries, ou continueroient ſéparément leur chemin, ſuivant les circonſtances. Ils pourroient revenir de l'Inde par le cap de Bonne-Eſpérance; mais ils s'y rendroient par la mer du ſud, où la vente de leur cargaiſon augmenteroit de beaucoup leurs capitaux. Cet avantage leur aſſureroit la ſupériorité ſur leurs concurrens qui en général naviguent à faux frais & ne portent guere que de l'argent. La riviere de la Plata leur fourniroit des rafraîchiſſemens, s'il en étoit beſoin. Ceux qui pourroient attendre, ne relâcheroient qu'au Chili ou même ſeulement à Jean Fernandez.

Cette iſle délicieuſe qui doit ſon nom à un Eſpagnol à qui on l'avoit cédée, & qui s'en dégoûta après y avoir fait un aſſez long ſéjour, ſe trouve à trente-trois dégrés quarante minutes de latitude méridionale, & à cent dix lieues de la terre ferme du Chili. Sa plus grande longueur n'eſt que d'environ cinq lieues, & elle n'a pas tout à fait deux lieues de largeur. Dans un eſpace ſi borné & un terrein ſi inégal, on trouve un beau ciel, un air pur, d'excellens bois, une eau très-ſaine, tous les végétaux ſpécifiques contre le ſcorbut. L'expérience a prouvé que les grains, les fruits, les légumes, les quatredupedes de l'Europe & de l'Amérique y réuſſiſſoient admirablement. Les côtes ſont fort poiſſonneuſes, la morue en particulier y eſt auſſi abondante qu'à Terre-neuve. Tant d'avantages ſont couronnés par un bon port. Il eſt ſitué à la partie ſeptentrionale. Les vaiſſeaux y ſont à l'abri de tous les vents excepté de celui du nord; mais il n'eſt jamais aſſez violent pour leur faire courir le moindre danger.

Ces commodités ont invité tous les corſaires qui vouloient infeſter les côtes du Perou par leurs pirateries, à relâcher à Jean Fernandez. Anſon qui portoit dans la mer du ſud des projets plus vaſtes, y trouva un aſile également commode & ſûr. Les Eſpagnols convaincus enfin que la précaution qu'ils avoient priſe de détruire les beſtiaux qu'ils y avoient jettés n'étoit pas ſuffiſante pour en écarter leurs ennemis, ſe ſont déterminés il y a quelques années à y bâtir un fort. Ce poſte militaire deviendra un établiſſement utile, ſi la cour de Madrid peut ſe déterminer à ouvrir les yeux. De plus grands détails feroient fuperflus. On ne peut s'empêcher de voir combien les idées que nous ne faifons qu'indiquer feroient avantageufes au commerce, à la navigation, à la grandeur de l'Efpagne. Il n'eft pas poffible que les liaifons que la Ruffie entretient par terre avec la Chine, s'élevent jamais à la même importance.

Entre ces deux empires dont la grandeur impofe à l'imagination, eft un efpace immenfe connu dans les premiers âges fous le nom de Scitie, & dans les tems modernes fous celui de grande Tartarie. La plupart de fes habitans vêcurent toujours de chaffe, de pêche, du lait de leurs troupeaux, & avec un égal éloignement pour le féjour des villes, pour la vie fédentaire & pour l'agriculture. Leur origine qui s'eft perdue dans leurs déferts & leurs courfes errantes, n'eft pas plus ancienne que leurs ufages. Ils ont toujours continué d'être ce que leurs peres avoient été, & en remontant de génération en génération, on trouve que rien ne reffemble tant aux hommes des premiers âges, que les Tartares du nôtre. Ils adopterent de bonne heure la doctrine de la métempficofe qui leur fut enfeignée par des prêtres appellés Lamas. Ces impofteurs réuffirent à faire croire que leur chef qui réfide à Barantola dans le Tibet, étoit immortel. Pour entretenir cette erreur, la divinité ne fe montre jamais qu'à un petit nombre de confidens. Si elle s'offre dans le temple aux adorations du peuple, c'eft toujours dans une efpece de tabernacle dont la clarté douteufe montre plutôt l'ombre de ce dieu vivant, que fes traits. Quand il meurt, on lui fubftitue un autre Lama de la même taille, & s'il fe peut de la même figure. Avec le fecours de ces précautions, l'illusion se perpétue même dans les lieux où se joue cette comédie, à plus forte raison dans l'esprit des croyans éloignés de la scene.

Cette crédulité n'a pas empêché que les Tartares n'ayent été toujours très-braves. C'est pour arrêter les irruptions qu'ils faisoient en Chine que fut élevée cette fameuse muraille qui commence dans le voisinage du fleuve jaune, & qui s'étend jusqu'à la mer de Kamtzchatka. Le tiers de la nation fut employé, dit-on, à la construire, & l'ouvrage fut porté en cinq ans à sa perfection, quoiqu'il fallut pratiquer de larges voûtes pour le cours des eaux, & ménager des issues pour le passage des troupes. Un million de soldats la gardoit dans les tems anciens. Lorsqu'on dit qu'elle a cinq cens lieues de longueur, on y comprend les espaces remplis par les montagnes & ceux où il n'y a qu'un fossé. Il n'y a proprement que cent lieues de murs construits partie en brique & partie de terre battue. Ils sont flanqués par intervalle d'un grand nombre de tours suivant l'ancienne méthode de fortifier les places. Leur plus grande élévation est de trente pieds, & la moindre de quinze. Dans leur largeur commune, ils peuvent contenir sept ou huit hommes de front. Ce monument de l'activité Chinoise fut construit si solidement, qu'il subsiste presqu'entier après deux mille ans.

Si cette barriere n'en imposa pas assez aux Tartares pour mettre fin à leur inquiétude, elle fut du moins suffisante pour garantir la liberté de l'empire jusqu'au treizieme siecle. A cette époque, il fut attaqué vivement par ces barbares, dont Genghiskam avoit réuni sous ses drapeaux les différentes Hordes, & il subit le joug plus facilement qu'il n'étoit possible de le prévoir. Ce sceptre étranger ne fut brisé que lorsqu'au bout de quatre-vingt-neuf ans il se trouva dans les mains d'un prince indolent livré aux femmes, esclave de ses ministres.

Comme la population dans tous les pays & dans tous les tems fut le fruit d'une heureuse législation, il s'ensuit que les Tartares qui n'avoient point de demeure fixe ni par conséquent de gouvernement, ne purent jamais être fort nombreux. S'ils mirent sur pied de grandes armées, c'est que lorsqu'ils faisoient une expédition, lorsqu'ils tentoient une invasion, toute la nation se mettoit en marche & laissoit son pays désert. L'impossibilité où elle étoit de se réparer continuellement, comme l'Europe policée qui ne s'affoiblit point par la guerre qu'elle fait presque sans interruption depuis tant de siecles, la réduisoit à laisser un intervalle immense entre ses entreprises. Après un grand éclat, elle retomboit toujours dans l'obscurité où elle se préparoit lentement à de nouvelles conquêtes. La Chine l'éprouva.

Les Tartares qu'elle avoit eu le bonheur ou l'habilité de chasser de ses provinces joints au petit nombre de ceux qui avoient continué leur vie errante, formerent plusieurs hordes qui se peuplerent dans le silence, & qui avec le tems se fondirent la plupart dans celle des Mantcheoux. Leur réunion leur inspira le projet de conquérir de nouveau la Chine, & leur donna des forces suffisantes pour y réussir. Cette révolution qui est de 1644 sembla moins subjuguer l'empire des Chinois que l'augmenter d'une portion considérable de la Tartarie. Bientôt après il s'agrandit encore par la soumission des Tartares Mungols, célébres pour avoir envahi la couronne de la Chine au treizieme siecle, & pour avoir fondé la plupart des trônes de l'Asie, celui de l'Indostan en particulier.

Cet événement fut également utile aux deux peuples qui avoient besoin l'un de l'autre. Le commerce des Chinois adoucit le caractere atroce des Tartares; & l'humeur fiere, inquiéte des Tartares aguerrit un peu les Chinois trop livrés peut-être aux arts pacifiques. A la vérité la valeur paroissoit leur être assez peu nécessaire depuis leur union avec les Tartares, parce qu'ils n'étoient entourés que de nations foibles ou tributaires ; mais ils ne tarderent pas à voir s'élever un ennemi qui pouvoit devenir dangereux.

Les Russes qui, vers la fin du seizieme siecle, avoient conquis les plaines incultes de la Siberie, étoient arrivés de désert en désert jusqu'au fleuve Amour qui les conduisoit à la mer orientale, & jusqu'à la Selenga qui les approchoit de la Chine dont ils avoient entendu venter les richesses.

Les Chinois sentirent que les courses des Russes pourroient avec le tems troubler leur tranquillité, & ils construisirent quelques forts pour arrêter un voisin dont l'ambition devenoit suspecte. A cette époque commencerent entre les deux nations des disputes vives touchant les frontieres. Ces discussions jetterent dans les esprits une aigreur extrême. Les chasseurs des deux partis se chargeoient souvent, & on se croyoit tous les jours à la veille d'une guerre ouverte. Heureusement les plénipotentiaires des deux cours parvinrent à se concilier en 1689. Les limites des deux nations furent posées à la riviere de Kerbechi, près de l'endroit même où l'on négocioit, à trois cens lieux de la grande muraille. C'est le premier traité qu'euſſent fait les Chinois depuis la fondation de leur empire. Cette pacification offrit une autre nouveauté. On accorda aux Ruſſes la liberté d'envoyer tous les ans une caravane à Pékin, dont les étrangers avoient été conſtamment éloignés avec des précautions tout à fait myſtérieuſes. Il fut aiſé de voir que les Tartares qui s'étoient pliés aux mœurs de la Chine, s'écartoient de ſes maximes politiques.

Cette condeſcendance n'inſpira pas de la modération aux Ruſſes. Ils continuerent leurs uſurpations & bâtirent à plus de trente lieues au-delà des limites convenues, une ville qu'ils nommerent Albaſſinskoi. Les Chinois s'étant plaints inutilement de cette infidélité, prirent en 1715 le parti de ſe faire juſtice. Les guerres où le Czar étoit engagé dans la Baltique, ne lui permettant pas d'envoyer des troupes à l'extrêmité de la Tartarie, la place fut emportée après trois ans de ſiége.

La cour de Petersbourg fut aſſez éclairée pour ne ſe pas livrer à un reſſentiment inutile. Elle fit partir en 1719 pour Pékin, un miniſtre chargé de reſſuſciter le commerce anéanti par les derniers troubles. On réuſſit en partie à ce qu'on deſiroit. Les caravanes furent autoriſées à reprendre leurs voyages ſans payer aucun droit pour les marchandiſes qu'elles vendroient ou qu'elles acheteroient, mais elles furent privées d'un avantage qui paroiſſoit conſidérable.

Les Chinois, quelque fut leur motif, avoient toujours défrayé les caravanes. Chacun de ceux qui les compoſoient, recevoit la paye d'un ſoldat, tout le tems qu'on étoit ſur les terres de l'empire. Cette généroſité les rendoit trop nombreuſes, les précipitoit dans la débauche, leur inſpiroit de l'orgueil, de la cruauté. On espéra que les Russes obligés de se nourrir deviendroient plus circonspects, & on retrancha les gratifications dont ils avoient joui. Cet arrangement, quoique bien conçu, ne produisit pas l'effet qu'on s'en étoit promis. La caravane de 1721 ne se conduisit pas avec plus de réserve que les autres, & il fut arrêté que dans la suite les deux nations ne traiteroient ensemble que sur la frontiere. De nouvelles brouilleries ont encore interrompu cette liaison. Un commerce interlope est tout ce qui en reste. Il est languissant, mais on doit croire que la Russie s'occupe des moyens de le ranimer.

Les avantages qu'elle en retirera doivent l'encourager à surmonter les difficultés inséparables de cette entreprise. Pour des draps, des toiles, des cuirs, des pelleteries de toutes les especes qu'elle donnera, elle recevra des étoffes de soie, de l'or, de la porcelaine, du thé & de la rhubarbe. La réexportation de ces deux dernieres productions pourroit devenir considérable, parce qu'elles conserveront toujours par cette voie un dégré de perfection qui se perd à travers ces mers immenses & ces climats brûlans par où l'on nous apporte tout ce qui nous vient de la Chine. Ces échanges qui ne passoient pas deux cens mille roubles ou un million de livres, lorsqu'ils se faisoient pour le compte de la cour, deviendront très-considérables, si le ministere acquiert jamais assez de lumiere pour les abandonner à l'intelligence, à l'activité, à l'œconomie des particuliers.

La Russie a d'autres liaisons avec l'Asie, mais qui lui conviennent moins. Les Arméniens fixés à Astracan tirent des Indes par la Perse quelques toiles & d'autres marchandises. Cette importation est grossie par des Indiens Guebres qui viennent à

Baku, province située au couchant de la mer Caspienne, pour y faire leurs dévotions dans les puits ardens, dans les cavernes d'où sort le Naphte. Ce commerce absolument ruineux, puisqu'il se fait avec de l'argent, est actuellement peu de chose, & ne peut jamais s'étendre, parce que les consommations de la Russie sont nécessairement bornées.

L'enthousiasme qu'on a conçu, qu'on a dû concevoir pour Pierre le Grand, a accoutumé l'Europe à se former de son empire une opinion exagérée. Les bons observateurs qui cherchent les résultats dans les faits, n'ont pas tardé à démêler au travers de tant de brillantes erreurs que ces vastes contrées étoient sans loix, sans liberté, sans richesses, sans population & sans industrie. Ils ont été plus loin. Ils ont osé affirmer qu'on n'établiroit jamais une police, des mœurs, un gouvernement dans ces déserts, sans rapprocher les peuples les uns des autres. Ils ont jugé que l'apprêté du climat opposoit un obstacle invincible à ce rapprochement, dans la nécessité de conserver des forêts immenses. On les a vu douter si l'intérieur de la Russie avoit plus gagné que perdu depuis un siecle. Son législateur, disent-ils, a tout épuisé pour former une armée, une flotte, un port; & ses successeurs achevent de tout ruiner pour soutenir l'ostentation de ces vains établissemens. L'empire n'a pas assez de sujets pour recruter des troupes si nombreuses ; il ne sauroit jamais y avoir de marine militaire dans un état qui n'a point de marine marchande ; & Petersbourg qui pouvoit n'être qu'utile, a plus englouti que procuré de ressources depuis qu'il est devenu mal à propos une capitale.

Si ces raisonnemens ont autant de solidité

qu'ils paroissent en avoir, il faudra pour donner des forces réelles à la Russie, tempérer l'état de la gloire, sacrifier l'influence qu'elle a pris dans les affaires générales de l'Europe, réduire Petersbourg à n'être qu'un entrepôt de commerce, & transporter la cour dans l'intérieur des terres. C'est delà qu'un souverain sage pourra travailler à lier entre elles les parties trop détachées de l'empire. Il abandonnera les provinces qui ne font que l'affoiblir pour fortifier celles qui peuvent lui donner une vraie puissance. Il rompra les fers des esclaves de la couronne, & invitera, forcera s'il le faut la noblesse à suivre cet exemple. On verra sortir de cet arrangement un tiers état sans lequel il n'y eût jamais chez aucun peuple ni arts, ni lumieres, ni liberté. Les Russes qu'on a voulu rendre précipitamment Allemans, Anglois, François, ne seront plus étrangers dans leur patrie. Ils seront Russes & auront un caractere national, mais différent de celui qu'ils avoient. Ç'en est assez pour eux. Il faut parler des liaisons que les autres nations de l'Europe ont formées avec la Chine.

Ces relations qui ont nécessairement pour base l'industrie de l'empire, ont donné lieu à beaucoup d'exagérations. Quelques écrivains superficiels prenant la population pour la mesure des affaires, ont avancé que le commerce intérieur de ce grand état ne devoit pas être moins considérable que celui de l'Europe entiere qui n'a pas autant d'hommes que la Chine. Un examen plus réfléchi auroit fait sentir que l'œconomie forcée des Chinois leur interdisoit ces énormes consommations, ces fantaisies répétées que nous permettent la nature de notre climat, l'étendue de notre sol, nos liaisons avec le reste de l'univers. Il falloit se borner à dire que la circulation des denrées & des marchandises doit être immense dans une vaste monarchie dont toutes les provinces ont des besoins différens, des productions diverses & qui cherchent toutes à tirer le plus grand parti possible de leur situation, de leurs avantages.

Le caractere particulier de la nation doit étendre les affaires plus loin que la nécessité. On y remarque une telle activité, qu'il est ordinaire de voir des familles nombreuses subsister honnêtement de leur trafic, quoiqu'elles n'ayent qu'un taël de fonds, tant elles ont le talent de le faire changer de forme.

Les monnoies dont on se servoit dans le commerce étoient autrefois d'or & d'argent. Elles avoient un prix fixe & un poids déterminé. La quantité prodigieuse de faux monnoyeurs qui infestoient l'état, fit renoncer à un usage si commode. On ne fabriqua plus que des especes de cuivre.

Le cuivre étant devenu rare par des événemens dont l'histoire ne rend pas compte, on lui associa les coquillages si connus sous le nom de cauris. Le gouvernement s'étant apperçu que le peuple se dégoûtoit d'une monnoie si fragile, ordonna que les vases & autres ustensiles de cuivre répendus dans tout l'empire, fussent livrés aux hôtels des monnoyes. Cet expédient n'ayant pas fourni des ressources proportionnées aux besoins publics, on détruisit environ quatre cens temples de Foé, dont les idoles furent fondues. Les choses furent poussées plus loin dans la suite. La cour paya les Mandarins & les troupes, partie en cuivre & partie en papier. Les esprits se révolterent contre une innovation si dangéreuse, & il fallut y renoncer. Depuis cette époque, qui remonte à près de trois siecles, la monnoie de cuivre est la seule monnoie légale. C'est avec elle que se font tous les petits payemens. Les plus considérables se font en lingots d'argent. On les coupe pour les payemens médiocres. Les Chinois ont une sagacité incroyable pour juger de la finesse, de la pureté de ce métal. La balance dont ils se servent est d'une telle précision, que la millieme partie d'un taël la fait pencher sensiblement.

On se tromperoit grossierement si on vouloit juger du commerce extérieur de la Chine par son commerce intérieur. Ses liaisons étrangeres ont toujours été très-bornées. L'éloignement où elle a vécu des autres peuples, peut être attribué au mépris qu'elle avoit pour eux. Elle supposoit la terre quarrée, elle se plaçoit dans le centre, & reléguoit dans les angles les autres nations qu'elle appelloit Barbares. L'arrivée des Européens dérangea un peu ses idées. Elle apprit avec surprise qu'il y avoit au-delà des mers des hommes instruits de toutes sortes de sciences, même de plusieurs arts qui lui étoient inconnus. La communication qu'elle eut avec eux la désabusa de plusieurs erreurs grossieres, mais ne diminua que peu l'opinion qu'elle avoit de sa supériorité. Elle continua à penser qu'il n'y avoit de bien que ce qui se faisoit chez elle, ni rien de vrai que ce qui lui étoit enseigné par ses docteurs.

Cependant l'exemple des navigateurs de l'occident fit quelque impression sur les Chinois. Ils desirerent plus qu'ils n'avoient fait jusqu'alors de fréquenter les ports voisins, & le gouvernement Tartare moins zélé pour le maintien des mœurs que l'ancien gouvernement, favorisa ce moyen d'accroître les richesses nationales. Les expéditions qui n'avoient été faites jusqu'alors que par la tolérance intéressée des commandans des provinces maritimes, se firent ouvertement. Un peuple dont la sagesse étoit si célébre ne pouvoit manquer d'être accueilli favorablement. Il profita de la haute opinion qu'on avoit de lui pour établir le goût des marchandises qu'il pouvoit fournir, & son activité embrassa le continent comme les mers.

Aujourd'hui la Chine trafique avec la Corée qu'on croit avoir été originairement peuplée par les Tartares, qui a été sûrement plusieurs fois conquise par eux, & qu'on a vu tantôt esclave, tantôt indépendante des Chinois dont elle est actuellement tributaire. Ils y portent du thé, de la porcelaine, des étoffes de soie, & prennent en échange des toiles de chanvre & de coton & du Ginseng médiocre.

Les Tartares qu'on peut regarder comme étrangers puisque plusieurs d'entr'eux, les Mungols en particulier, se gouvernent par leurs usages, achetent de l'empire des étoffes de laine, du thé & du tabac qu'ils payent avec des martres Zibelines & du Ginseng. Ces précieuses martres ont la peau si tendre & si délicate, qu'elle perd son prix pour peu qu'elle soit endommagée ; delà vient qu'on ne peut pas les prendre comme les autres animaux. Le chasseur qui en a trouvé quelqu'une, la suit plusieurs jours à travers les neiges, jusqu'à ce qu'il l'ait fatiguée & réduite à grimper sur un arbre ; alors il allume du feu tout au tour, & la fumée fait descendre la martre qui se trouve prise dans un filet dont l'arbre est environné. La plante du ginseng ne coûte guere moins de fatigue, parce qu'elle ne croît que dans les montagnes les plus escarpées, dans les forêts

&

& autour des rochers. La tige de cet arbuſte hériſſée d'une eſpece de poil, eſt d'ailleurs unie, ronde & d'un rouge foncé, excepté dans la partie baſſe où elle blanchit un peu à cauſe du voiſinage de la terre. Elle s'éleve à la hauteur d'environ dix-huit pouces. Vers ſa cime elle jette des rameaux d'où naiſſent des feuilles oblongues, menues, cotonneuſes, dentelées, d'un verd obſcur par deſſus blanchâtre, & luiſant par deſſous. Le Ginſeng a pluſieurs vertus dont les plus reconnues ſont de fortifier l'eſtomach & de purifier le ſang. Il eſt ſi précieux aux yeux des Chinois, qu'ils l'achetent au poids de l'or, & ſouvent plus cher. Le gouvernement envoye tous les ans en Tartarie un détachement de dix mille ſoldats pour cueillir cette plante dont la récolte eſt interdite aux particuliers. Cette défenſe ne les empêche pas d'en chercher. Sans cette contravention à une loi injuſte, ils ſeroient réduits à ſe paſſer des marchandiſes qu'ils tirent de l'empire, ou hors d'état de les payer.

Nous avons fait connoître le commerce de la Chine avec les Ruſſes. Celui qu'elle fait avec les habitans de la petite Bucharie ſe réduit à leur donner du thé, du tabac, des draps d'Europe pour les grains d'or qu'ils trouvent dans leurs torrens.

L'empire eſt ſéparé des états du Mogol & des autres contrées des Indes par des ſables, des montagnes, des rochers qui rendent toute communication impraticable. Ainſi on peut aſſurer que ſon commerce par terre ne paſſe pas de beaucoup un million de taëls, ou ce qui revient au même un million & demi de piaſtres. Celui qu'il fait par mer avec ſes voiſins eſt plus conſidérable.

C'eſt avec ſes ſoieries, ſon thé, ſa porcelaine & quelques autres objets de moindre importance

Tome II.

qu'il le soutient. Le Japon paye les Chinois avec du cuivre & de l'or; les Philippines avec des piastres; Batavia avec des poivres, des épiceries, des nids d'oiseau; Siam avec des bois de teinture ou de senteur & avec des vernis; le Tonquin avec des soies; la Cochinchine avec du sucre & de l'or. Toutes ces branches réunies peuvent monter à quatre millions de taëls & occuper cent cinquante bâtimens. Les Chinois gagnent au moins cent pour cent dans ces différentes affaires dont la Cochinchine fournit à peu près la moitié. Ils ont pour correspondans dans la plupart des marchés qu'ils fréquentent, les descendans de ceux de leurs compatriotes qui s'exilerent de leur patrie lorsque les Tartares s'en rendirent maîtres.

Le commerce maritime de la Chine, qui du côté du nord ne s'étend pas plus loin que le Japon, ni du côté de l'orient au-delà des détroits de Malaca ou de la Sonde, auroit vraisemblablement acquis une plus grande extension, si ses constructeurs moins asservis aux anciens usages avoient daigné s'instruire à l'école des Européens. Ils pouvoient d'autant plus facilement adopter cette industrie que les ports de Nimpo, Demouy & de Canton, les seuls proprement de l'empire, ont un fonds suffisant pour recevoir les plus gros vaisseaux. Leur opiniâtreté à ne rien prendre des autres nations, a seule mis des bornes à leur navigation. Elle est aussi imparfaite qu'elle l'étoit il y a trois siecles.

Leurs jonques & leurs sommes ne peuvent pas se comparer à nos bâtimens. Les plus grosses ne sont pas de cinq cens tonneaux. Elles ne sont proprement que des barques plattes à deux mâts. Leurs voiles sont faites de nattes de Bambou, espece de canne fort commune à la Chine, divisées par feuilles, & arrêtées par des bandes de même bois. Ces sortes de voiles se plient & se développent comme des paravents. Elles tiennent mieux le vent que les nôtres, mais elles sont plus difficiles à manier & perdent à la dérive tous leurs avantages. Les vaisseaux Chinois sont calfatés avec un goudron particulier de si bonne qualité, que c'est assez d'un puits ou deux à fond de cale, pour les tenir secs. On n'y connoît pas l'usage de la pompe. Leurs ancres sont d'un bois dur & pesant, qu'on nomme bois de fer : elles sont moins sujettes que les nôtres à se fausser, mais elles ne peuvent pas être aussi mordantes. Les navigateurs Chinois connoissent l'usage de la boussole, & il paroît prouvé qu'ils s'en servoient long-tems avant nous ; mais au lieu de la suspendre pour lui conserver son équilibre, ils la couchent sur un lit de sable fin qui ne peut la garantir des secousses ; & pour peu que la mer soit agitée, l'aiguille perd continuellement sa direction. Tout l'art de la navigation chez ce peuple est concentré dans les seuls timoniers qui conduisent le vaisseau & qui commandent la manœuvre : on en voit quelques-uns d'assez bons pilotes côtiers ; mais presque pas un seul qui ne perde la tête en haute mer.

Cette ignorance qui devoit interdire aux Chinois les voyages de long cours, ne pouvoit pas empêcher des navigateurs plus hardis, plus habiles qu'eux de fréquenter les ports de leur empire à quelque distance que la nature les en eût placés. Les premiers Européens qui y parurent furent admis dans tous indifféremment. Leur extrême familiarité avec les femmes, leur violence avec les hommes, des actes répétés de hauteur & d'indiscrétion les firent concentrer depuis à Canton le port le plus méridional de l'empire, & le seul où les chaleurs soient excessives.

Cette ville capitale de la province du même nom ressemble à toutes les villes de la Chine. Elles sont quarrées, & ont au centre une grande place d'où l'on apperçoit les quatre portes principales. Leurs rues sont en général longues, assez étroites, communément allignées & fort bien pavées. Les maisons sont assises sur de gros quartiers de pierre distribués par intervalle, tantôt à fleur de terre, & tantôt enfoncés d'un pied ou deux. On pose dessus des colones de bois couronnées par la charpente qui doit former le toit. Lorsque ce toit presque plat, & pour l'ordinaire couvert de thuile est construit, on bâtit les murailles indifféramment de brique, de bois & de terre battue. Ces édifices qui n'ont presque jamais qu'un raiz de chaussée, sont le plus souvent partagés en deux ou trois cours, & composés d'une salle exposée au midi, & de quelques chambres dont les fenêtres ne donnent pas sur la rue pour n'être pas en spectacle aux passans. Les appartemens sont précédés d'un vestibule où l'on reçoit les étrangers que les mœurs du pays ne permettent pas d'admettre dans l'intérieur des maisons.

On n'y voit ni miroirs, ni tableaux, ni presque jamais de dorure. Leur ameublement se réduit à des paravents, à des chaises de bois ou de canne, à des tables, à des vases de porcelaine, à des lanternes de soie peintes de différentes couleurs & suspendues en forme de lustres; enfin il y a quelques cadres assez propres qui renferment des sentences écrites en gros caracteres sur des morceaux de satin blanc. Leurs lits sont plus ornés, & il n'est pas rare qu'on y employe les plus riches étoffes; mais les étrangers ne les voient pas, &

philosophique & politique. 213

ce seroit manquer à la bienséance que de les conduire dans le lieu où l'on couche.

L'usage des cheminées est inconnu en Chine. Il est remplacé par des fourneaux de brique où l'on brûle du charbon de bois ou de terre. Le papier tient lieu de verre aux fenêtres. Dans les provinces méridionales où l'air est très-chaud, on ne reçoit même la lumiere que par les vuides que laissent des baguettes de canne posées perpendiculairement. Les maisons des plus grands seigneurs sont tout aussi simples, toute la différence consiste dans un plus grand nombre de cours & d'appartemens.

Ce qui distingue Canton des autres villes de l'empire, c'est qu'elle est située sur les bords du Tigre, riviere considérable qui communique d'un côté par divers canaux avec les provinces les plus reculées, & qui de l'autre conduit au pied de ses murs les plus grands vaisseaux. On y voyoit autrefois nos bâtimens mêlés avec ceux du pays. Dans la suite on a obligé les navires Européens de s'arrêter à Hoaunapon qui est à quatre lieues de la ville. Il est douteux si ce fut la crainte de quelque surprise qui inspira cette précaution, ou si ce fut un moyen imaginé par les gens en place pour leurs intérêts particuliers. La défiance & l'avidité des Chinois autorisent également les deux conjectures.

Cet arrangement ne changea rien à la situation personnelle des navigateurs. Ils continuerent à jouir dans Canton de toute la liberté qui ne blessoit pas l'ordre public. Leur caractere les portoit à en abuser, & ils se lasserent bientôt de la circonspection nécessaire dans un gouvernement rempli de formalités. On les punit de leur imprudence. Les palais du vice-roi & des gens en place leur furent fermés. Le magistrat fatigué de leurs plaintes ne voulut plus les recevoir que par le canal des interprêtes dépendans des marchands Chinois. Tous les Européens eurent ordre d'habiter dans le quartier qu'on leur assigna. Il n'y eut de dispensés de cette obligation que ceux qui trouvoient ailleurs un hôte qui répondoit de leurs mœurs & de leur conduite. Les gênes ont encore augmenté en 1760. Les Anglois ayant instruit la cour des vexations qu'éprouvoit le commerce, il a été envoyé de Pékin des commissaires qui se sont laissés corrompre par les accusés. On a arrêté à cette occasion que tous les Européens seroient relégués dans treize maisons fort longues, toutes de file & sur un même rang. Elles sont dans un fauxbourg, donnant d'un côté sur le port, de l'autre sur la rue & sont occupées par treize riches négocians avec lesquels seuls nous pouvons traiter.

Ces humiliations ne nous ont pas dégoûtés du commerce de Chine. Nous continuons à y aller acheter du thé, de la porcelaine, des soies, des soieries, du vernis, du papier, quelques autres objets moins considérables.

Le thé est un arbrisseau qui monte rarement au-dessus de cinq ou six pieds. Sa racine différe peu de celle du pêcher. Plusieurs tiges de hauteur égale, grosses chacune comme le pouce & dépourvues de branches jusqu'à la cime, s'élevent autour du tronc commun qui les produit, se partagent ensuite en plusieurs rameaux, & forment une touffe semblable à la tête de nos myrtes. Les feuilles sont étroites, d'un beau verd, longues d'un pouce ou deux & dentelées dans leur contour. Cet arbrisseau qui est toujours verd, pousse depuis le mois d'octobre jusqu'à celui de janvier des fleurs assez semblables à celles du rosier blanc.

Il croît ordinairement dans les vallées & au pied des montagnes. Le meilleur vient dans les terroirs pierreux. Celui qu'on plante dans les terres legeres tient le second rang. Le moindre de tous se trouve dans les terres jaunes. En quelque endroit qu'on le cultive, il faut toujours chercher l'exposition du midi. On seme les graines dans des trous de quatre ou cinq pouces de profondeur. Il est nécessaire d'en semer plusieurs ensemble, parce que de quatre ou cinq à peine en germe-t-il une. A mesure que l'arbuste s'éleve, il faut au moins une fois chaque année engraisser la terre. A l'âge de trois ans, il commence à porter de bonnes feuilles & en abondance. Il en donne moins à sept. On le coupe alors à la tige, ce qui lui fait pousser l'année suivante un bon nombre de rejettons couverts de feuilles. Elles ne doivent pas être arrachées par poignées, mais tirées l'une après l'autre. Quoique ce travail paroisse long, un ouvrier en recueille dix ou douze livres en une journée.

La différence du sol & de la culture a dû introduire une grande différence dans les thés. Il y en a un qu'on ne peut employer que pour les malades, & un autre qui ne convient qu'aux Tartares auxquels il faut un dissolvant très-fort, à cause de la viande crue dont ils se nourrissent. Les trois especes qui sont d'un usage universel en Chine & parmi nous, sortent originairement du même arbrisseau. L'avantage que les unes peuvent avoir sur les autres, vient de la saison où l'on ramasse la feuille & de la maniere de la faire secher.

La premiere recolte se fait vers le commencement de mars. Les feuilles alors petites, tendres, à peine déployées, sont les meilleures de toutes,

& forment ce qu'on appelle le thé impérial, parce qu'il sert principalement à l'usage de l'empereur & de sa famille. Les feuilles de la seconde récolte, qui se fait au mois d'avril, sont plus fortes & plus abondantes, mais de moindre qualité que les premieres. Enfin la derniere & la plus médiocre espece de thé, se recueille dans le mois suivant.

Les feuilles de la premiere recolte se sechent à l'ombre. On expose à la fumée de l'eau chaude celles de la seconde & troisieme moisson, soit pour les amolir, soit pour les dépouiller d'une qualité âcre qu'ont toutes ces feuilles dans leur fraîcheur. Dès que la vapeur les a pénétrées, elles sont étendues sur des platines de fer ou de cuivre, qu'on applique sur un fourneau. On les retire dès qu'elles sont chaudes pour les rouler avec la paume de la main sur une natte jusqu'à ce qu'elles soient frisées. Comme elles perdroient leur parfum & leurs qualités si on ne les garantissoit des impressions de l'air, on a l'attention de les enfermer dans des boîtes d'étain grossier.

Les Chinois font un grand usage du thé. C'est leur boisson ordinaire, même pendant le repas. Ils pensent qu'elle porteroit à la tête & qu'elle attaqueroit les nerfs s'ils ne gardoient la feuille au moins un an avant de l'employer. Ce ne fut pas un vain caprice qui dans l'origine mit à la mode cette infusion. Les eaux sont somaches, désagréables, mal-saines dans tout l'empire, sur-tout dans les provinces basses. De tous les moyens qu'on imagina pour les corriger, l'usage du thé fut le seul qui eût un succès complet. L'expérience fit voir qu'il avoit d'autres vertus. On se persuada que c'étoit un excellent dissolvant qui purifioit le sang, fortifioit la tête & l'estomach, facilitoit la digestion, la circulation du sang, la transpiration ; qu'il dégageoit les reins & la vessie, qu'il préservoit des maladies chroniques ou même les guérissoit lentement.

La haute opinion que ceux des Européens qui fréquenterent les premiers la Chine se formerent du peuple qui l'habite, leur fit adopter l'idée peut-être exagérée qu'il avoit du thé. Ils nous communiquerent leur enthousiasme, & cet enthousiasme a été toujours en augmentant dans le nord de l'Europe, dans les contrées où l'air est grossier & chargé de vapeurs, sur-tout dans la Grande-Bretagne & dans ses colonies de l'Amérique septentrionale.

Quelque soit en général la force des préjugés, on ne peut guere douter que cette boisson ne produise quelques effets heureux chez les nations qui l'ont le plus universellement adoptée. Ils ne peuvent pas cependant être comparables à ceux qu'elle a dans le lieu de son origine. On sait que les Chinois gardent le meilleur thé pour eux, qu'ils mêlent souvent à celui qu'ils vendent d'autres feuilles, qui quoique ressemblantes pour la forme, ont peut-être des propriétés toutes différentes, & que la grande exportation qui s'en fait les a rendus moins difficiles sur le choix du terrein, & moins exacts pour les préparations. Notre maniere de le prendre ne corrige pas ces infidélités. Nous le buvons trop chaud & trop fort. Nous y mêlons toujours trop de sucre, souvent des odeurs & quelquefois des liqueurs nuisibles. Indépendamment de ces considérations, le long trajet qu'il fait par mer suffiroit pour lui faire perdre la plus grande partie de ses sels bienfaisans.

On ne pourra juger définitivement des vertus

du thé que lorsqu'il aura été transplanté dans nos climats. Celui d'Espagne ou d'Italie lui conviendroit peut-être. L'inutilité des tentatives qu'on a faites pour élever l'arbrisseau qui le produit, ne doit pas nous décourager. Les expériences n'ont été faites qu'avec de la graine. Peut-être si on l'eût porté tout planté dans des caisses de bonne terre, on eût été plus heureux. L'importance de cultiver nous-même une plante qui ne peut autant perdre à changer de terrein qu'à se moisir dans des boîtes, paroît exiger qu'on ne renonce à l'espoir du succès, qu'après avoir épuisé tous les moyens d'y arriver. Il n'y a pas long-tems que nous nous croyons tous aussi éloignés du secret de faire de la porcelaine.

Il existoit il y a quelques années dans le cabinet du comte de Caylus deux ou trois petits fragmens d'un vase cru Egyptien, qui dans des essais faits avec beaucoup de soin & d'intelligence, se trouverent être de porcelaine non couverte. Si ce savant ne s'est pas mépris ou n'a pas été trompé, ce bel art étoit déja connu dans les beaux tems de l'ancienne Egypte. Mais il faudroit des monumens plus authentiques qu'un fait isolé pour en faire refuser l'invention à la Chine où l'origine s'en perd dans la nuit des tems.

La porcelaine est une espece de poterie, ou plutôt c'est la plus parfaite de toutes les poteries. Elle est plus ou moins blanche, plus ou moins solide, plus ou moins transparente. La transparence ne lui est pas même tellement essentielle, qu'il n'y en ait beaucoup & de fort belle sans cette propriété.

La porcelaine est couverte ordinairement d'un vernis blanc ou d'un vernis coloré. Ce vernis n'est autre chose qu'une couche de verre fondu

& glacé qui ne doit jamais avoir qu'une demi transparence. On donne le nom de couverte à cette couche qui constitue proprement la porcelaine. Celle qui n'a pas reçu cette espece de vernis, se nomme biscuit de porcelaine. Celle-ci a bien le mérite intrinseque de l'autre, mais elle n'en a ni la propreté, ni l'éclat, ni la beauté.

Le mot de poterie convient à la définition de la porcelaine, parce que comme toutes les autres poteries plus communes, sa matiere est prise immédiatement dans les substances de la terre même, sans autre altération de l'art qu'une simple division de leurs parties. Il ne doit entrer aucune substance métallique ni saline dans sa composition, pas même dans sa couverte qui doit se faire avec des matieres aussi simples ou peu s'en faut.

La meilleure porcelaine & communément la plus solide, sera celle qui sera faite avec le moins de matieres différentes; c'est-à-dire avec une pierre vitrifiable, & une belle argile blanche & pure. C'est de cette derniere terre que dépend la solidité & la consistance de la porcelaine & de toute la poterie en général.

Les connoisseurs divisent en six classes la porcelaine qui nous vient d'Asie : la porcelaine traitée, le blanc ancien, la porcelaine du Japon, celle de Chine, le Japon Chiné & la porcelaine de l'Inde. Toutes ces dénominations tiennent plutôt au coup d'œil qu'à un caractere bien décidé.

La porcelaine traitée, qu'on appelle ainsi sans doute parce qu'elle a de la ressemblance avec les écailles de la truite, paroît être la plus ancienne & celle qui tient de plus près à l'enfance de l'art. Elle a deux imperfections. La pâte en est toujours fort grife, & la couverture en eft gerfée en mille manieres. Cette gerfure n'eft pas feulement dans la couverte, elle prend aussi fur le bifcuit. Delà vient que cette porcelaine n'eft prefque point tranfparente, qu'elle n'eft point fonore, qu'elle eft très-fragile, & qu'elle tient au feu plus facilement qu'une autre. Pour cacher la difformité de ces gerfures, on l'a variolée de couleurs différentes. Cette bigarure a fait fon mérite & fa réputation. La facilité avec laquelle monfieur le comte de Lauraguais l'a imitée, a convaincu les gens attentifs que cette efpece de porcelaine n'eft qu'une porcelaine manquée.

Le blanc ancien eft certainement d'une grande beauté, foit qu'on s'en tienne à l'éclat de fa couverte, foit qu'on en examine le bifcuit. Cette porcelaine eft précieufe, affez rare & de peu d'ufage. Sa pâte paroît très-courte & on n'en a pu faire que de petits vafes ou des figures, ou des magots dont la forme fe prête à fon défaut. On la vend dans le commerce comme porcelaine du Japon, quoiqu'il paroiffe certain qu'il s'en fait de très-belle de la même efpece en Chine. Il y en a de deux teintes différentes, l'une qui a le blanc de la crême précifément, l'autre qui joint à fa blancheur un leger coup d'œil bleuâtre qui femble annoncer plus de tranfparence. En effet la couverte paroît être un peu plus fondue dans celle-ci. On a cherché à imiter cette porcelaine à faint Cloud, & il en eft forti des pieces qui paroiffent fort belles. Ceux qui les ont examinées de plus près, ont trouvé que c'étoit des frittes, que c'étoit du plomb, & qu'elles ne pouvoient pas foutenir le parallele.

Il eft plus difficile qu'on né penfe de bien diftinguer ce qu'on appelle porcelaine du Japon de ce que la Chine fournit de plus beau en ce genre. Un fin connoisseur que nous avons consulté prétend qu'en général ce qu'on appelle véritablement Japon a une couverture plus blanche & moins bleuâtre que la porcelaine de Chine, que les ornemens y sont mis avec moins de profusion, que le bleu y est plus éclatant, que les desseins & les fleurs y sont moins baroques, mieux copiés de la nature. Son témoignage paroît confirmé par les écrivains qui disent que les Chinois qui trafiquent au Japon en rapportent quelques pieces de porcelaine qui ont plus d'éclat & moins de solidité que les leurs, dont ils se servent pour l'ornement de leurs appartemens, mais jamais pour l'usage, parce qu'elles soutiennent difficilement le feu. Il oseroit bien affirmer à la beauté de telle piece qu'elle est du Japon, mais de telle autre, il ne se le permettroit pas. Il croit de Chine tout ce qui est couvert d'un vernis coloré, soit en verd céladon, soit en couleur bleuâtre, soit en violet pourpre. Tout ce que nous avons ici du Japon nous est venu ou nous vient par la voie des Hollandois, les seuls Européens à qui l'entrée de cet empire ne soit pas interdite. Il est possible qu'ils l'ayent choisi dans les porcelaines que les Chinois y portent annuellement, qu'ils l'ayent acheté à Canton même. Dans l'un & l'autre cas, la distinction entre la porcelaine du Japon & celle de la Chine seroit fausse au fond & n'auroit d'autre base que le préjugé. Il résulte toujours de cette opinion que tout ce qui porte parmi nous le titre de porcelaine du Japon, est toujours de très-belle porcelaine.

Il y a moins à douter sur ce qu'on appelle porcelaine de Chine. La couverte est plus bleuâtre, elle est plus chargée de couleurs, & les desseins en sont plus bisarres que dans celle qu'on nomme du Japon. La pâte elle-même est communément plus blanche, plus liée, plus grasse ; son grain plus fin, plus serré, & on lui donne moins d'épaisseur. Parmi les diverses porcelaines qui se fabriquent en Chine, il y en a une qui est fort ancienne. Elle est peinte en gros bleu, en beau rouge & en verd de cuivre. Elle est fort grossiere, fort massive, & d'un poids fort considérable. Il s'en trouve de cette espece qui est truitée. Le grain en est souvent sec & gris. Celle qui n'est pas truitée est sonore ; mais l'une & l'autre ont très-peu de transparence. Elle se vend sous le nom d'ancien Chine, & les pieces les plus belles sont censées venir du Japon. C'étoit originairement une belle poterie plutôt qu'une porcelaine véritable. Le tems & l'expérience l'ont perfectionnée. Elle a acquis plus de transparence & les couleurs appliquées avec plus de soin ont eu plus d'éclat. Cette porcelaine différe essentiellement des autres, en ce qu'elle est faite d'une pâte courte, qu'elle est très-dure & très-solide. Les pieces de cette porcelaine ont toujours en-dessous trois ou quatre traces de supports qui ont été mis pour l'empêcher de fléchir dans la cuisson. Avec ce secours on est parvenu à fabriquer des pieces d'une hauteur, d'un diametre considérables. Les porcelaines qui ne sont pas de cette espece & qu'on appelle Chine moderne, ont la pâte plus longue, le grain plus fin, & la couverte plus glacée, plus blanche, plus belle. Elles ont rarement des supports, & leur transparence n'a rien de vitreux. Tout ce qui est fabriqué de cette pâte est tourné facilement ; en sorte que la main de l'ouvrier paroît avoir glissé dessus, ainsi que sur une excellente argile. Les porcelaines de cette espece vatient à l'infini pour la forme, pour les couleurs, pour la main d'œuvre & pour le prix.

Une cinquieme espece de porcelaine est celle à qui nous donnons le nom de Japon Chiné, parce qu'elle réunit aux ornemens de la porcelaine qu'on croit du Japon, ceux qui sont plus dans le goût de la Chine. Parmi cette espece de porcelaine, il s'en trouve une enrichie d'un très-beau bleu avec des cartouches blancs. Cette couverte a cela de particulier qu'elle est un véritable émail blanc, tandis que les autres couvertes ont une demi transparence: car les couvertures de Chine ne sont jamais transparentes tout à fait.

Les couleurs s'appliquent en général de la même maniere sur toutes les porcelaines de Chine, sur celles même qu'on a faites à son imitation. La premiere, la plus solide de ces couleurs est le bleu qu'on retire du saffre qui n'est autre chose que la chaux de Cobalt. Cette couleur s'applique ordinairement à cru sur tous les vases avant de leur donner la couverte & de les mettre au four; en sorte que la couverte qu'on met ensuite pardessus lui sert de fondant. Toutes les autres couleurs, & même le bleu qui entre dans la composition de la palette, s'appliquent sur la couverte, & ont besoin d'être unies préalablement avec une matiere saline ou une chaux de plomb qui favorise leur ingrez dans la couverte. Une maniere particuliere & assez familiere aux Chinois de peindre la porcelaine, c'est de colorer la couverte toute entiere, pour lors la couleur ne s'applique ni dessus ni dessous la couverte, mais on la mêle & on l'incorpore dans la couverte elle-même. Il se fait des choses de faintaisie très-extraordinaires en ce genre. De quelque maniere que les couleurs soient appliquées, elles se tirent communément du cobalt, de l'or, du fer, des terres martiales & du cuivre. Celle du cuivre est très-délicate & demande de grandes précautions.

Toutes les porcelaines dont nous avons parlé se font à King-Te-Tching, bourgade immense de la province de Kiansi. Elles y occupent cinq cens fours & un million d'hommes. On a essayé à Pékin & dans d'autres lieux de l'empire, de les imiter ; & les expériences ont été malheureuses partout, malgré la précaution qu'on avoit prise de n'y employer que les mêmes ouvriers, les mêmes matieres. Aussi a-t-on universellement renoncé à cette branche d'industrie, excepté au voisinage de Canton où on fabrique la porcelaine connue parmi nous sous le nom de porcelaine des Indes. La pâte en est longue & facile ; mais en général les couleurs, le bleu sur-tout & le rouge de mars y sont très-inférieurs à ce qui vient du Japon & de l'intérieur de la Chine. Toutes les couleurs excepté le bleu, y relevent en bosse, & sont communément mal appliquées. On ne voit du pourpre que sur cette porcelaine, ce qui a fait follement imaginer qu'on le peignoit en Hollande. La plupart des tasses, des assiettes, des autres vases que portent nos négocians sortent de cette manufacture moins estimée en Chine que ne le sont dans nos contrées celles de fayance.

Nous avons cherché à naturaliser parmi nous l'art de la porcelaine. La Saxe s'en est occupée plus heureusement que les autres états. Sa porcelaine est de la vraie porcelaine, & vraisemblablement composée de matieres fort simples, quoique dépendante sûrement d'une combinaison plus recherchée que celle de l'Asie. Cette

combinaison

combinaison particuliere, & la rareté des matériaux qui entrent dans sa composition doivent causer la cherté de cette porcelaine. Comme il ne sort de cette manufacture qu'une seule & même espece de pâte, on a pensé avec assez de vraisemblance que les Saxons ne possedent que leur secret, & n'ont point du tout l'art de la porcelaine. On est confirmé dans ce soupçon par la grande ressemblance qu'il y a entre la mie & le grain de la porcelaine de Saxe, & celles de quelques autres porcelaines d'Allemagne qui paroissent faites par une combinaison à peu près semblable.

Quoiqu'il en soit de cette conjecture on peut assurer qu'il n'y a point de porcelaine dont la couverte soit plus agréable à la vue, plus égale, plus unie, plus solide & plus fixe. Elle résiste à un très-grand feu beaucoup plus long-tems que différentes couvertes des porcelaines de Chine. Ses couleurs jouent agréablement & ont un ton très-mâle. On n'en connoît point d'aussi bien assorties à la couverte. Elles ne sont ni trop ni trop peu fondues. Elles ont du brillant, sans être noyées & glacées comme la plupart de celles de Sevre.

Ce mot nous avertit qu'il faut parler des porcelaines de France. On sait qu'elles ne sont faites ainsi que celle d'Angleterre qu'avec des frittes, c'est-à-dire avec des pierres infusibles par elles-mêmes, auxquelles on fait prendre un commencement de fusion, en y joignant une quantité de sel plus ou moins considérable. Aussi sont-elles plus vitreuses, plus fusibles, moins solides & plus cassantes que toutes les autres. Celle de Sevre qui est sans comparaison la plus mauvaise de toutes, & dont la couverte a toujours un coup d'œil jaunâtre sale, qui décele le plomb dont elle est chargée, n'a que le mérite que peuvent lui donner des deſſinateurs, des peintres du premier ordre. Ces grands maîtres ont mis tant d'art à quelques-unes de ces pieces, qu'elles ſeront précieuſes pour la poſtérité; mais en elle-même, elle ne ſera jamais qu'un objet de goût, de luxe & de dépenſe. Les ſupports en ſeront une des principales cauſes.

Toute porcelaine au moment qu'elle reçoit ſon dernier coup de feu, ſe trouve dans un état de fuſion commencée: elle a pour lors de la moleſſe, & pourroit être maniée comme le fer lorſqu'il eſt embraſé. On n'en connoît point qui ne ſouffre, qui ne ſe tourmente lorſqu'elle eſt dans cet état. Si les pieces qui ſont tournées ont plus d'épaiſſeur & de ſaillie d'un côté que de l'autre, auſſi-tôt le fort emporte le foible: elles fléchiſſent de ce côté, & la piece eſt perdue. On pare à cet inconvénient par des morceaux de porcelaine faits de la même pâte de différentes formes qu'on applique au-deſſous ou contre les parties qui font plus de ſaillie & courent plus de riſque de fléchir que les autres. Comme toute porcelaine prend une retraite au feu à meſure qu'elle cuit, il faut non-ſeulement que la matiere dont on fait les ſupports puiſſe ſe retraire auſſi, mais encore que ſa retraite ne ſoit ni plus ni moins grande que celle de la piece qu'elle eſt deſtinée à ſoutenir. Les différentes pâtes ayant des retraites différentes, il s'enſuit que le ſupport doit être de la même pâte que la porcelaine.

Plus une porcelaine eſt tendre au feu & ſuſceptible de vétrification, plus elle a beſoin de ſupport. C'eſt par cet inconvénient que péche eſſentiellement la porcelaine de Sevre dont la pâte est d'ailleurs fort chere, & qui en consomme souvent plus en support qu'il n'en entre dans la piece de porcelaine même. La nécessité de ce moyen dispendieux entraîne encore un autre inconvénient. La couverte ne peut pas cuire en même tems que la porcelaine qui est obligée par-là d'aller deux fois au feu. La porcelaine de Chine & celles qui lui ressemblent étant faites d'une pâte plus solide, moins susceptible de vétrification ont rarement besoin d'être soutenues & se cuisent avec la couverture. Elles consomment donc beaucoup moins de pâte, souffrent moins de perte, demandent moins de tems, de soins & de feu.

Quelques écrivains ont cru bien établir la prééminence de la porcelaine d'Asie sur les nôtres en disant que ces dernieres résistent moins au feu que celle qui leur a servi de modele, que toutes celles d'Europe fondent dans celle de Saxe, & que celle de Saxe finit par fondre dans celle des Indes. Rien n'est plus faux que cette assertion prise dans toute son étendue. Il y a peu de porcelaines de Chine qui résistent autant au feu que celle de Saxe. Elles se déforment même & se bouillonnent au feu qui cuit celle de M. de Lauraguais. Mais cela doit être compté pour rien ou pour fort peu de chose. La porcelaine n'est pas faite pour retourner dans les fours dont elle est sortie. Elle n'est pas destinée à essuyer un feu de reverbere.

Par où les porcelaines de Chine l'emportent véritablement sur celles d'Europe, c'est par leur solidité ; c'est par la propriété qu'elles ont d'être échauffées plus facilement & avec moins de risque, de souffrir sans danger l'impression subite des liqueurs froides ou bouillantes ; c'est par la facilité avec laquelle on les travaille & qu'elles se cuisent : avantage incomparable qui fait qu'on en fabrique sans peine de pieces de toute grandeur, qu'on la cuit avec moins de risque ; qu'elle est à meilleur marché, d'un usage universel, & qu'elle peut être par conséquent l'objet d'un commerce plus étendu.

Un autre avantage bien rare de la porcelaine des Indes, c'est que sa pâte est admirable pour faire des creuzets & mille autres ustensiles de ce genre qui sont d'une utilité journaliere dans les arts. Non-seulement ces vases résistent plus long-tems au feu ; mais ce qui est bien plus précieux, ils ne communiquent rien aux verres & aux matieres qu'on y fait fondre. Leur matiere est si pure, si blanche, si compacte & si dure, qu'elle n'entre en fusion que difficilement & ne porte point de couleur.

La France touche au moment de jouir de toutes ces commodités. Il est certain que M. le comte de Lauraguais qui a cherché long-tems le secret de la porcelaine de Chine est parvenu à en faire qui lui ressemble. Ses matériaux ont le même caractere ; & s'ils ne sont pas exactement de la même espece, ils sont au moins des especes du même genre. Comme les Chinois, il peut faire sa pâte longue ou courte, & employer à son choix son procédé ou un procédé différent. Sa porcelaine ne le cede en rien à celle des Chinois pour la facilité à se tourner, à se modeler, & lui est supérieure par la solidité de sa couverte, peut-être aussi par son aptitude à recevoir les couleurs. S'il parvient à lui donner la même finesse, la même blancheur du grain, nous n'aurons pas plus de raison d'envier à la Chine sa porcelaine que sa soie.

Les annales de cet empire attribuent la découverte de la soie à une des femmes de l'empereur Hoangti. Les impératrices se firent depuis une agréable occupation de nourrir des vers, d'en tirer la soie & de la mettre en œuvre. On prétend même qu'il y avoit dans l'intérieur du palais un terrein destiné à la culture des mûriers. L'impératrice accompagnée des premieres dames de sa cour, se rendoit en cérémonie dans ce verger & cueilloit elle-même les feuilles de trois branches que ses suivantes abaissoient à sa portée. Une politique si sage encouragea si bien cette branche d'industrie, que bientôt la nation qui n'étoit couverte que de peaux se trouva habillée de soie. En peu de tems l'abondance fut suivie de la perfection. On dut ce dernier avantage aux écrits de plusieurs hommes éclairés, de quelques ministres même qui n'avoient pas dédaigné de porter leurs observations sur cet art nouveau. La Chine entiere s'instruisit dans leur théorie de tout ce qui pouvoit y avoir rapport.

L'art d'élever les vers qui produisent la soie, de la filer, d'en fabriquer des étoffes passa de Chine aux Indes, en Perse, en Grece & enfin à Rome. Il se répandit depuis dans le reste de l'Italie ; & avec le tems il devint commun. La nature du climat & peut-être d'autres causes ne lui permirent pas d'avoir par-tout le même succès.

Les soies de Naples, de Sicile, de Reggio sont toutes communes, soit en organsin, soit en trame. On les employe pourtant utilement ; elles sont même nécessaires pour les étoffes brochées, pour les broderies, pour les boutonnieres, pour la couture, pour tous les usages où l'on a besoin de soie forte.

Les autres soies d'Italie, celles de Novi, de Venise, de Toscane, de Milan, du Montferrat, de Bergame & du Piémont, sont employées en organsin pour chaîne; quoiqu'elles n'ayent pas toutes la même beauté, la même bonté. Les soies de Boulogne eurent long-tems la préférence sur toutes les autres. Depuis que celles du Piémont ont été perfectionnées, elles tiennent le premier rang pour l'égalité, la finesse, la legereté. Celles de Bergame sont celles qui en approchent le plus.

Quoique les soies que fournit l'Espagne soient en général fort belles, celles de Valence ont une grande supériorité. Les unes & les autres sont propres à tout. Leur seul défaut est d'être un peu trop chargées d'huile; ce qui leur fait beaucoup perdre à la teinture.

Les soies de France supérieures à la plupart des soies de l'Europe, ne cedent qu'à celles de Piémont & de Bergame pour la legereté. Elles ont d'ailleurs plus de brillant en teint que celles de Piémont, plus d'égalité & de nerf que celles de Bergame. Les trames en sont plus belles & les poils bien supérieurs, égaux même à ceux d'Espagne. En général les soies de France sont préparées avec plus de soin que toutes les autres; si on veut excepter celles qu'on ouvre en organsin dans le Piémont. Le Languedoc, le Dauphiné & la Provence en y comprenant le comtat d'Avignon produisent annuellement six mille quintaux de soie. La livre de quatorze onces se vend depuis quinze jusqu'à vingt & une livre. Au prix commun de dix-huit livres, cela forme un objet de dix millions. Lorsque la Touraine qui en 1766 en fit vingt quintaux, & les autres provinces qui se livrent à ce genre d'industrie auront fait les progrès qu'on peut raisonnablement attendre, la France se trouvera déchargée du tribut qu'elle paye à l'étranger. Il est encore considérable. Les registres des douanes font foi que depuis 1739 jusqu'en 1746 cette monarchie a acheté tous les ans sept cens soixante-huit mille vingt-quatre livres de soie, cent trente-six mille sept cens trente-quatre livres de bourres, trois mille quatre cens cinquante-sept livres de cocons.

La diversité des soies que recueille l'Europe ne l'a pas mise en état de se passer de celle de Chine. Quoiqu'en général sa qualité soit pesante & son brin inégal, elle sera toujours recherchée pour sa blancheur. On croit communément qu'elle tient cet avantage de la nature. Ne seroit-il pas plus naturel de penser que lors de la filature, les Chinois jettent dans la bassine quelque ingrédient qui a la vertu de chasser toutes les parties hétérogenes, du moins les plus grossieres ? Le peu de déchet de cette soie en comparaison de toutes les autres, lorsqu'on la fait cuire pour la teinture, paroît donner un grand poids à cette conjecture. L'argument qu'on pourroit tirer de ce que toutes les soies de Chine n'ont pas une égale blancheur ne seroit pas bien fort. L'art ne doit pas chercher à la donner inutilement aux soies destinées à la teinture.

Quoiqu'il en soit de cette idée, la blancheur de la soie de Chine à laquelle nulle autre ne peut être comparée, la rend seule propre à la fabrique des blondes & des gazes. Les efforts qu'on a faits pour lui substituer les nôtres dans les manufactures de blonde, ont toujours été vains, soit qu'on ait employé des soies apprêtées ou non apprêtées. On a été un peu moins malheureux à l'égard des gazes. Les soies les plus blanches de France & d'Italie l'ont remplacée avec une apparence de succès ; mais le blanc & l'apprêt n'ont jamais été si parfaits, & ils coulent aisément.

Dans le dernier siecle, les Européens tiroient de Chine fort peu de soie. La nôtre étoit suffisante pour les gazes noires ou de couleur, & pour les marlis qui étoient alors d'usage. Le goût qu'on a pris depuis quarante ans, & plus généralement depuis vingt-cinq pour les gazes blanches & pour les blondes, a étendu peu à peu la consommation de cette production orientale. Elle s'est élevée dans les tems modernes à quatre-vingt milliers par an dont la France a toujours employé les trois quarts au moins. Cette importation a si fort augmenté en 1766, que la seule compagnie d'Angleterre a tiré de Chine cent quatre milliers de soie. Elle ne restera pas oisive, quoique les gazes & les blondes ne puissent pas la consommer. Les Anglois en feront l'usage qu'ils en ont fait jusqu'ici lorsqu'elle n'étoit pas trop chere. Ils la feront ouvrer, le fin en organsin, le moyen & le gros en poil & en trame qu'ils employeront dans leurs fabriques de moires & de bas. Les bas auront sur les autres l'avantage d'une blancheur éclatante & inaltérable, mais ils seront infiniment moins fins.

Indépendamment de cette soie d'une blancheur unique qui se recueille principalement dans la province de Tche-Kiang, & que nous connoissons en Europe sous le nom de soie de Nankin, lieu où on la fabrique plus particuliérement, la Chine produit des soies communes que nous appellons soies de Canton. Comme elles ne sont propres qu'à quelques trames ou poil dans le genre de premieres sortes ordinaires d'Alais & qu'elles sont plus cheres, on en tire très-peu. Ce que les Anglois & les Hollandois en portent ne passe pas cinq ou six milliers. Les étoffes forment un plus grand objet.

Les Chinois ne sont pas moins habiles à mettre les soies en œuvre qu'à les recueillir. Cet éloge ne s'étend pas à celles de leurs étoffes où il entre de l'or & de l'argent. Leurs ouvriers ne connoissent pas l'art de passer avec ces métaux par la filiere, pour les retordre ensuite avec le fil. Ils se contentent de couper en plusieurs lames fort minces des feuilles de papier dorées ou argentées, & d'y rouler la soie qui prend aussi-tôt la teinture de ces feuilles. Quelquefois sans se donner la peine de dorer les fils, ils appliquent la feuille sur l'étoffe même. Quelle de ces deux manieres qu'on prenne pour appliquer la dorure, elle est toujours mauvaise & de courte durée.

Quoique les hommes soient plus frappés en général du nouveau que de l'excellent, ces étoffes malgré leur brillant ne nous ont jamais tenté. Nous n'avons été guere moins rebutés de la défectuosité de leur dessein. On n'y voit que des figures estropiées & des groupes sans intention. Personne n'y a apperçu le moindre talent pour distribuer les jours & les ombres, ni cette grace, cette facilité qui se font remarquer dans les ouvrages de nos bons artistes. Il y a dans toutes leurs productions quelque chose de roide & de mesquin qui déplaît aux gens d'un goût un peu délicat. Tout y porte le caractere particulier de leur génie qui manque de feu & d'élévation.

Ce qui nous fait supporter ces énormes défauts

dans ceux de leurs ouvrages qui repréſentent des fleurs, des oiſeaux, des arbres, c'eſt qu'aucun de ces objets n'eſt tiſſu en relief. On peint les figures ſur l'étoffe même, & elles ne ſont diſtinguées que par la différence des couleurs & non par l'inégalité des fonds. Ces couleurs qui ne ſont que des ſucs de fleurs ou d'herbes, s'imbibent dans l'étoffe & ne s'effacent preſque jamais. L'illuſion qu'elles produiſent eſt telle, que les différens objets paroiſſent ſortir de l'étoffe comme s'ils étoient brochés ou brodés.

Les étoffes unies de Chine n'ont pas beſoin d'indulgence. Elles ſont parfaites ainſi que leurs couleurs, le verd & le rouge en particulier. Le blanc du damas a un agrément infini. Les Chinois n'employent à cet ouvrage que des ſoies de Tche-Kiang. Ils font comme nous débouillir la chaîne à fonds, mais ils ne cuiſent la trame qu'à demi. Cette méthode conſerve à l'étoffe un peu de fermeté & lui donne plus de carte ou de main. Ces blancs ſont roux, mais ſans être jaunâtres, & délicieux à la vue ſans avoir ce grand éclat qui la fatigue. Elle ne ſe repoſe pas moins agréablement ſur les vernis Chinois.

Le vernis eſt une eſpece de gomme liquide de couleur rouſſâtre. Celui du Japon eſt le plus parfait, vient enſuite celui de Tonquin & de Siam, & enfin celui de Combaye qui eſt le plus groſſier. Les Chinois en achetent dans tous les marchés, parce que celui qu'ils tirent de pluſieurs de leurs provinces ne ſuffit pas à leur conſommation. L'arbre qui le donne ſe nomme Tſi-chu. Il reſſemble au frêne par l'écorſe & par la feuille. On ne le voit guere s'élever au-deſſus de quinze pieds, & ſa groſſeur commune eſt de deux pieds & demi. Il ne produit ni fleurs ni fruits, & ſe multiplie ainſi.

Au printemps, lorsque le Tsi-chu pousse, on choisit le rejetton le plus vigoureux qui sort du tronc à fleur de terre & non des branches. Ce rejetton qui doit avoir environ un pied, est enduit de mortier fait de terre jaune. Cet enduit qui a trois pouces d'épaisseur commence à deux pouces du tronc, enveloppe quatre ou cinq pouces de rejetton, & est couvert d'une natte qui le défend des pluies & des injures de l'air. On entrouvre la terre en automne pour voir en quel état sont les racines que le rejetton y pousse ordinairement. Si elles sont jaunes, on coupe le rejetton entre le tronc & l'enduit, & on le plante. Si on les trouve blanches, l'opération est renvoyée au printems suivant. Dans quelque saison qu'elle se fasse, il est essentiel de mettre beaucoup de cendres dans le trou qu'on a préparé. Si on négligeoit cette précaution, les fourmis dévoreroient les racines encore tendres du nouveau plan, ou en tireroient tout le suc & le feroient sécher.

Il faut attendre que l'arbre ait sept ou huit ans pour lui demander un vernis qui soit d'un bon usage. L'hyver n'en donne point. Celui qu'on obtiendroit au printemps ou en automne seroit mêlé d'eau. L'été est la saison de le recueillir. Il doit couler par divers rangs d'incision qu'on fait au tour du tronc sur l'écorce seule, sans entamer le corps de l'arbre. Le premier rang commence à sept pouces de terre, & ainsi de sept en sept pouces on continue les incisions jusqu'au haut du tronc. Une coquille reçoit la liqueur à chaque fente. La récolte est bonne lorsque mille arbres donnent dans une nuit vingt livres de vernis. Quand on en a une certaine quantité, on le passe dans une grosse toile que l'on tord ensuite pour achever d'exprimer toutes les parties fluides. Le marc est employé par la médecine dans plusieurs remedes. La qualité de cette gomme est si maligne, que ceux qui la recueillent sont obligés d'user de plusieurs préservatifs. Une loi bien sage ordonne au maître qui les employe d'avoir chez lui un vase rempli d'huile de rabette où l'on fait bouillir de ces parties filandreuses & charnues qu'on trouve dans la graisse de porc. Les ouvriers s'en frottent les mains & le visage avant, après le travail. Il leur est prescrit d'ailleurs de se servir d'un masque, d'avoir des gands, des bottines & un plastron de peau devant l'estomach.

Le vernis s'applique de deux manieres. Dans la premiere on passe à diverses reprises sur un bois poli une huile que les Chinois appellent Tong-chu. Dès qu'elle est bien seche, on applique le vernis. Il est si transparent que lorsqu'on n'en met que deux ou trois couches, il laisse voir les veines de quelques bois précieux, si belles, si régulieres, qu'on diroit qu'elles ont été peintes. Ceux qui veulent cacher toute la matiere sur laquelle ils travaillent, multiplient les couches; & le vernis devient alors si éclatant, qu'il ressemble à un miroir.

L'autre maniere demande plus de préparation. Avec le secours d'un mastic, on colle sur le bois une espece de carton composé de papier, de filasse, de chaux & d'autres matieres bien battues. Cela forme un fond uni & solide sur lequel s'applique le vernis par legeres couches qu'on fait secher l'une après l'autre. Il ne doit être ni trop épais, ni trop liquide; & c'est dans ce juste tempérament que consiste principalement le talent de l'ouvrier.

De quelque maniere qu'il soit appliqué, il a la propriété de conserver le bois. Les vers ne s'y engendrent que difficilement, & l'humidité n'y pénétre presque jamais. L'odeur même ne s'y attache point, & il suffit d'y passer un linge mouillé pour qu'il ne reste aucun vestige de ce qui a été répandu sur un meuble vernissé.

L'éclat du vernis répond à la solidité. Il prend toutes sortes de couleurs. On y mêle de l'or, de l'argent. On y peint des hommes, des montagnes, des palais, des chasses, des combats. Il ne laisseroit rien à desirer, si le mauvais goût du dessein qui infecte tous les ouvrages des Chinois ne s'y faisoit remarquer.

Cette imperfection n'empêche pas que ces ouvrages de vernis n'exigent beaucoup de tems & de grandes précautions. Ils ne parviennent jamais à la beauté, à la solidité dont ils sont susceptibles qu'après avoir reçu au moins neuf ou dix couches qui ne sauroient être trop legeres. Pour qu'elles puissent secher, il faut laisser entr'elles un intervalle de quatre ou cinq jours & plus s'il est nécessaire. L'espace doit être encore plus considérable entre la derniere couche & le moment ou l'on commence à polir, à peindre & à dorer. Un été suffit à peine pour cette manipulation, telle qu'elle se pratique à Nankin d'où sortent les ouvrages destinés pour la cour & pour une partie de l'empire. Ceux de Canton sont fort inférieurs. Comme les Européens y en demandent beaucoup, qu'ils les veulent conformes aux idées qu'ils proposent, & qu'ils donnent peu de tems pour les exécuter, les artistes sont réduits à travailler avec une précipitation extrême. Ils renoncent au solide, & bornent leur ambition à faire quelque chose qui plaise à l'œil. Ce vernis conservateur embellit tous les ouvrages & toutes les matieres; il s'étend même sur le papier.

Originairement les Chinois écrivoient avec un poinçon de fer sur des tablettes de bois. De ces tablettes réunies, on formoit des volumes. Il s'en est conservé quelques-unes où les caractères sont fort bien tracés. Comme le poids de ces petites planches étoit très-embarassant, on imagina d'écrire sur des pieces de soie & de toile qu'on coupoit suivant la forme qu'on vouloit donner aux feuilles. Enfin il y a seize siecles qu'un Mandarin trouva le secret d'un papier aussi blanc, moins épais & beaucoup plus lissé que celui que nous employons.

On croit communément que ce papier se fait avec de la soie. Ceux auxquels la pratique des arts est un peu familiere, n'ignorent pas qu'il est impossible de diviser suffisamment la soie pour en composer une pâte uniforme. C'est le coton qui est la matiere du bon papier Chinois, d'un papier comparable à tous égards peut-être même supérieur au nôtre.

Les besoins d'une nation qui non-seulement employe le papier aux usages reçus chez tous les peuples civilisés, mais le fait encore servir à tous ses ameublemens sans connoître d'autres tapisseries, en firent bientôt multiplier les matieres. Des expériences dictées par la nécessité apprirent qu'on pouvoit employer l'écorce du mûrier, de l'orme, du cotonnier. Si la premiere écorce se trouvoit trop grossiere & trop dure, on prenoit la seconde toujours plus blanche & plus molle. Le bambou dont on fait les bois d'évantail, les nattes & beaucoup d'autres ouvrages fut encore d'une plus grande ressource. Sa substance ligneuse fendue en lattes, se trouva propre à cet usage,

On plonge ces lattes dans une eau bourbeuse. Quand elles commencent à pourrir, on les retire, on les lave, on les enterre dans la chaux. Elles achevent de blanchir au soleil après avoir été coupées en filamens. Une chaudiere bouillante les reçoit; & dès qu'elles sont réduites en une pâte fluide, elles sont étendues par couches legeres sur des clayes. Les formes sont larges & longues & il en sort des feuilles de dix, douze pieds, & même davantage.

Pour lustrer leur papier, les Chinois ne se servent pas comme nous de colle, mais d'eau d'alun qui lui donne un luisant extraordinaire. S'ils veulent l'argenter, ils réduisent en poussiere du talc & de l'alun mêlés ensemble, & sement legerement cette poussiere sur une feuille enduite de colle de peau de bœuf mêlée d'alun, afin que les particules du talc s'y attachent. Quand la feuille est seche, on la frotte avec de l'étoupe de coton neuf pour l'unir, & pour faire tomber le superflu du talc.

Quoique ce papier se coupe, qu'il prenne l'humidité & que les vers l'attaquent, il est devenu un objet de commerce. Les Européens ont emprunté des Chinois l'idée d'en meubler des cabinets, d'en former des paravents. Le goût qu'on avoit pour ces papiers Chinois diminue sensiblement. Déja ceux d'Angleterre, quoique bien au-dessous, commencent à les remplacer & le baniront sans doute lorsqu'ils auront atteint plus de perfection. Les François imitent cette industrie, & il est vraisemblable que toutes les nations l'adopteront.

Outre les objets dont on a parlé, les Européens achetent en Chine de l'ancre, du champhre, du borax, de la rubarbe, de la gomme lacque, du rottin, espece de canne qui sert à faire des fauteuils, & ils achetoient autrefois de l'or.

En Europe un marc d'or vaut à peu près quatorze marcs & demi d'argent. S'il existoit un pays où il en valut vingt, nos négocians y en porteroient pour le changer contre de l'argent. Ils nous rapporteroient cet argent, pour l'échanger contre de l'or auquel ils donneroient la même destination. Cette activité continueroit jusqu'à ce que la valeur relative des deux métaux se trouvât à peu près la même dans les deux endroits. Le même intérêt fit envoyer long-tems en Chine de l'argent pour le troquer contre de l'or. On gagnoit à cette mutation quarante-cinq pour cent. Les compagnies exclusives ne firent jamais ce commerce, parce qu'un pareil bénéfice quelque considérable qu'il paroisse, auroit été fort inférieur à celui qu'elles faisoient sur les marchandises. Leurs agens qui n'avoient pas la liberté du choix se livrerent à ces spéculations pour leur compte. Ils poufferent cette branche d'industrie avec tant de vivacité, que bientôt ils ne trouverent pas un avantage suffisant à la continuer. L'or est plus ou moins cher à Canton suivant la saison où on l'achete. On l'a à bien meilleur marché depuis le commencement de février jusqu'à la fin de mai que durant le reste de l'année où la rade est remplie de vaisseaux étrangers. Cependant dans le tems le plus favorable il y a au plus dix-huit pour cent à gagner, ce qui est insuffisant pour des raisons qu'on ne peut s'empêcher de voir. Les employés de la compagnie de France sont les seuls qui n'ayent pas souffert de la cessation de ce commerce qui leur fut toujours défendu. Les directeurs se réservoient exclusivement cette source d'opulence.

Plusieurs

Plusieurs y puisoient, mais Castanier seul le conduisoit en grand négociant. Il expédioit des marchandises pour le Mexique. Les piastres qui provenoient de leur vente étoient portées à Acapulco d'où elles passoient aux Philippines & delà en Chine où on les convertissoit en or. Cet habile homme par une circulation si lumineuse ouvroit une carriere dans laquelle il est bien étonnant que personne ne soit jamais entré.

Toutes les nations Européennes qui passent le cap de Bonne-espérance vont en Chine. Les Portugais y aborderent les premiers. On leur céda avec un espace d'environ trois mille de circonférence Macao, ville bâtie dans un terrein stérile & inégal sur la pointe d'une petite isle située à l'embouchure de la riviere de Canton. Ils obtinrent la disposition de la rade trop resserrée, mais sûre & commode, en s'assujettissant à payer à l'empire tous les droits d'entrée, & la liberté d'élever des fortifications en s'engageant à un tribut annuel de cinq mille taëls. Tout le tems que la cour de Lisbonne donna des loix aux mers des Indes, cette place fut un entrepôt célébre. Sa propriété diminua dans les mêmes proportions que la puissance des Portugais. Insensiblement elle est venue à rien. Macao n'a plus de liaison avec sa métropole, & toute sa navigation se réduit à l'expédition de trois petits bâtimens, un pour Timor, & deux pour Goa. C'est sur les bénéfices d'un commerce si peu étendu, que doivent vivre quatre ou cinq maisons Portugaises qui restent de l'ancienne population, une centaine de métis, & environ deux cens familles noires qui ont osé s'approprier les plus grands noms de la nation, quoiqu'elles descendent incontestablement d'esclaves Afriquains. Jusqu'en 1744 les foibles restes d'une colonie au-

Tome II. Q

trefois si florissante avoient joui d'une espece d'indépendance. L'assassinat d'un Chinois détermina le vice-roi de Canton à demander à sa cour un magistrat pour instruire, pour gouverner les barbares de Macao, ce furent les propres termes de la requête. On envoya un Mandarin qui prit possession de la place au nom de son maître. Il dédaigna d'habiter parmi des étrangers pour lesquels on a un si grand mépris, & il a établi sa demeure à une lieue de la ville.

Les Hollandois furent encore plus mal-traités il y a environ un siecle. Ces républicains qui, malgré l'ascendant qu'ils avoient pris dans les mers d'Asie, s'étoient vus exclus de la Chine par les intrigues des Portugais, parvinrent à s'en ouvrir enfin les ports. Mécontens de l'existence précaire qu'ils y avoient, ils tenterent d'élever un fort auprès de Hoaung-pon, sous prétexte d'y bâtir un magasin. Leur projet étoit de se rendre maîtres du cours du Tigre, & de faire également la loi aux Chinois & aux étrangers qui voudroient négocier à Canton. On démêla leurs vues plutôt qu'il ne convenoit à leurs intérêts. Ils furent massacrés, & leur nation n'osa de long-tems se montrer sur les côtes de l'empire. Elle y reparut vers l'an 1730. Les premiers vaisseaux qui y aborderent étoient partis de Java. Ils portoient différentes productions de l'Inde en général, de leurs colonies en particulier qu'ils échangeoient contre celles du pays. Ceux qui les conduisoient uniquement occupés du soin de plaire au Conseil de Batavia, de qui ils recevoient immédiatement leurs ordres & dont ils attendoient leur avancement, ne songeoient qu'à se défaire avantageusement des marchandises qui leur étoient confiées ; sans s'attacher à la qualité de celles qu'ils recevoient. La compagnie ne tarda pas à s'appercevoir que de cette maniere elle ne soutiendroit jamais dans ses ventes la concurrence des nations rivales. Cette considération la détermina à faire partir directement d'Europe des navires avec de l'argent. Ils touchent à Batavia où ils se chargent des denrées du pays propres pour Chine, & reviennent directement dans nos parages avec des cargaisons beaucoup mieux composées qu'elles n'étoient autrefois, mais non pas aussi-bien que celles des Anglois.

De tous les peuples qui ont fait le commerce de Chine, cette nation est celle qui l'a le plus suivi. Elle avoit une loge dans l'isle de Chusan dans le tems que les affaires se traitoient principalement à Emony. Lorsque des circonstances particulieres les eurent amenées à Canton, son activité fut toujours la même. L'obligation imposée à sa compagnie d'emporter des étoffes de laine la détermina à y entretenir assez constamment des employés chargés de les vendre. Cette pratique jointe au goût qu'on prit dans les possessions Angloises pour le thé, fit tomber dans ses mains vers la fin du dernier siecle presque tout le commerce de la Chine avec l'Europe. Les droits énormes que mit le gouvernement sur cette consommation étrangere, ouvrirent les yeux des autres nations, de la France en particulier.

Cette monarchie avoit formé en 1660 une compagnie particuliere pour ce commerce. Un riche négociant de Rouen nommé Fermanel étoit à la tête de l'entreprise. Il avoit jugé qu'elle ne pouvoit être exécutée utilement qu'avec un fonds de deux cens vingt mille livres, & les souscriptions ne monterent qu'à cent quarante mille, ce qui fut cause que le voyage fut malheureux. L'éloignement qu'on avoit naturellement pour un empire qui ne voyoit dans les étrangers que des hommes propres à corrompre ses mœurs, à entreprendre sur sa liberté, fut considérablement augmenté par les pertes qu'on avoit faites. Inutilement les dispositions de ce peuple changerent vers l'an 1685, & avec elles la maniere dont nous étions traités. Les François ne fréquenterent que rarement ses ports. La nouvelle société qu'on forma en 1698 ne mit pas plus d'activité dans ses expéditions que la premiere. Ce commerce n'a pris de la consistance que lorsqu'il a été réuni à celui des Indes & dans la même proportion. La compagnie a long-tems délibéré si elle envoyeroit des draperies en Chine où quelques essais lui faisoient penser qu'elles trouveroient un debit avantageux. Cette question a partagé les esprits. Enfin on avoit décidé que la France ne trouvant pas en elle-même la consommation de la quinzieme partie du thé qu'elle apportoit, ne pouvoit s'assurer de le vendre qu'autant qu'il seroit supérieur à celui des autres nations, avantage qu'on ne se procureroit qu'en le payant avec de l'argent. La direction actuelle a adopté le système Anglois. Elle a envoyé des étoffes de laine & laissera comme cette nation des agens fixes à Canton pour vendre & pour acheter toute l'année. L'événement nous apprendra quelle est la meilleure méthode pour les intérêts particuliers. Celle qu'on a prise est certainement plus avantageuse pour la nation.

Les compagnies de Suede & de Danemarck qui n'ont point, ou qui n'ont que peu de manufactures à exporter ont eu une conduite plus uniforme. Elles ont commencé à fréquenter les ports de Chine à peu près dans le même tems & s'y sont gouvernées suivant les mêmes principes. Il est vraisemblable que celle d'Embden les auroit adoptés, si elle eût eu le tems de prendre quelque consistance.

Les achats que les Européens font annuellement en Chine peuvent s'apprécier par ceux de 1766 qui sont montés à vingt-sept millions quatre cens trente-un mille huit cens soixante-quatre livres. Cette somme dont le thé seul absorbe plus de huit dixiemes, a été payée en piastres ou en marchandises apportées par vingt-trois vaisseaux. La Suede a fourni un million neuf cens trente-cinq mille cent soixante-huit livres en argent; & en étain, en plomb, en autres marchandises quatre cens vingt-sept mille cinq cens livres. Le Danemarck deux millions cent soixante-un mille six cens trente livres en argent; & en camphre, plomb & pierres à fusil deux cens trente-un mille livres. La France quatre millions en argent, & quatre cens mille livres en draperies. La Hollande deux millions sept cens trente-cinq mille quatre cens livres en argent; quarante-quatre mille six cens livres en lainages, & quatre millions cent cinquante-cinq livres en productions de ses colonies. La Grande-Bretagne cinq millions quatre cens quarante-trois mille cinq cens soixante-six livres en argent; deux millions quatre cens soixante-quinze livres en étoffes de laines, & trois millions trois cens soixante-quinze mille livres en plusieurs objets tirés de diverses parties de l'Inde. Cela forme en total vingt-sept millions quatre cens trente-un mille huit cens soixante-quatre livres. Nous ne faisons pas entrer dans ce calcul dix millions en argent que les Anglois ont porté de plus que nous n'avons dit, parce qu'ils étoient destinés à payer les dettes que cette nation avoit contractées, ou à former un fonds d'avance pour négocier dans l'intervalle des voyages.

La compagnie de France a avancé fur la foi de fes regiftres qu'elle avoit gagné conftamment cent vingt-deux pour cent dans ce commerce. En fuppofant ce que perfonne ne s'avifera de révoquer en doute que les autres compagnies ont conduit auffi heureufement leurs affaires, on voit jufqu'où doivent s'élever les ventes. Ce bénéfice énorme ne doit pas couvrir comme dans le refte de l'Inde la conftruction des fortereffes, la paye des garnifons qui les défendent, les guerres qu'elles entraînent. Les Européens n'ont point d'établiffement en Chine. Ils n'y font reçus que comme négocians; & leurs expéditions ne fupportent que les frais inféparables d'une longue navigation dirigée par des corps qui manquent fouvent de probité & prefque toujours d'œconomie.

Il n'eft pas aifé de prévoir ce que deviendra ce commerce. Quelque paffion qu'ait la Chine pour l'argent, elle paroît plus portée à fermer fes ports aux Européens que difpofée à leur faciliter les moyens d'étendre leurs opérations. A mefure que l'efprit Tartare s'eft affoibli, que les conquérans fe font nourris des maximes du peuple vaincu, ils ont adopté fes idées, fon averfion, fon mépris en particulier pour les étrangers. Ces difpofitions fe font manifeftées par des gênes pleines d'humiliation qui ont fucceffivement remplacé les égards qu'on avoit pour eux. De cette fituation équivoque à une expulfion entiere, il n'y a pas bien loin. Elle pourroit être d'autant plus prochaine, qu'il y a une nation active qui s'occupe peut-être en fecret des moyens de la procurer.

Les Hollandois voyent comme tout le monde

que l'Europe a pris un goût vif par plusieurs productions Chinoises. Ils doivent penser que l'impossibilité de les tirer directement du lieu de leur origine n'en anéantiroit pas la consommation. Si nous étions tous exclus de l'empire, ses sujets exporteroient eux-mêmes leurs marchandises. Comme l'imperfection de leur marine ne leur permet pas de pousser loin leur navigation, ils ne pourroient les déposer qu'à Java ou aux Philippines, & nous serions réduits à les tirer de l'une des deux nations à qui ces colonies appartiennent. La concurrence des Espagnols est si peu à craindre que les Hollandois seroient assurés de voir ce commerce entier tomber dans leurs mains. Il est horrible de soupçonner ces républicains d'une politique si basse & si odieuse ; mais personne n'ignore que des moindres intérêts les ont déterminés à des actions plus noires encore.

Si les ports de Chine étoient une fois fermés, il est vraisemblable qu'ils le seroient pour toujours. L'obstination de cette nation ne lui permettroit jamais de revenir sur ses pas, & nous ne voyons point que la force put l'y contraindre. Quels moyens pourroit-on employer contre un état dont la nature nous a séparés par un espace de huit mille lieues ? Il n'est point de gouvernement assez dépourvu de lumieres pour imaginer que des équipages fatigués osassent tenter des conquêtes dans un pays défendu par cinquante millions d'hommes, quelque lâche qu'on suppose une nation avec laquelle les Européens ne se sont pas encore mesurés. Les coups qu'on lui porteroit le réduiroient à intercepter sa navigation dont il s'occupe peu, & qui n'intéresse ni ses commodités ni sa subsistance.

Cette vengeance inutile n'auroit même qu'un

tems fort borné. Les vaisseaux destinés à cette croisiere de piraterie seroient écartés de ces parages une partie de l'année par les Mouçons & l'autre partie par les Tiphons. Ce sont des ouragans qui se font sentir dans la saison humide aux approches de la nouvelle ou de la pleine lune, seulement au nord de la ligne, & qui désolent principalement les mers de Chine. Dans un tems calme & serain, on voit se former au nord-est une grosse nuée fort noire près de l'horison, rougeâtre vers le milieu, lumineuse dans sa partie supérieure, pâle & blanche vers ses extrêmités. Elle se montre quelquefois pendant douze heures avant d'éclater. Ensuite elle s'ouvre avec fracas, & il en sort un vent impétueux accompagné d'éclairs, de tonneres & d'un torrent de pluies. Il souffle environ deux heures au nord-est avec la derniere violence. Lorsqu'il commence à tomber, la pluie cesse, & l'orage se calme pour une heure ou deux. Bientôt après, on voit revenir du sud-ouest un autre tourbillon qui souffle aussi long-tems & avec la même fureur que le premier. Ces horribles tempêtes désolent rarement plus d'une fois ou deux la partie de l'océan Indien qui sert de théâtre à leurs ravages; mais il est rare aussi que les bâtimens qui s'y trouvent exposés n'en deviennent pas la proie.

Après avoir développé la maniere dont les nations de l'Europe ont conduit jusqu'àprésent le commerce des Indes, il convient d'examiner trois questions qui semblent naître du fond du sujet, & qui ont partagé jusqu'ici les esprits. Doit-on continuer ce commerce ? Les grands établissemens sont-ils nécessaires pour le faire avec succès ? Faut-il le laisser dans les mains des compagnies exclusives ? Nous porterons dans cette discussion l'impartialité d'un homme de lettres qui n'a dans cette cause d'autre intérêt que celui du genre humain.

Ceux qui voudront considérer l'Europe comme ne formant qu'un seul corps dont les membres sont unis entre eux par un intérêt commun ou du moins semblable, ne mettront pas en problême si ses liaisons avec l'Asie lui sont avantageuses. Le commerce des Indes augmente évidemment la masse de nos jouissances. Il nous donne des boissons saines & délicieuses, des commodités plus recherchées, des ameublemens plus gais, quelques nouveaux plaisirs, une existance plus agréable. Des attraits si puissans ont également agi sur les peuples qui par leur position, leur activité, le bonheur de leurs découvertes, la hardiesse de leurs entreprises pouvoient aller puiser ces délices à leur source; & sur les nations qui n'ont pu se les procurer que par le canal intermédiaire des états maritimes dont la navigation faisoit circuler sur tout notre continent la surabondance de ces voluptés. La passion des Européens pour ce luxe étranger a été si vive que, ni les plus fortes impositions, ni les prohibitions & les peines les plus severes, n'ont pu l'arrêter. Après avoir lutté vainement contre un penchant qui s'irritoit par les obstacles, tous les gouvernemens ont été forcés de céder au torrent, quoique des préjugés universels cimentés par le tems & l'habitude leur fissent regarder cette complaisance comme nuisible à la stabilité du bonheur général des nations.

Il étoit tems que cette tyrannie finît. Peut-on douter que ce soit un bien d'ajouter aux jouissances propres d'un climat celles qu'on peut tirer des climats étrangers? La société universelle existe pour l'intérêt commun, & par l'intérêt réciproque de tous les hommes qui la composent. De leur communication, il doit résulter une augmentation de félicité. Le commerce est peut-être l'unique moyen de conserver cette liberté originelle que l'homme avoit avant les sociétés, d'errer à son gré sur toute la terre, & de jouir de tous ses fruits, de toutes ses productions.

On a mal vu l'homme quand on a imaginé que pour le rendre heureux, il falloit l'accoutumer aux privations. Il est vrai que l'habitude des privations diminue la somme de nos malheurs ; mais en retranchant encore plus sur nos plaisirs que sur nos peines, elle conduit l'homme à l'insensibilité plutôt qu'au bonheur. S'il a reçu de la nature un cœur qui demande à sentir ; si son imagination le promene sans cesse malgré lui sur des projets ou des phantômes de félicité qui le flattent, laissés à son âme inquiéte un vaste champ de jouissances à parcourir. Que notre intelligence nous apprenne à voir dans les biens dont nous jouissons des motifs de ne pas regretter ceux auxquels nous ne pouvons atteindre : c'est-là le fruit de la sagesse. Mais exiger que la raison nous persuade de rejetter ce que nous pourrions ajouter à ce que nous possédons, c'est contredire la nature, c'est anéantir peut-être les premiers principes de la sociabilité.

Comment réduire l'homme à se contenter de ce peu que les moralistes prescrivent à ses besoins ? comment fixer les limites du nécessaire qui varie avec sa situation, ses connoissances & ses desirs ? A peine eût-il simplifié par son industrie les moyens de se procurer la subsistance, qu'il employa le tems qu'il venoit de gagner à étendre les bornes de ses facultés & le domaine de ses jouissances. Delà naquirent tous les besoins factices. La découverte d'un nouveau genre de sensations amena le desir de les conserver, & la curiosité d'en imaginer d'une autre espece. La perfection d'un art introduisit la connoissance de plusieurs. Le succès d'une guerre occasionnée par la faim ou par la vengeance donna la tentation des conquêtes. Les hazards de la navigation jetterent les hommes dans la nécessité de se détruire ou de se lier. Il en fut des traités de commerce entre les nations séparées par la mer comme des pactes de société entre les hommes semés & rapprochés par la nature sur une même terre. Tous ces rapports commencerent par des combats & finirent par des associations. La guerre & la navigation ont mêlé les sociétés & les populations. Dès-lors les hommes se sont trouvés liés par la dépendance ou la communication. L'alliage des nations fondues ensemble par le feu des combats s'épure & se polit par le commerce. Dans sa destination le commerce veut que toutes les nations se regardent comme une société unique dont tous les membres ont un droit égal de participer à tous les biens de chacune. Dans son objet & ses moyens le commerce suppose le desir & la liberté concertée entre tous les peuples de faire tous les échanges qui peuvent convenir à leur satisfaction mutuelle. Desir de jouir, liberté de jouir : il n'y a que ces deux ressorts d'activité, que ces deux principes de sociabilité parmi les hommes.

Que peuvent opposer à ces raisons d'une communication libre & universelle ceux qui blâment le commerce de l'Europe avec les Indes ? Qu'il entraîne une perte considérable d'hommes ; qu'il arrête les progrès de notre industrie ; qu'il diminue la masse de notre argent. Il est aisé de détruire ces foibles objections.

Tant que les hommes jouiront du droit de se choisir une profession, d'employer à leur gré leurs facultés, ne soyons pas inquiets de leur destinée. Comme dans l'état de liberté chaque chose a le prix qui lui convient, ils ne courront de risque qu'autant qu'ils en seront payés. Dans des sociétés bien ordonnées, chaque individu doit être le maître de faire ce qui convient le mieux à son goût, à ses intérêts tant qu'il ne blesse en rien la propriété, la liberté des autres. Une loi qui interdiroit tous les travaux où les hommes peuvent courir le risque de leur vie, condamneroit une grande partie du genre humain à mourir de faim, & priveroit la société d'une foule d'avantages. On n'a pas besoin de passer la ligne pour faire un métier dangereux ; & sans sortir d'Europe, on trouveroit des professions beaucoup plus destructives de l'espece humaine que la navigation des Indes. Si les périls des voyages maritimes moissonnent quelques hommes, donnons à la culture de nos terres toute la protection qu'elle mérite, & notre population sera si nombreuse que l'état pourra moins regretter les victimes volontaires que la mer engloutit. On peut ajouter que la plupart de ceux qui périssent dans ces voyages de long cours sont enlevés par des causes accidentelles qu'il seroit facile de prévenir par un régime de vie plus sain, & par une conduite plus réglée. Mais quand on ajoute aux vices de son climat & de ses mœurs, les vices corrupteurs des climats où l'on aborde, comment résister à ce double principe de destruction ?

En supposant même que le commerce des Indes dût coûter à l'Europe autant d'hommes que l'on prétend qu'il en abforbe ou qu'il en fait périr, eft-il bien certain que cette perte n'eft pas reparée & compenfée par les travaux dont il eft la fource & qui nourriffent, qui multiplient la population. Les hommes difperfés fur les vaiffeaux qui voguent vers ces parages n'occuperoient-ils pas fur la terre une place qu'ils laiffent à remplir par des hommes à naître ? Qu'on jette un regard attentif fur le grand nombre d'habitans qui couvrent le territoire refferré des peuples navigateurs, & on fera convaincu que ce n'eft pas la navigation d'Afie ni même la navigation en général qui diminue la population des Européens, mais qu'elle feule balance peut-être toutes les autres caufes de dépériffement & de décadence de l'efpece humaine. Raffurons encore ceux qui craignent que le commerce des Indes ne diminue les occupations & les profits de notre induftrie.

Quand il feroit vrai que cette communication auroit arrêté quelques-uns de nos travaux, à combien d'autres n'a-t-elle pas donné naiffance ? La navigation lui doit une grande extenfion. Nos colonies en ont reçu la culture du fucre, du caffé & de l'indigo. Plufieurs de nos manufactures font alimentées par fes foies & par fes cotons. Si la Saxe & d'autres contrées de l'Europe font de belles porcelaines ; fi Valence fabrique des Pékins fupérieurs à ceux de la Chine même ; fi la Suiffe imite les mouffelines & les toiles brodées de Bengale ; fi l'Angleterre & la France impriment fupérieurement des toiles ; fi tant d'étoffes inconnues autrefois dans nos climats occupent aujourd'hui nos meilleurs artiftes, n'eft-ce pas de l'Inde que nous tenons tous ces avantages ?

Allons plus loin & fuppofons que nous ne

devons aucun encouragement, aucune connoissance à l'Asie, la consommation que nous faisons de ses marchandises n'en doit pas nuire davantage à notre industrie. Car avec quoi les payons-nous ? N'est-ce pas avec le prix de nos ouvrages portés en Amérique ? Je vends à un Espagnol pour cent francs de toile, & j'envoye cet argent aux Indes. Un autre envoye aux Indes la même quantité de toile en nature. Lui & moi en rapportons du thé. Est-ce qu'au fonds notre opération n'est pas la même ? Est-ce que nous n'avons pas également converti en thé une valeur de cent francs en toile ? Nous ne différons qu'en ce que l'un fait ce changement par deux procédés, & que l'autre le fait par le moyen d'un seul. Supposez que les Espagnols au lieu d'argent me donnent d'autres marchandises dont l'Inde soit curieuse. Est-ce que j'aurai diminué les travaux de la nation quand j'aurai porté ces marchandises aux Indes ? N'est-ce pas la même chose que si j'y avois porté nos productions en nature ? Je pars d'Europe avec des manufactures nationales. Je les vais changer dans la mer du sud contre des piastres. Je porte ces piastres aux Indes. J'en rapporte des choses utiles ou agréables. Ai-je retreci l'industrie de l'état ? Non j'ai étendu la consommation de ses produits & j'ai multiplié ses jouissances. Ce qui trompe les gens prévenus contre le commerce des Indes, c'est que les piastres arrivent en Europe avant d'être transportées en Asie. En dernière analyse, que l'argent soit ou ne soit pas employé comme gage intermédiaire, j'ai échangé directement ou indirectement avec l'Asie des choses usuelles contre des choses usuelles, mon industrie contre son industrie, mes productions contre ses productions.

Mais s'écrient quelques esprits chagrins, l'Inde a englouti dans tous les tems les tréfors de l'univers. Depuis que le hazard a donné aux hommes la connoiffance de la métallurgie, difent ces cenfeurs, on n'a ceffé de cultiver cet art. L'avarice pâle, inquiéte n'a pas quitté ces rochers ftériles où la nature avoit enfoüi fagement de perfides tréfors. Arrachés des abîmes de la terre, ils ont toujours continué de fe répandre fur fa furface, d'où malgré l'extrême opulence des Romains, de quelques autres peuples, on les a vûs difparoître en Europe, en Afrique, dans une partie de l'Afie même. Les Indes les ont abforbés. L'argent prend encore aujourd'hui la même route. Il coule fans interruption de l'occident au fond de l'orient & s'y fixe, fans que rien puiffe jamais le faire rétrograder. C'eft donc pour les Indes que les mines du Pérou font ouvertes : c'eft donc pour les Indiens que les Européens fe font fouillés de tant de crimes en Amérique. Tandis que les Efpagnols épuifent le fang de leurs efclaves dans le Mexique pour arracher l'argent des entrailles de la terre, les Banians fe fatiguent encore davantage pour l'y faire rentrer. Si jamais les richeffes du Potofi tariffent ou s'arrêtent, notre avidité fans doute ira les deterrer fur les côtes du Malabar où nous les avons apportées. Après avoir épuifé l'Inde de perles & d'aromates, nous irons peut-être les armes à la main y ravir le prix de ce luxe. Ainfi nos cruautés & nos caprices entraîneront l'or & l'argent dans de nouveaux climats ou l'avarice & la fuperftition les enfouiront encore.

Ces déclamations ne font pas fans fondement. Depuis que les autres parties du monde ont ouvert leur communication avec l'Inde, elles ont toujours échangé des métaux contre des arts &

des denrées. La nature a prodigué aux Indiens le peu dont ils ont besoin ; le climat leur interdit notre luxe, & la religion leur donne de l'éloignement pour les choses qui nous servent de nourriture. Comme leurs usages, leurs mœurs, leur gouvernement sont restés les mêmes au milieu des révolutions qui ont boulversé leur pays, il n'est pas permis d'espérer qu'ils puissent jamais changer. L'Inde a été, l'Inde sera ce qu'elle est. Tout le tems qu'on y fera le commerce, on y portera de l'argent, on en rapportera des marchandises. Mais avant de se récrier contre l'abus de ce commerce, il faut en suivre la marche, en voir le résultat.

Dabord il est constant que notre or ne passe pas aux Indes. Ce qu'elles en produisent, est augmenté continuellement de celui du Monomotapa qui y arrive par la côte orientale de l'Afrique & par la mer rouge ; de celui des Turcs qui y entre par l'Arabie & par Bassora ; de celui de Perse qui prend la double route de l'océan & du continent. Jamais celui que nous tirons des colonies Espagnoles & Portugaises ne grossit cette masse énorme. Seulement en 1752 & en 1753 les Anglois & les François trouverent de l'avantage à en faire passer au Coromandel où leurs brigandages avoient réduit les naturels du pays à cacher ce riche métal avec des soins proportionnés au danger de le perdre. En général nous sommes si éloignés d'envoyer de l'or dans les mers d'Asie, que pendant long-tems nous avons porté de l'argent en Chine pour l'y échanger contre de l'or.

L'argent même que l'Inde reçoit de nous ne forme pas une aussi grosse somme qu'on seroit tenté de le croire en voyant la quantité immense de de marchandises que nous en tirons. Leur vente annuelle s'élève depuis quelque-tems à cent cinquante millions. En supposant, ce qu'il faut regarder comme démontré, qu'elles n'ont coûté que la moitié de ce qu'elles ont produit, il s'ensuivroit qu'il devroit être passé dans l'Inde pour leur achat soixante-quinze millions, sans compter ce que nous aurions dû y envoyer pour les dépenses de nos établissemens. Nous ne craindrons pas d'assurer que depuis quelque-tems toutes les nations de l'Europe réunies n'y portent pas annuellement au-delà de vingt-un millions & demi. Dix millions sortent de France; six millions de Hollande; deux millions & demi du Danemarck; deux millions de Suede; un million sort de Portugal. Non-seulement les Anglois n'envoyent pas d'argent aux Indes, mais ils en reçoivent dix ou douze millions, ce qui réduit la somme exportée à environ dix millions de livres. Il faut donner de la vraisemblance à ce calcul.

Quoiqu'en général les Indes n'ayent nul besoin ni de nos denrées ni de nos manufactures, elles ne laissent pas de recevoir de nous en fer, en plomb, en cuivre, en étoffes de laine, en quelques autres articles moins considérables pour la valeur du cinquième au moins de ce qu'elles nous fournissent.

Ce moyen de payer est grossi par les ressources que les Européens trouvent dans leurs possessions d'Asie. Les plus considérables de beaucoup sont celles que les isles à épiceries fournissent aux Hollandois & le Bengale aux Anglois.

Les fortunes que les marchands libres & les agens des compagnies font aux Indes diminuent encore l'exportation de nos métaux. Ces hommes actifs versent leurs capitaux dans les caisses de leur

Tome II.   R

nation, dans les caisses des nations étrangeres pour en être payés en Europe, où ils reviennent tous un peu plutôt, un peu plus tard. Ainsi une partie du commerce se fait aux Indes avec l'argent gagné dans le pays même.

Il arrive encore des événemens qui mettent dans nos mains les tréfors de l'orient. Tel fut en 1750 la mort du Soubab du Decan Nazerzingue. Sa dépouille portée à Pondicheri se trouva, dit-on, de cinquante-six millions deux cens cinquante mille livres. Personne n'a jamais douté que partagée comme elle le fut par Dupleix, la majeure partie n'ait passé dans les mains des François qui avoient eu tant de part à la fin tragique de ce prince, & qui furent les seuls auteurs de l'élévation de son successeur. Les troupes de la même nation qui en 1752 conduisirent Salabetzingue à Aurengabat sa capitale furent noblement payées d'un si grand service. Leur chef reçut des sommes immenses. Chaque officier fut traité selon son grade, & la gratification d'un enseigne monta à quarante mille écus. On n'oublia pas un seul des soldats de cette petite armée. Les Anglois qui en 1757 donnerent l'empire du Gange à Jaffier Ali Cawn furent encore mieux traités. On leur partagea soixante-quinze millions. Il est visible que ces sommes réunies à d'autres moins considérables que les Européens ont acquises par la supériorité de leur intelligence & de leur courage, ont dû retenir parmi nous beaucoup d'argent qui sans ces révolutions auroit pris la route de l'Asie.

Cette riche partie du monde nous a même restitué une partie des tréfors que nous y avions versés. Personne n'ignore l'expédition de Koulikan dans l'Inde; mais tout le monde ne sait pas que ce terrible vainqueur arracha à la molesse, à la lâcheté des Mogols dix-huit cens millions en especes, & pour une somme à peu près égale en effets précieux. Le palais seul de l'empereur en renfermoit d'inestimables & sans nombre. La sale du trône étoit revêtue de lames d'or. Des diamans en ornoient le plafond. Douze colones d'or massif garnies de perles & de pierres précieuses formoient trois côtés du trône dont le dais sur-tout étoit digne d'attention. Il représentoit la figure d'un paon qui étendant sa queue & ses ailes couvroit le monarque de son ombre. Les diamans les rubis, les émeraudes toutes les pierres qui le formoient placées avec art, représentoient au naturel les couleurs de cet oiseau brillant. Sans doute qu'une partie de ces richesses est rentrée dans l'Inde. Les guerres cruelles qui depuis ce tems-là ont désolé la Perse auront fait enterrer bien des trésors venus de la conquête du mogol. Mais il n'est pas possible que différentes branches de commerce n'en ayent fait couler quelques parties en Europe par des canaux trop connus pour en parler ici.

Admettons, si l'on veut, qu'il n'en a rien reflué parmi nous, la cause de ceux qui condamnent le commerce des Indes parce qu'il se fait avec des métaux, n'en sera pas meilleure. Il est aisé de le prouver. L'argent ne croît pas dans nos champs : c'est une production de l'Amérique qui nous est transmise en échange de nos productions. Si l'Europe ne le versoit pas en Asie, bientôt l'Amérique seroit dans l'impossibilité de le verser en Europe. Sa surabondance dans notre continent lui feroit tellement perdre de sa valeur que les nations qui nous l'apportent ne pourroient plus en tirer de leurs colonies. Une fois que l'aune de toile qui vaut préfentement vingt fols fera montée à une piftole, les Efpagnols ne pourront plus l'acheter pour la porter dans le pays où croît l'argent. Ce métal leur coûte à exploiter. Dès que la dépenfe de cette exploitation fera décuplée, fans que l'argent ait augmenté de prix, cette exploitation plus onéreufe que profitable à fes entrepreneurs fera néceffairement abandonnée. Il ne viendra plus de métaux du nouveau monde dans l'ancien. L'Amérique ceffera d'exploiter fes meilleures mines, comme par dégrés, elle s'eft vue forcée d'abandonner les moins abondantes. Cet événement feroit même déja arrivé, fi elle n'avoit trouvé un débouché d'environ trois milliards en Afie par la route du cap de Bonne-Efpérance ou par celle des Philippines. Ainfi ce verfement de métaux dans l'Inde que tant de gens aveuglés par leurs préjugés ont regardé jufqu'ici comme fi ruineux, a été également utile, & à l'Efpagne dont il a foutenu l'unique manufacture, & aux autres peuples qui fans cela n'auroient pu continuer à vendre, ni leurs productions, ni leur induftrie. Le commerce des Indes ainfi juftifié, il convient d'examiner, s'il a été conduit dans les principes d'une politique judicieufe.

Tous les peuples de l'Europe qui ont doublé le cap de Bonne-Efpérance ont cherché à fonder des grands empires en Afie. Les Portugais qui ont montré la route de ces riches contrées, ont donné les premiers l'exemple d'une ambition fans bornes. Peu contens de s'être rendus les maîtres des ifles dont les productions étoient précieufes, d'avoir élevé des forterefles par-tout où il en falloit pour mettre dans leur dépendance la navigation de l'orient, ils voulurent donner des loix au Malabar, qui partagé en plusieurs petites souverainetés jalouses ou ennemies les unes des autres, fut forcé de subir le joug.

Les Espagnols ne montrerent pas d'abord plus de modération. Avant même d'avoir achevé la conquête des Philippines qui devoient former le centre de leur puissance, ils firent des efforts pour étendre plus loin leur domination. Si depuis ils n'ont pas assujetti le reste de cet immense archipel, s'ils n'ont pas rempli les lieux voisins de leurs fureurs, il faut chercher la cause de leur inaction dans les trésors de l'Amérique qui sans assouvir leurs desirs ont arrêté toutes leurs vues.

Les Hollandois enleverent au Portugal les meilleurs postes qu'ils avoient dans le continent, & les chasserent de toutes les isles où croissent les épiceries. Ils n'ont réussi à les conserver ainsi que les immenses possessions qu'ils y ont ajoutées qu'en établissant un gouvernement moins vicieux que celui du peuple sur les ruines duquel ils s'élevoient.

Les pas incertains & lents des François ne leur ont pas permis pendant long-tems de former de grands projets ou de les suivre. Dès qu'ils se sont trouvés en force, ils ont profité du renversement de l'autorité Mogole pour usurper l'empire du Coromandel. On leur a vu conquérir, ou se faire céder par des négociations artificieuses un terrain plus étendu qu'aucune puissance Européenne n'en avoit jamais possedé dans l'Indostan.

Les Anglois plus sages n'ont travaillé à s'agrandir qu'après avoir dépouillé les François, & lorsqu'aucune nation rivale ne pouvoit les traverser. La certitude de n'avoir que les naturels du pays à combattre, les a déterminés à porter leurs armes dans le Bengale. C'étoit la contrée de l'Inde qui devoit leur fournir le plus de marchandises propres pour les marchés d'Asie & d'Europe; celle qui devoit le plus consommer de leurs manufactures, celle enfin qu'à la faveur d'un grand fleuve leur pavillon pouvoit le plus aisément tenir dans leur dépendance. Ils ont vaincu, & ils se flattent de jouir long-tems du fruit de leurs victoires.

Leurs succès, ceux des François ont confondu toutes les nations. On comprend sans peine comment des isles abandonnées à elles-mêmes, sans aucune liaison avec leurs voisins, sans avoir ni l'art ni les moyens de se défendre, ont pu être subjuguées. Mais des victoires remportées de nos jours dans le continent par cinq ou six cens Européens sur des armées innombrables de Gentils & de Mahométans instruits la plupart dans les arts de la guerre, causent un étonnement dont on ne revient pas. La conduite militaire de ces peuples expliquera l'énigme, & ne sera pas sans quelque instruction pour nous.

D'abord les soldats composent la moindre partie de leurs camps. Chaque cavalier est suivi de sa femme, de ses enfans & de deux domestiques dont l'un doit penser le cheval & l'autre aller au fourage. Le cortege des officiers & des généraux est proportionné à leur vanité, à leur fortune & à leur grade. Le souverain lui-même plus occupé, lorsqu'il se met en campagne de l'étalage de sa magnificence que des besoins de la guerre, traîne à sa suite son sérail, ses éléphans, sa cour, la plupart des sujets de sa capitale. La nécessité de pourvoir aux besoins, aux caprices, au luxe de cette bizarre multitude forme naturellement au milieu de l'armée une espece de ville remplie de magasins & d'inutilités. Les mouvemens d'un monstre si pesant & si mal constitué sont nécessairement fort lents. Il regne une grande confusion dans ses marches, dans ses opérations. Quelques sobres que soient les Indiens & même les Mogols, les vivres doivent leur manquer souvent, & la famine entraîner après elle des maux contagieux & une affreuse mortalité.

Cependant elle n'emporte presque jamais que des recrues. Quoiqu'en général les habitans de l'Indostan affectent une grande passion pour la gloire militaire, ils font le métier de la guerre le moins qu'ils peuvent. Ceux qui ont eu assez de succès dans les combats pour obtenir le titre de fortunés & d'invincibles, sont dispensés pendant quelque-tems du service, & il est rare qu'ils ne profitent pas de ce privilege. La retraite de ces vétérans réduit les armées à n'être qu'un vil assemblage de soldats levés à la hâte dans les différentes provinces de l'empire & qui ne connoissent nulle discipline.

La maniere de vivre des troupes est digne d'une constitution si vicieuse. Elles mangent le soir une quantité prodigieuse de ris, & prennent après leur souper quelque drogue soporative qui les plonge dans un sommeil profond. Malgré cette mauvaise habitude, on ne voit point de garde au tour du camp destinée à prévenir les surprises; & rien ne peut déterminer le soldat à se lever matin pour l'exécution des entreprises qu'exigeroient le plus de célérité.

Les oiseaux de proie dont on a toujours un grand nombre reglent les opérations. Les trouve-t-on puants, engourdis, c'est un mauvais augure qui empêche de livrer bataille? Sont-ils furieux & emportés? On marche au combat quelques raisons qu'il y ait pour l'éviter ou le différer. Cette superstition, ainsi que l'observation des jours heureux ou malheureux, décident du sort des projets les mieux concertés.

L'action n'est pas mieux dirigée que ses préparatifs. La cavalerie qui fait toute la force des armées Indiennes où l'on a un mépris décidé pour l'infanterie charge assez bien à l'arme blanche, mais ne soutient jamais le feu du canon ou de la mousqueterie. Elle craint de perdre ses chevaux, la plupart Arabes, Persans, Tartares qui font toute sa fortune. Ceux qui composent ce corps également respecté & bien payé, ont tant d'attachement pour leurs chevaux que Moraro célebre général Maratte ayant eu le sien tué sous lui, en porta le deuil pendant huit jours, & ne se montra durant ce ridicule étalage d'affliction que rarement & sans turban.

Autant les Indiens redoutent l'artillerie ennemie, autant ils ont confiance en la leur, quoiqu'ils ignorent également, & la maniere de la conduire, & celle de s'en servir. Leurs pieces qui ont toutes des noms pompeux & qui sont la plupart de soixante à quatre-vingt livres de balle, sont plutôt un obstacle qu'un instrument de victoire.

Ceux qui ont l'ambition de se distinguer s'enivrent d'opium, auquel ils attribuent la vertu d'échauffer le sang & de porter l'ame aux actions héroïques. Dans cette yvresse passagere, ils ressemblent bien plus par leur habillement & par leur fureur impuissante à des femmes fanatiques qu'à des hommes déterminés.

Le prince quelqu'il soit, empereur, Nabal ou Raja qui commande ces troupes méprisables monte toujours sur un éléphant richement caparaçonné, où il eſt tout à la fois & le général & l'étendart de l'armée entiere qui a les yeux ſur lui. Prend-il la fuite? Eſt-il tué? La machine ſe détruit. Tous les corps ſe diſperſent, ou ſe rangent ſous les enſeignes de l'ennemi.

Ce tableau que nous aurions pu étendre ſans le charger, rend croyables nos ſuccès de l'Indoſtan. Les Européens ont travaillé eux-mêmes à les rendre dans la ſuite plus difficiles en aſſociant à leurs jalouſies mutuelles les naturels du pays : ils les ont formés à la diſcipline, à la tactique, aux armes. Cette faute politique a ouvert les yeux aux ſouverains de ces contrées. L'ambition d'avoir des troupes bien organiſées les a tranſportés. Leur cavalerie a mis plus d'ordre dans ſes mouvemens; & leur infanterie juſqu'alors ſi mepriſée a pris la conſiſtance de nos bataillons. Une artilrie nombreuſe & bien ſervie a défendu leur camp, a protégé leurs attaques. Les armées mieux compoſées & plus réguliérement payées ont été en état de tenir plus long-tems la campagne. Aideralikan qui occupe actuellement les forces Angloiſes au Malabar, au Coromandel a fait dans cet art meurtrier des progrès qu'on a peine à croire. Quelques Marattes même, en combattant pour & contre nous, ont appris à faire réguliérement la guerre.

Moraro, qui en 1741 eſt parvenu à ſe former à cent mille au nord-eſt d'Arcate un petit état indépendant de ſa nation, a attiré les regards ſur lui. Il n'enrôle aucun de ſes compatriotes qui ne ſoit d'une valeur à toute épreuve, & il les traite tous ſi bien qu'ils ne penſent jamais à le quitter. Des expéditions continuelles, & un partage exact du butin entrétiennent leur ardeur & les rendent infatigables. Quoique leurs officiers ſoient ſi bien choisis qu'il n'y en a pas un seul qui ne soit capable d'un poste supérieur à celui qu'il a, chacun est content de sa place, & parfaitement soumis à son général. On diroit que l'armée entiere n'est qu'une famille. Ces troupes sans rien perdre de l'activité, de la ruse, de la dextérité à manier les chevaux, qualités qui distinguent leur nation, sont parvenus à surmonter en partie la terreur qu'imprime à tous les Indiens la mousqueterie réguliere: elles tiennent même ferme contre la vivacité des pieces de campagne.

Ce changement que des intérêts momentanés avoient empêché peut-être de prévoir, pourra devenir avec le tems assez considérable pour mettre des obstacles insurmontables à la passion qu'ont les Européens de s'étendre dans l'Indostan, pour les dépouiller même des conquêtes qu'ils y ont faites. Sera-ce un bien? Sera-ce un mal? C'est ce que nous allons discuter.

Lorsque les Européens voulurent commencer à négocier dans la péninsule, ils la trouverent partagée en un grand nombre de petits états, dont les uns étoient gouvernés par des princes du pays, & les autres par des rois Patanes. Les haines qui les divisoient leur mettoient presque continuellement les armes à la main. Indépendamment de ces guerres de province à province, il y en avoit une perpétuelle entre chaque souverain & ses sujets. Elle étoit entretenue par des régisseurs ou fermiers qui pour se rendre agréables à la cour faisoient toujours outrer la mesure des impôts. Ces barbares ajoutoient à ce fardeau le poids plus accablant encore des vexations. Leurs rapines ne les rendoient que plus assurés de conserver leurs places dans un pays où celui qui donne davantage a toujours raison.

Cette anarchie, ces violences nous firent prévoir qu'on ne pourroit établir un commerce sûr & permanent sans le mettre sous la protection des armes, & nous bâtimes des comptoirs fortifiés. Peut-être quand les Mogols devenus les maîtres de tout l'Indostan y firent regner plus d'ordre, plus de tranquillité n'auroit-on pas eu besoin de ces précautions. Mais la jalousie, qui divise les nations Européennes aux Indes comme ailleurs, empêcha de sentir que ces dépenses étoient inutiles. Chacun de ces peuples étrangers fut même obligé pour n'être pas la victime de ses rivaux, d'augmenter ses forces.

Cependant notre domination ne s'étendoit pas au-delà de nos fortereſſes. Les marchandises y arrivoient des terres assez paisiblement, ou avec des difficultés qui n'étoient pas insurmontables. Après même que les conquêtes de Koulikan eurent plongé dans la confusion le nord de l'Indostan, la tranquillité continua sur la côte de Coromandel. Elle y étoit maintenue par Nizam Elmoulouk qui avoit livré l'empire au tyran de Perse, pour se rendre plus indépendant dans la Soubabie du Decan: son nom, sa politique & sa puissance y faisoient regner l'ordre, la paix & la subordination. Le commerce fleurissoit sous sa protection; & la confiance étoit si bien établie que ses propres officiers prêtoient de l'argent aux Européens, lorsque leurs vaisseaux tardoient trop à arriver dans ces parages. Cette situation assez heureuse fut, à la vérité, un peu troublée en 1740 par un corps Maratte que le Souba avoit appellé dans le pays d'Arcate pour en châtier le Nabab dont il étoit mécontent; mais la tranquillité ne tarda pas à se rétablir. La mort seule de Nizam qui termina sa carriere en 1748 âgé de cent quatre ans, alluma un incendie qui fume encore.

La difposition de cette immenfe dépouille appartenoit naturellement à la cour de Delhy. Sa foibleffe enhardit les enfans de Nizam à fe difputer les richeffes de leur pere. Pour fe fupplanter ils eurent recours tour à tour aux armes, aux trahifons, au poifon, aux affaffinats. La plupart des brigands qu'ils affocierent à leurs haines & à leurs crimes périrent au milieu de ces horreurs. Les feuls Marattes qui formoient une nation, qui époufoient tantôt un parti, tantôt un autre, & qui avoient fouvent des troupes dans tous, furent profiter de cette anarchie. Tandis que d'autres armées Marattes forties de leurs montagnes preffoient de tous côtés l'empire ébranlé, le rétreciffoient, & lui arrachoient des provinces qu'elles ajoutoient à leurs anciennes poffeffions, les corps répandus dans le Decan, marchoient à grands pas à fa fouveraineté. Les Européens ont prétendu avoir un grand intérêt à traverfer ce deffein profond mais fecret; & voici pourquoi.

Les Marattes ont-ils dit, font voleurs par les loix de leur éducation, par les principes de leur politique. Ils ne refpectent point le droit des gens; ils n'ont aucune connoiffance du droit naturel, ou du droit civil; ils portent par-tout avec eux la défolation. Le feul bruit de leur approche fait un défert de contrées les plus habitées. On ne voit que confufion dans tous les pays qu'ils ont fubjugués. La culture, les manufactures y font anéanties; & des expériences répétées ne permettent pas de douter que ce ne foit pour toujours.

Cette opinion, que nous croyons mal fondée,

fit penser aux nations Européennes prépondérantes à la côte de Coromandel, que de tels voisins y ruineroient entiérement le commerce, & qu'il ne seroit plus possible de remettre des fonds aux courtiers pour tirer des marchandises de l'intérieur des terres, sans que ces fonds fussent enlevés par ces brigands. Le desir de prévenir un malheur qui devoit ruiner leur fortune & leur faire perdre le fruit des établissemens qu'elles avoient formés, fit naître à leurs agens l'idée d'un nouveau système.

Dans la situation actuelle de l'Indostan, publierent-ils, il est impossible d'y entretenir des liaisons utiles sans la protection d'un état de guerre. La dépense, dans un si grand éloignement de la métropole, ne peut être soutenue par les seuls bénéfices du commerce, quelque considérables qu'on les suppose. C'est donc une nécessité de se procurer des possessions suffisantes pour fournir à ces frais énormes, & par conséquent des possessions qui ne soient pas médiocres.

Cet argument imaginé vraisemblablement pour masquer une grande avidité ou une ambition sans bornes, mais que la passion trop commune des conquêtes a fait trouver d'un si grand poids pourroit bien n'être qu'un sophisme. Il se présente pour le combattre une foule de raisons physiques, morales & politiques. Nous ne nous arrêterons qu'à une, & ce sera un fait. Depuis les Portugais qui les premiers ont porté dans l'Inde des vues d'agrandissement jusqu'aux Anglois qui terminent la liste fatale des usurpateurs, il n'y a pas une seule acquisition ni grande ni petite qui a l'exception des isles où croissent les épiceries & du Bengale ait pu à la longue payer les dépenses qu'a entraînées sa conquête, qu'a exigées sa conservation. Plus les possessions ont été vastes, plus elles ont été onéreuses à la puissance ambitieuse qui par quelque voie que ce peut être avoit réussi à les obtenir.

D'autres écrivains examineront peut-être si cet inconvénient est une suite nécessaire de la nature des choses, ou seulement la preuve de l'infidélité des agens chargés de ces grands intérêts. L'opinion où nous sommes que de quelque côté que vienne le mal il est sans remede, nous empêchera de nous livrer à cette discussion.

Par le même principe nous n'examinerons pas la nature des engagemens politiques que les Européens ont contractés avec les puissances de l'Inde. Si ces grandes acquisitions sont nuisibles, les traités faits pour se les procurer ne sauroient être raisonnables. Il faudra que nos marchands s'ils sont sages, renoncent en même tems, & à la fureur des conquêtes, & à l'espoir flatteur de tenir dans leurs mains la balance de l'Asie.

La cour de Delhy achevera de succomber sous le faix de ses divisions intestines, ou la fortune suscitera un prince capable de la relever. Le gouvernement restera féodal, ou redeviendra despotique. L'empire sera partagé en plusieurs états indépendans, ou n'obéira qu'à un seul maître. Ce seront les Marattes ou les Mogols qui donneront des loix. Ces révolutions ne doivent pas occuper les Européens. L'Indostan quelle que soit sa destinée fabriquera des toiles. Ils les acheteront, ils nous les vendront : voilà tout.

Inutilement on objecteroit que l'esprit qui de tout tems a regné dans ces contrées, nous a forcés de sortir des regles ordinaires du commerce, que nous sommes armés sur les côtes, que cette position nous mêle malgré nous dans les affaires de nos voisins, que chercher à nous trop isoler, c'est tout perdre. Ces craintes paroîtront un phantôme aux gens raisonnables qui savent que la guerre en ces régions éloignées ne peut qu'être encore plus funeste aux Européens qu'aux habitans; & qu'elle nous mettra dans la nécessité de tout envahir, ce qu'on ne peut se promettre, ou d'être à jamais chassés d'un pays où il est avantageux de conserver des relations.

L'amour de l'ordre donnera même plus d'extension à ces vues pacifiques. Loin de regarder les grandes possessions comme nécessaires, on ne désespérera pas de pouvoir se passer un jour de postes fortifiés. Les Indiens sont naturellement doux & humains, malgré le caractere atroce du despotisme qui les écrase. Les peuples anciens qui trafiquoient avec eux, se louerent toujours de leur candeur, de leur bonne foi. Cette partie de la terre est actuellement dans une position orageuse pour elle & pour nous. Notre ambition y a semé par-tout la discorde; & notre cupidité y a inspiré de la haine, de la crainte, du mépris pour notre continent. Conquérans, usurpateurs, oppresseurs aussi prodigues de sang qu'avides de richesses : tels nous avons paru dans l'orient. Nos exemples y ont multiplié les vices nationaux, & nous y avons appris à se défier des nôtres.

Si nous avions porté chez les Indiens des procédés établis sur la bonne foi. Si nous leur avions fait connoître que l'utilité réciproque est la base du commerce. Si nous avions encouragé leur culture & leur industrie par des échanges également avantageux pour eux & pour nous; insensiblement, on se seroit concilié l'esprit de ces peuples. L'heureuse habitude de traiter sûrement avec nous, auroit fait tomber leurs préjugés & changé peut-être leur gouvernement. Nous ferions venus au point de vivre au milieu d'eux, de former au tour de nous des nations stables & solidement policées dont les forces auroient protégé nos établissemens par une reprocité d'intérêt. Chacun de nos comptoirs fût devenu pour chaque peuple de l'Europe une nouvelle patrie où nous aurions trouvé une sûreté entiere. Notre situation dans l'Inde est une suite de nos déréglemens, des systêmes homicides que nous y avons portés. Les Indiens pensent ne nous rien devoir ; parce que toutes nos actions leur ont prouvé que nous ne nous croyons tenus à rien envers eux.

Cet état violent déplaît à la plûpart des peuples de l'Asie, & ils font des vœux ardens pour une heureuse révolution. Le désordre de nos affaires doit nous avoir mis dans les mêmes dispositions. Pour qu'il résultât un rapprochement solide de cette unité d'intérêt à la paix & à la bonne intelligence, il suffiroit peut-être que les nations Européennes qui trafiquent aux Indes convinssent entre elles pour ces mers éloignées d'une neutralité que les orages si fréquens dans leur continent ne dussent jamais altérer. Si elles pouvoient se regarder comme membres d'une même république, elles seroient dispensées d'entretenir des forces qui les rendent odieuses & qui les ruinent. En attendant un changement que l'esprit de discorde qui nous agite ne permet pas d'esperer sitôt, convient-il à l'Europe de continuer le commerce des Indes par des compagnies exclusives, ou de le rendre libre ; c'est la derniere question qui nous reste à examiner.

Si nous voulions la décider par des généralités,

tés, elle ne seroit pas difficile à résoudre. Demandez si dans un état qui admet une branche de commerce, tous les citoyens ont droit d'y prendre part, la réponse est si simple, qu'elle n'est pas par cela même susceptible de discussion. Il seroit affreux que des sujets qui partagent également le fardeau des chaînes sociales & des dépenses publiques, ne participassent pas également aux avantages du pacte qui les réunit; qu'ils eussent à gémir, & de porter le joug de leurs institutions, & d'avoir été trompés en s'y soumettant.

D'un autre côté les nations politiques se concilient parfaitement avec ces idées de justice. Tout le monde sait que c'est la liberté qui est l'ame du commerce, & qui est seule capable de le porter à son dernier terme. Tout le monde convient que c'est la concurrence qui developpe l'industrie, & qui lui donne tout le ressort dont elle est susceptible. Cependant depuis plus d'un siecle les faits n'ont cessé d'être en contradiction avec ces principes.

Tous les peuples de l'Europe qui font le commerce des Indes le font par des compagnies exclusives, & il faut convenir que des faits de cette espece sont imposans, parce qu'il est bien difficile de croire que de grandes nations chez qui les lumieres en tout genre ont fait tant de progrès, se soient constamment trompées pendant plus de cent années sur un objet si important, sans que l'expérience & la discussion ayent pu les éclairer. Il faut donc, ou que les défenseurs de la liberté ayent donné trop d'étendue à leurs principes, ou que les défenseurs du privilége exclusif ayent porté trop loin la nécessité de l'exception. Peut-être aussi en embrassant des opinions extrêmes a-t-on passé le but de part & d'autre, & s'est-on également éloigné de la vérité.

Depuis qu'on agite cette question fameuse, on a toujours cru qu'elle étoit parfaitement simple; on a toujours supposé qu'une compagnie des Indes étoit essentiellement exclusive, & que son existence tenoit à celle de son privilege. Delà les défenseurs de la liberté ont dit : les privileges exclusifs sont odieux; donc il ne faut point de compagnie. Leurs adversaires au contraire ont répondu : la nature des choses exige une compagnie; donc il faut un privilege exclusif. Mais si nous parvenons à faire voir que les raisons qui s'élevent contre les privileges ne prouvent rien contre les compagnies, & que les circonstances qui peuvent rendre une compagnie des Indes nécessaire ne font rien en faveur de son privilege. Si nous prouvons que la nature des choses exige à la vérité une association puissante, une compagnie pour le commerce des Indes, mais que le privilege exclusif tient à des causes particulieres, en sorte que cette compagnie peut exister sans être privilegiée; nous aurons trouvé la source de l'erreur commune, & la solution de la difficulté.

Qu'est-ce qui constitue la nature des choses en matiere de commerce ? Ce sont les climats, les productions, la distance des lieux, la forme du gouvernement, le génie & les mœurs des peuples qui y sont soumis. Dans le commerce des Indes, il faut aller à six mille lieues de l'Europe chercher les marchandises que fournissent ces contrées : il faut y arriver dans une saison déterminée, & attendre qu'une autre saison ramene les vents nécessaires pour le retour. Il résulte delà que les voyages consomment environ deux années & que les armateurs ne peuvent espérer de revoir leurs fonds qu'au bout de ces deux années. Premiere circonstance essentielle.

La nature d'un gouvernement sous lequel il n'y a ni sûreté ni propriété, ne permet point aux gens du pays d'avoir des marchés publics ou de former des magasins particuliers. Qu'on se représente des hommes accablés & corrompus par le despotisme, des ouvriers hors d'état de rien entreprendre par eux-mêmes, & d'un autre côté la nature plus féconde que l'autorité n'est avide fournissant à des peuples paresseux une subsistance qui suffit à leurs besoins, à leurs desirs, & l'on sera étonné qu'il y ait la moindre industrie dans l'Inde. Aussi pouvons-nous assurer qu'il ne s'y fabriqueroit presque rien, si l'on n'alloit pas exciter les tisserands l'argent à la main, & si l'on n'avoit pas la précaution de commander un an d'avance les marchandises dont on a besoin. On paye un tiers du prix au moment où on les commande ; un second tiers lorsque l'ouvrage est à moitié fait, & le dernier tiers enfin à l'instant de la livraison. Il résulte de cet arrangement une différence fort considérable sur le prix & sur la qualité ; mais il résulte aussi la nécessité d'avoir ses fonds dehors une année de plus ; c'est-à-dire trois années au lieu de deux : nécessité effrayante pour des particuliers, sur-tout en considérant la grandeur des fonds qu'exigent ces entreprises.

En effet les frais de navigation & les risques étant immenses, il faut nécessairement pour les courir rapporter des cargaisons complettes, c'est-à-dire des cargaisons d'un million ou quinze cens mille livres prix d'achat dans l'Inde. Or quels sont les négocians ou les capitalistes même en état de faire des avances de cette nature pour n'en recevoir le remboursement qu'au bout de trois années ? Il y en a sans doute très-peu en Europe ; & parmi ceux qui en auroient la puissance, il n'y en a presque aucun qui en eût la volonté. Consultez le cœur humain. Ce sont les gens qui ont des fortunes médiocres qui courent volontiers de grands risques pour faire de grands profits. Mais lorsqu'une fois la fortune d'un homme est parvenue à un certain dégré, il veut jouir & jouir avec sûreté. Ce n'est pas que les richesses éteignent la soif des richesses : au contraire elles l'allument souvent ; mais elles fournissent en même tems mille moyens de la satisfaire sans peine & sans danger. Ainsi d'abord sous ce point de vue commence à naître la nécessité de former des associations où un grand nombre de gens n'hésiteront point de s'intéresser, parce que chacun d'eux en particulier ne risquera qu'une petite partie de sa fortune, & mesurera l'espérance des profits sur la réunion des moyens que peut employer la société entiere. Cette nécessité deviendra plus sensible encore si l'on considère de près la maniere dont se font les achats dans l'Inde, & les précautions du détail qu'exige cette opération.

Pour contracter une cargaison d'avance, il faut plus de cinquante agens différens répandus à trois cens, à quatre cens, à cinq cens lieues les uns des autres. Il faut quand l'ouvrage est fini, le vérifier, l'aulner, sans quoi les marchandises seroient bientôt défectueuses par la mauvaise foi des ouvriers également corrompus par leur gouvernement, & par l'influence des crimes en tout genre, dont l'Europe depuis trois siecles, leur a donné l'exemple.

Après tous ces détails, il faut encore d'autres opérations qui ne sont pas moins nécessaires. Il faut des blanchisseurs, des batteurs de toile, des emballeurs, des blanchisseries même qui renferment des étangs dont les eaux sont choisies. Il seroit bien difficile sans doute à des particuliers de saisir & d'embrasser cet ensemble de précautions ; mais en supposant que leur industrie leur en fournit la possibilité, ce ne pourroit jamais être qu'autant que chacun d'eux feroit un commerce suivi, & des expéditions toujours successives. Car tous les moyens que nous venons d'indiquer ne se créent pas d'un jour à l'autre, & ne peuvent se maintenir que par des relations continuelles. Il faudroit donc que chaque particulier fût en état pendant trois années de suite d'expédier successivement un vaisseau chaque année, c'est-à-dire de débourser quatre millions de livres. On sent bien que cela est impossible, & qu'il n'y a qu'une société qui puisse former une pareille entreprise.

Mais il s'établira peut-être dans l'Inde des maisons de commerce qui feront toutes ces opérations de détail, & qui tiendront des cargaisons toutes prêtes pour les vaisseaux qu'on expédiera d'Europe.

Cet établissement de maisons de commerce à six mille lieues de la métropole avec des fonds immenses pour faire les avances nécessaires aux tisserands, nous paroît une chimere démentie par la raison & par l'expérience. Peut-on croire de bonne foi que des négocians qui ont une fortune faite en Europe, iront la porter en Asie pour y former des magasins de mousselines dans l'espérance de voir arriver des vaisseaux qui n'arriveront peut-être pas, ou qui n'arriveront qu'en très-petit nombre & avec des fonds insuffisans ? Ne voit-on pas au contraire que l'esprit de retour s'empare de tous les Européens qui ont fait une petite fortune dans ces climats, & qu'au lieu de chercher à l'accroître par les moyens faciles que leur offrent le commerce particulier de l'Inde & le service des compagnies, ils se pressent d'en venir jouir tranquillement dans leur patrie.

Vous faut-il de nouvelles preuves & de nouveaux exemples ? Voyez ce qui se passe en Amérique.

Si l'on pouvoit supposer que le commerce & l'espoir des profits qu'il donne fussent capables d'attirer les Européens riches hors de chez eux, ce seroit sans doute pour aller se fixer dans cette partie du monde bien moins éloignée que l'Asie, & gouvernée par les loix, par les mœurs de l'Europe. Il semble qu'il seroit tout simple de voir des négocians acheter d'avance le sucre des colons pour le livrer aux vaisseaux d'Europe à l'instant de leur arrivée, en recevant d'eux en échange des denrées qu'ils revendroient à ces mêmes colons, lorsqu'ils en auroient besoin. C'est cependant tout le contraire qui arrive. Les négocians établis en Amérique ne sont que de simples commissionnaires, des facteurs qui facilitent aux colons & aux Européens l'échange réciproque de leurs denrées, mais qui sont si peu dans le cas de faire activement le commerce par eux-mêmes, que lorsqu'un vaisseau n'a pas pu trouver le débit de sa cargaison, elle reste en dépôt pour le compte de l'armateur chez le commissionnaire auquel elle avoit été adressée. D'après cela on doit conclure que ce qui ne se fait pas en Amérique, se feroit encore moins en Asie, où il faudroit de plus grands moyens, & où il y auroit de plus grandes difficultés à vaincre. Nous ajouterons que l'établissement supposé de maisons de commerce dans l'Inde ne détruiroit point la nécessité de former en Europe des sociétés, parce qu'il n'en faudroit pas moins débourser pour chaque armement douze ou quinze cens mille livres de fonds qui ne pourroient jamais rentrer que la troisieme année au plutôt.

Cette nécessité une fois prouvée dans tous les cas, il en résulte que le commerce de l'Inde est dans un ordre particulier, puisqu'il n'y a point ou presque point de négocians qui puissent l'entreprendre & le suivre par eux-mêmes avec leur propre fonds, & sans le secours d'un grand nombre d'associés. Il nous reste à prouver que ces sociétés démontrées nécessaires seroient portées par leur intérêt propre & par la nature des choses à se réunir en une seule & même compagnie.

Deux raisons principales viennent à l'appui de cette proposition : le danger de la concurrence dans les achats & dans les ventes, & la nécessité des assortimens.

La concurrence des vendeurs & des acheteurs réduit les marchandises à leur juste valeur. Lorsque la concurrence des vendeurs est plus grande que celle des acheteurs, le prix des marchandises tombe au dessous de leur valeur, comme il est plus considérable lorsque le nombre des acheteurs surpasse celui des vendeurs. Appliquons ces notions au commerce de l'Inde.

Lorsque vous supposez que ce commerce s'étendra en proportion du nombre d'armemens particuliers qu'on y destinera, vous ne voyez pas que cette multiplicité n'augmentera que la concurrence des acheteurs, tandis qu'il n'est pas en votre pouvoir d'augmenter celle des vendeurs. C'est comme si vous conseilliez à des négocians d'aller en troupe mettre l'enchere à des effets pour les avoir à meilleur marché.

Les Indiens ne font presque aucune consommation des productions de notre sol, & de notre industrie. Ils ont peu de besoins, peu d'ambition, peu d'activité. Ils se passeroient facilement de l'or & de l'argent de l'Amérique qui loin de leur procurer des jouissances n'est qu'un aliment de plus à la tyrannie sous laquelle ils gémissent. Ainsi comme la valeur de tous les objets d'échange n'a d'autre mesure que le besoin & la fantaisie des échangeurs, il est évident que dans l'Inde nos marchandises valent très-peu, tandis que celles que nous y achetons valent beaucoup. Tant que je ne verrai pas des vaisseaux Indiens venir chercher dans nos ports nos étoffes & nos métaux, je dirai que ce peuple n'a pas besoin de nous, & qu'il nous fera nécessairement la loi dans tous les marchés que nous ferons avec lui. Delà il suit que plus il y aura de marchands Européens occupés de ce commerce, plus la valeur des productions de l'Inde augmentera, plus celle des nôtres diminuera, & qu'enfin ce ne sera qu'avec des exportations immenses que nous nous procurerons les objets de commerce qui nous viennent de l'Asie. Mais si par une suite de cet ordre de choses, chacune des sociétés particulieres est obligée d'exporter plus d'argent, sans rapporter plus de marchandises, il en résultera pour elles une perte certaine ; & la concurrence qui aura entamé leur ruine en Asie les poursuivra encore en Europe pour la consommer, parce que le nombre des vendeurs étant alors plus considérable, tandis que celui des acheteurs est toujours le même, les sociétés seront obligées de vendre à meilleur marché, après avoir été forcées d'acheter plus cher.

L'article des assortimens n'est pas moins important. On entend par assortiment la combinaison de toutes les especes de marchandises que fournissent les différentes parties de l'Inde, combinaison proportionnée à l'abondance ou à la disette connue de chaque espece de marchandise en Europe. C'est delà principalement que dépendent tous les succès & tous les profits du commerce. Mais rien ne seroit plus difficile dans l'exécution pour des sociétés particulieres. En effet comment voudroit-on que ces petites sociétés isolées, sans communication, sans liaison entr'elles, intéressées au contraire à se derober la connoissance de leurs opérations, remplissent cet objet essentiel ? Comment voudroit-on qu'elles dirigeassent cette multitude d'agens & de moyens dont on vient de montrer la nécessité ? Il est clair que les subrécargues ou les commissionnaires incapables de vues générales demanderoient tous en même tems la même espece de marchandises, parce qu'ils croiroient qu'il y auroit plus à gagner. Ils en feroient par conséquent monter le prix dans l'Inde, ils le feroient baisser en Europe & assureroient tout à la fois un dommage inévitable à leurs commettans & à l'état.

Toutes ces considérations n'échapperoient certainement point aux armateurs & aux capitalistes qu'on solliciteroit d'entrer dans ces sociétés. La crainte de se trouver en concurrence avec d'autres sociétés, soit dans les achats, soit dans les ventes, soit dans la composition des assortimens ralentiroit leur activité. Bientôt le nombre des sociétés diminueroit, & le commerce au lieu de s'étendre, se renfermeroit tous les jours dans un cercle plus étroit, & finiroit peut-être par s'anéantir.

Ces sociétés particulieres seroient donc intéressées, comme nous l'avons dit, à se réunir, parce qu'alors tous leurs agens, soit à la côte de Coromandel, soit à la côte de Malabar, soit dans le Bengale, liés & dirigés par un systême suivi, travailleroient de concert dans les différens comptoirs à assortir les cargaisons qui devroient être expédiées du comptoir principal, tandis que par des rapports & une relation intimes toutes ces cargaisons formées sur un plan uniforme concourreroient à produire un assortiment complet mesuré sur les ordres & les instructions qui auroient été envoyés d'Europe.

Mais on espéreroit vainement qu'une pareille réunion pût s'opérer sans le concours du gouvernement. Il y a des cas où les hommes ont besoin d'être excités, & c'est principalement comme dans celui-ci, lorsqu'ils ont à craindre qu'on ne leur refuse une protection qui leur est nécessaire, ou qu'on n'accorde à d'autres des faveurs qui pourroient leur nuire. Le gouvernement de son côté ne seroit pas moins intéressé à favoriser cette association, puisqu'il est constant que c'est le moyen le plus sûr & peut-être l'unique de se procurer au meilleur marché possible les marchandises de l'Inde nécessaire à la consommation intérieure de l'état & à l'exportation qui s'en fait au dehors. Cette vérité deviendra plus sensible par un exemple infiniment simple.

Supposons un négociant expédiant un vaisseau

aux Indes avec des fonds confidérables. Ira-t-il charger plufieurs commiffionnaires dans le même lieu d'acheter les marchandifes dont il a befoin ? Non fans doute, parce qu'il fentira qu'en exécutant fort fecrétement fes ordres chacun de leur côté, ils fe nuiroient les uns aux autres, & feroient monter néceffairement le prix des marchandifes demandées ; en forte qu'il en auroit une moindre quantité avec la même fomme d'argent que s'il n'eut employé qu'un feul commiffionnaire. L'application n'eft pas difficile à faire : c'eft l'état qui eft le négociant, & c'eft la compagnie qui eft le commiffionnaire.

Nous avons prouvé jufqu'à préfent que dans le commerce des Indes, la nature des chofes exigeoit que les citoyens d'un état fuffent réunis en corps de compagnie, & pour leur intérêt propre & pour celui de l'état même ; mais nous n'avons encore rien trouvé d'où l'on put induire que cette compagnie dut être exclufive. Nous croyons appercevoir au contraire que l'exclufif dont les compagnies Européenes ont toujours été armées tient à des caufes particulieres qui ne font point de l'effence de ce commerce.

Lorfque les différentes nations de l'Europe imaginerent fucceffivement qu'il étoit de leur intérêt de prendre part au commerce des Indes que les particuliers ne faifoient pas, quoiqu'il leur fut ouvert depuis long-tems, il fallut bien former des compagnies, & leur donner des encouragemens proportionnés à la difficulté de l'entreprife. On leur avança des fonds. On les décora de tous les attributs de la puiffance fouveraine. On leur permis d'envoyer des ambaffadeurs. On leur donna le droit de faire la paix

& la guerre; & malheureufement pour elles & pour l'humanité, elle n'ont que trop ufé de ce droit funefte. On fentit en même-tems qu'il étoit néceffaire de leur affurer les moyens de s'indemnifer des dépenfes d'établiffemens qui devoient être très-confidérables. Delà les privileges exclufifs dont la durée fut d'abord fixée à un certain nombre d'années, & qui fe font enfuite perpétués par des circonftances que nous allons développer.

Les prérogatives brillantes que l'on avoit accordées aux compagnies étoient à le bien prendre autant de charges impofées au commerce. Le droit d'avoir des fortereffes emportoit la néceffité de les conftruire & de les défendre. Le droit d'avoir des troupes emportoit l'obligation de les recruter & de les foudoyer. Il en étoit de même de la permiffion d'envoyer des ambaffadeurs & de faire des traités avec les princes du pays. Tout cela entraînoit après foi des dépenfes de pure repréfentation bien propres à arrêter les progrès du commerce, & à faire tourner la tête aux gens que les compagnies envoyoient aux Indes pour y être leurs facteurs, & qui en arrivant fe croyoient des fouverains & agiffoient en conféquence.

Cependant les gouvernemens trouvoient fort commode d'avoir en Afie des efpeces de colonies qui en apparence ne leur coûtoient rien; & comme en laiffant toutes les dépenfes à la charge des compagnies, il étoit jufte de leur affurer tous les profits, les privileges ont été maintenus. Mais fi au lieu de s'arrêter à cette prétendue œconomie du moment, ont eut porté fes regards vers l'avenir & qu'on eut lié tous les événemens que la révolution d'un certain nombre d'années amene naturellement dans son cours, on auroit vu que les dépenses de souveraineté dont il est impossible de déterminer la mesure, parce qu'elles sont subordonnées à une infinité de circonstances politiques, absorberoient plutôt ou plus tard, & les bénéfices & les capitaux du commerce : qu'il faudroit alors que le trésor public s'épuisât pour venir au secours de la compagnie privilégiée, & que ces faveurs tardives qui n'apporteroient de remede qu'au mal déja fait, sans en détruire la cause, laisseroient à perpétuité les compagnies de commerce dans la médiocrité & dans la langueur.

Mais pourquoi les gouvernemens ne reviendroient-ils pas enfin de cette erreur ? Pourquoi ne reprendroient-ils pas une charge qui leur appartient, & dont le poids après avoir accablé les compagnies finit toujours par retomber tout entier sur eux ? Alors la nécessité de l'exclusif s'évanouiroit. Les compagnies existantes que des relations anciennes & un crédit établi rendent précieuses seroient soigneusement conservées. L'apparence du monopole s'éloigneroit d'elles à jamais ; & la liberté leur offriroit peut-être des objets nouveaux que les charges attachées au privilege ne leur auroient pas permis d'embrasser. D'un autre côté le champ du commerce ouvert à tous les citoyens se fertiliseroit sous leurs mains. On les verroit tenter de nouvelles découvertes, former des entreprises nouvelles. Le commerce d'Inde en Inde sûr de trouver un débouché en Europe, s'étendroit encore & prendroit plus d'activité. Les compagnies attentives à toutes ces opérations, mesureroient leurs envois & leurs retours sur les progrès du commerce particulier ;

& cette concurrence dont personne ne seroit la victime tourneroit au profit des différens états.

Ce système nous semble propre à concilier tous les intérêts, tous les principes. Il ne nous paroît susceptible d'aucune objection raisonnable, soit de la part des défenseurs du privilege exclusif, soit de la part des défenseurs de la liberté.

Les premiers diroient-ils que les compagnies sans privilege exclusif n'auroient qu'une existance précaire, & seroient bientôt ruinées par les particuliers.

Vous étiez donc de mauvaise foi, leur répondrois-je, lorsque vous souteniez que le commerce particulier ne pouvoit pas réussir. Car s'il parvient à ruiner celui des compagnies, comme vous le prétendez aujourd'hui, ce ne peut-être qu'en s'emparant malgré elles par la supériorité de leurs moyens & par l'ascendant de la liberté de toutes les branches dont elles sont en possession. D'ailleurs qu'est-ce qui constitue réellement vos compagnies: ce sont leurs fonds, leurs vaisseaux, leurs comptoirs, & non pas leur privilege exclusif. Qu'est-ce qui les a toujours ruinées, ce sont les dépenses excessives, les abus de tout genre, les entreprises folles, en un mot la mauvaise administration bien plus destructive que la concurrence. Mais si la distribution de leurs moyens & de leurs forces est faite avec sagesse & œconomie; si l'esprit de propriété dirige leurs opérations sous le guide de la liberté, je ne vois point d'obstacle qu'elle ne puisse vaincre, point de succès qu'elle ne puisse espérer.

Ces succès feroient-ils ombrage aux défenseurs de la liberté? Diroient-ils à leur tour que ces compagnies riches & puissantes épouventeroient les particuliers & détruiroient en partie cette liberté générale & absolue si nécessaire au commerce.

Cette objection ne nous surprendroit pas de leur part. Car ce sont presque toujours des mots qui conduisent les hommes & qui dirigent leurs démarches & leurs opinions. Je n'en excepte pas le plus grand nombre des écrivains œconomiques. Liberté de commerce, liberté civile. Nous adorons avec eux ces deux divinités tutélaires du genre humain. Mais sans nous laisser séduire par des mots, nous nous attachons à l'idée qu'ils représentent. Que demandez-vous, dirois-je à ces respectables enthousiastes de la liberté, que les loix abolissent jusqu'au nom de ces anciennes compagnies, afin que chaque citoyen puisse se livrer sans crainte à ce commerce, & qu'ils ayent tous également les mêmes moyens de se procurer des jouissances, les mêmes ressources pour parvenir à la fortune. Mais si de pareilles loix avec tout cet appareil de liberté ne sont dans le fait que des loix très-exclusives, leur langage trompeur vous les fera-t-il adopter ? Lorsque l'état permet à tous ses membres de faire des entreprises qui demandent de grandes avances & dont par conséquent les moyens sont entre les mains d'un très-petit nombre de citoyens, je demande ce que la multitude gagne à cet arrangement ? Il semble qu'on veuille se jouer de sa crédulité en lui permettant de faire des choses qu'il lui est impossible de faire. Anéantissez les compagnies en totalité, le commerce de l'Inde ne se fera point, ou ne se fera que par un petit nombre de négocians accrédités.

Je vais plus loin, & en faisant abstraction des priviléges exclusifs, je poserai en fait que les compagnies des Indes par la maniere dont elles sont constituées ont associé à leur commerce une infinité de gens, qui sans cela n'y auroient jamais eu de part. Voyez le nombre des actionnaires de tout état, de tout âge qui participent aux bénéfices de ce commerce, & vous conviendrez qu'il eût été bien plus resserré dans la supposition contraire, que l'existence des compagnies n'a fait que l'étendre en paroissant le borner, & que la modicité du prix des actions doit rendre très-précieuse au peuple la conservation d'un établissement qui lui ouvre une carriere que la liberté lui auroit fermée.

Dans la vérité nous croyons que les compagnies & les particuliers réussiroient également, sans que les succès des uns puissent nuire au succès des autres, ou leur donner de la jalousie. Les compagnies continueroient à exploiter des objets qui exigeant par leur nature & leur étendue de grands moyens & de l'unité, ne peuvent être embrassés que par une association puissante. Les particuliers au contraire s'adonneroient à des objets qui sont à peine apperçus par une grande compagnie, & qui avec le secours de l'œconomie & par la réunion d'un grand nombre de petits moyens deviendroient pour eux une source de richesses.

Il faut avouer néanmoins que ce système, quoique fondé en raison & en principes, ne conviendroit peut-être pas également à toutes les nations Européennes. Peut-être est-il de l'intérêt des Hollandois qui sont en possession de vendre exclusivement les épiceries à tous les peuples de la terre, de ne confier ce précieux dépôt qu'à une compagnie exclusive ? Peut-être la compagnie

compagnie Angloise propriétaire dans l'Inde d'un grand territoire & d'un revenu immense, dont une partie vient enrichir annuellement le tréfor public, a-t-elle des droits pour demander la conservation de son privilege, & peut-être le gouvernement Anglois est-il intéressé de son côté à maintenir une compagnie privilégiée qui a procuré à la nation tant de richesses & de puissance?

Nous sommes loin d'oser prononcer sur des questions de cette importance, & nous nous contentons de former des doutes. Mais ce que nous croyons pouvoir dire avec assurance, c'est que la France qui n'a ni épiceries, ni revenu territorial, est précisément dans la situation la plus propre à adopter les vues que nous venons de développer. Il est démontré que les profits du commerce ne suffisent plus pour mettre les comptoirs de l'Inde Françoise en état de soutenir le poids des dépenses de souveraineté. D'ailleurs l'obligation où elle est, par une suite essentielle de son privilege, d'approvisionner les isles de France & de Bourbon l'exposeroit à une ruine certaine; parce qu'elle ne reçoit en payement des denrées qu'elle importe dans ces colonies que des lettres de change sur le trésorier de la marine, c'est-à-dire une créance sur le roi dont le payement est toujours éloigné & souvent incertain, tandis que la nécessité de faire des envois considérables se renouvelle & se perpétue.

Mais si ces considérations portent les actionnaires à vouloir que le gouvernement les décharge des dépenses de souveraineté, & de l'approvisionnement des deux isles, il n'y aura plus alors de prétexte pour la conservation du privilege. Il sera néanmoins très-important, comme nous l'avons déja fait voir, de maintenir une compagnie qui possede encore de grands capitaux, & qui sera excitée par l'espoir des profits à continuer le commerce, quand elle sera la maîtresse d'en mesurer l'étendue sur son seul intérêt, & qu'elle n'aura plus d'autres dépenses à faire que celles qui y sont essentiellement attachées.

Il paroît que le gouvernement a considéré ce grand objet sous un point de vue tout différent. Il a suspendu le privilege exclusif de la compagnie, parce qu'il a reconnu qu'elle étoit dans l'impuissance d'approvisionner les isles de France & de Bourbon, & d'acquitter les autres charges de son privilege. Dans une pareille extrêmité, il auroit fallu du moins veiller à la conservation du commerce de l'Inde, & encourager les actionnaires à en continuer l'exploitation; mais par une suite de l'erreur commune, on a cru que la suspension du privilege de la compagnie entraînoit la suspension de son commerce. On s'est imaginé que la liberté suppléeroit à tout. Des écrivains ont publié que tous les négocians du royaume la demandoient avec vivacité; qu'il n'y avoit qu'à ouvrir les mers de l'Asie; que bientôt on les verroit couvertes de vaisseaux François, & que l'intérêt personnel inspireroit aux particuliers des moyens & des ressources inconnus aux compagnies.

On sait maintenant à quoi se réduisent dans le fait toutes ces spéculations vagues sur la puissance de l'industrie humaine, & sur les effets de la liberté. Deux vaisseaux s'expédient pour Chine, mais que de sacrifices & d'efforts n'a-t-il pas fallu que fît le gouvernement pour exciter les armateurs. Il a fallu leur prêter tout armés & tout gréés deux vaisseaux dont on ne payera point de frêt, & à la charge seulement de les rendre à leur retour dans l'état où ils se trouveront : faveur qu'ils ont eux-mêmes évaluée à près de huit cens mille livres pour les deux armemens. Bien plus, il a fallu leur promettre encore de n'accorder ces mêmes avantages à aucun autre négociant, & leur assurer ainsi le plus fort de tous les privileges. D'un autre côté les deux armateurs ont senti la nécessité de se réunir pour éviter leur concurrence réciproque, & pour ne faire qu'une seule & même opération. Ils sont venus ensuite chercher des intéressés dans la capitale du royaume, & ils ont eu assez de peine à en trouver. Cette branche de commerce est pourtant, suivant les défenseurs de la liberté, & même de l'aveu de leurs adversaires celle qui présente tout à la fois le moins d'obstacles & le plus d'attrait aux particuliers.

Quant au commerce de l'Inde, personne ne s'est présenté. On a vainement offert à des négocians, à des capitalistes, à des gens de toute espece des encouragemens égaux & même supérieurs à ceux qu'on avoit donné pour Chine : toutes ces démarches ont été infructueuses. Ainsi le commerce de la nation Françoise dans cette partie du monde va être totalement interrompu.

Encore s'il ne dépendoit que du gouvernement de fixer un terme à cette interruption, le mal seroit moins grand. Mais il ne faut pas croire qu'il soit le maître de reprendre à son gré cette branche de commerce, après l'avoir laissé échapper. Les marchands Indiens & les tisserands que l'appas d'un gain suivi, des liaisons anciennes avec la compagnie, & sur-tout l'opinion de sa stabilité avoient ramené dans ses comptoirs, la voyant tout-à-coup s'anéantir en pleine paix, sans aucune calamité, sans aucun échec, sans aucune cause apparente, iront porter leur crédit & leur industrie chez des nations moins changeantes, & où ils n'auront point les mêmes révolutions à craindre.

Que l'on considére d'ailleurs combien d'autres causes qui concouroient puissamment au succès du commerce de l'Inde vont être détruites par cette fatale interruption. Dans les différentes provinces du royaume, des manufactures de toute espece étoient accoutumées à fabriquer les marchandises d'exportation dans des qualités qui pussent convenir à ces climats. D'autres établies aux environs de l'Orient fournissoient le port de fers, de toiles à voile, & autres objets nécessaires aux travaux qui s'y faisoient perpétuellement. Dans le port même, des constructeurs, des charpentiers, & des ouvriers de toute espece garnissoient les différens atteliers destinés à servir la navigation & le commerce. La compagnie entretenoit un corps toujours subsistant d'officiers de marine, dont les membres attachés dès leur enfance à son service ne parvenoient au commandement qu'après une expérience de trente années. Elle avoit enfin dans les places de commerce les plus considérables du royaume & de l'Europe des correspondans sûrs qui par une suite de la confiance établie, l'avoient souvent aidée de leur crédit & de leur fortune, & l'auroient fait encore malgré la difficulté des tems, parce qu'ils ne s'en étoient jamais repentis.

Aujourd'hui tout est changé; & quand on

voudra reprendre le commerce dans quelques années, les ouvriers, les marins, les correspondans, faute d'emploi se feront dégoûtés, dispersés, anéantis. La confiance sera perdue en Europe & en Asie; & qui sait combien de tems, de soins & de dépenses il faudra pour la faire renaître.

Mais, dira-t-on, pourquoi les actionnaires, si le commerce dégagé des dépenses de souveraineté est si avantageux & si facile, n'ont-ils pas pensé d'eux-mêmes à le continuer comme particuliers? parce qu'on leur en a ôté les moyens en publiant leur impuissance; parce que sans le leur interdire expressément comme on en avoit eu d'abord l'intention, on a au moins cherché à les en détourner, en leur proposant sans cesse pour toute issue l'établissement d'une caisse d'escompte; parce qu'enfin au lieu de les encourager par l'assurance d'une protection constante de la part du gouvernement, cette protection a paru sensiblement s'éloigner d'eux. Il étoit impossible, on en convient, de ne pas faire de grands changemens; mais les révolutions subites ne sont guere propres qu'à jetter dans la confusion les objets sur lesquels elles s'exercent; & il auroit fallu dans tous les cas, même en adoptant le plan que nous venons de proposer, lier le nouveau système à l'ancien, & trouver les moyens d'amener les choses à leur terme par des dégrés insensibles.

On doit présumer que le ministere de France se laissant guider par des inspirations plus sûres & plus patriotiques que celles qu'il a reçues, arrêtera le mal dans sa source. Il conservera à l'état une branche de commerce dont la perte influeroit sur l'industrie, sur la navigation, sur l'agriculture même du royaume, & par une suite nécessaire diminueroit la somme du travail national qui est la mesure de la population, & par conséquent de la vraie puissance.

Telles sont les dernieres réflexions que nous dicteront les relations de l'Europe avec l'Asie. Il est tems de s'occuper de l'Amérique.

Fin du cinquième Livre.

ERRATA
DU SECOND VOLUME.

Page 2, ligne 12, de Nantes, lisez de Nautes.
Page 6, ligne 29, bâtis, lisez bâti.
6, 31, retombent, lisez retombant.
8, 3, de Zanquebar, lisez de Zanguebar.
8, 16, avant ces mots *quelques petits districts*, placez un point.
15, 23, trouvé, lisez trouvée.
17, 24, de toutes, lisez de tous.
18, 26, paroissoient, lisez paroissent.
19, 2, de netrenteur, lisez d'enchanteur.
20, 8, ces caracteres, lisez ses caracteres.
20, 21, que son étincelle, lisez qui sans étincelle.
20, 32, enrichies, lisez enrichis.
21, 6, de se former, lisez de se déformer.
21, 6, un étuis, lisez des étuis.
21, 26, parue, lisez paru.
22, 1, Cachemiviennes, lisez Cachemiriennes.
22, 31, infecté, lisez infesté.
22, 33, ses caravannes mêmes, lisez ses caravannes même.
23, 8, ils se la donnoient, lisez il se la donnoit.
24, 1, Cafetan, lisez Caftan.
24, 5, d'Amadab, lisez d'Amadabad.
24, 32, les Chaules, lisez les Chaales.
26, 13, de Bataira, lisez de Batavia.
26, 32, accrédités, lisez accréditées.
27, 16, pour, lisez périr.
29, 32, des montagnes, lisez de montagnes.
29, 34, de Thibet, lisez du Thibet.
30, 27, inutile, lisez inutiles.
32, 16, se dérobe, lisez se dérobent.
32, 29, des colonies, lisez de colonies.
32, 34, dans les rades, lisez dans ses rades.
33, 6, sans art, lisez sans arts.
33, 9, le peu d'ornement, lisez le peu d'ornemens.
34, 16, après *entre deux golphes*, ajoutez où il occupe.
34, 17, auroient, lisez auroit.
36, 26, à s'éclaircir, lisez à s'éclairer.
40, 4, On a creusé, lisez On en a creusé.
42, 5, Il y a, lisez Il a.
42, 13, on brûle, lisez où brûle.
42, 26, Monsieur de Babec, lisez Monsieur de Rabec.
43, 15, recouvrir, lisez recouvrer.
44, 31, que les succès, lisez que ses succès.
51, 7, après ce mot *ses espérances*, mettez un point.
55, 8, les Nabards, lisez les Nababs.
57, 34, sur une espace, lisez sur un espace.
61, 1, des arsenaux, lisez de ses arsenaux.
67, 1, Saramande, lisez Samarcande.
67, 5, mérédionales, lisez méridionales.
67, 10, Babar VI, lisez Babar sixieme descendant.
67, 14, Calibustan, lisez Cabulistan.

ERRATA.

Page		
68	ligne 28,	vengez-nous, lisez venge-nous.
69	5,	à l'Indostan. Il faut mettre un point d'interrogation après, & le retrancher après usurpateurs.
70	19,	le pays, lisez les pays.
75	25,	qu'il inonda, lisez qui l'inonda.
78	15,	du Nabab, lisez d'un Nabab.
81	30,	ne se trouve, lisez ne se trouva.
88	13,	Montasanagar, lisez Montafanagar.
88	18,	Jaquernat, lisez Jaguernat.
88	26,	de l'Indostan, lisez du reste de l'Indostan.
90	31,	mont Imans, lisez mont Imaus.
92	25,	Ces brigands, effacez le point qui est avant, & mettez-y une virgule.
93	2,	le camp, lisez leur camp.
95	8,	elles firent, placez un point avant ces mots.
95	14,	sa sanction, lisez la sanction.
96	32,	l'oppression du, lisez l'oppression de.
97	35,	Karillal, lisez Karikal.
100	9,	qui fit l'époque, lisez qui fut l'époque.
101	8,	toutes ces entreprises, lisez toutes les entreprises, & placez un point avant.
101	10,	des employs, lisez des employés.
103	2,	exclusif, lisez exclusive.
108	28,	l'aigreur étoit comme, lisez l'aigreur étoit l'ame.
109	2,	on l'a reformé, lisez on la réforme.
111	30,	propriété publique, lisez prospérité publique.
114	20,	le fond nécessaire, substituez une virgule au point qui est avant.
115	15,	quelques, lisez quels que.
125	27,	ils infectent, lisez ils infestent.
126	33,	un bénéfice de quatre, lisez un bénéfice de quarante.
129	14,	les précautions, lisez ces précautions.
130	22,	qui sont, lisez qui font.
131	14,	de belles toiles, lisez des belles toiles.
131	26,	ne peut pas se soutenir, lisez ne peut pas soutenir.
133	3,	Kayenpatnam, lisez Rayenptanam.
133	9,	Choulios, lisez Choulias.
133	33,	elles étoient fermées, lisez elles étoient formées.
134	4,	comme on le prouva, lisez comme on l'éprouva.
134	10,	qu'on avoit laissé, lisez qu'on avoit laissée.
134	26,	les reste, lisez le reste.
135	19,	d'Archionac, lisez d'Archionac.
138	8,	si peu à gagné, lisez si peu à gagner.
140	26,	quoiqu'il y en eut, lisez quoiqu'il y eut.
142	10,	un relâche, une relâche.
142	14,	quelques puissent, lisez quelles que puissent.
142	18,	qui fonderont, lisez qui fondront.
144	7,	habitoient ces isles, lisez habitoient les isles.
157	32,	les glaces du sud, lisez les glaces du Sund.
160	26,	Sadraspalan, lisez Sadraspatan.
163	8,	d'un politique, lisez d'une politique.
164	30,	ferma les ports, lisez ferma ses ports.
166	5,	d'agrémens, lisez d'agrement.
166	26,	par la diète, lisez par la diete.
169	24,	dont les trois, lisez dont trois.
173	31,	la derniere diète, lisez la derniere diete.
177	33,	ce crédit public, lisez le crédit public.
179	5,	ses bornes naturels, lisez ses bornes naturelles.
179	27,	les fonctions, lisez les factions.

ERRATA.

Page 179, ligne 28, de voir ce mal, lisez de voir le mal.
179, 31, peut-être de confier, lisez peut-être est de confier.
183, 10, assure sa tranquillité, lisez assurent sa tranquillité.
184, 19, qui confondent, lisez qui confondant.
187, 32, ce monarque, lisez le monarque.
193, 3, de plus riches, lisez des plus riches.
193, 7, qui les désolent, qui le désolent.
201, 36, à trois cens lieux, lisez à trois cens lieues.
212, 22, Hoaunapon, lisez Hoaungpon.
217, 15, quelque soit, lisez quelle que soit.
219, 26, porcelaine traitée, lisez porcelaine truitée.
220, 19, ou des magots, lisez & des magots.
220, 31, qui paroissent, lisez qui paroissoient.
224, 6, à King-te-Ching, lisez Kingt-to-Ching.
224, 7, Kianfi, lisez Kiang-fi.
225, 10, & celles, lisez & celle.
226, 34, vétrification, lisez vitrification.
233, 12, de passer avec ces métaux, lisez de passer ses métaux.
241, 23, sa propriété, lisez sa prospérité.
243, 15, Emony, lisez Emouy.
243, 18, d'emporter, lisez d'exporter.
247, 1, goût vif par, lisez goût vif pour.
247, 33, le réduiroient, lisez se réduiroient.
247, 34, il s'occupe, lisez elle s'occupe.
263, 30, qu'exigeroient, lisez qui exigeroient.
263, 34, Les trouve-t-on puants, lisez les trouve-t-on pesants.
264, 34, Nabal, lisez Nabab.
265, 9, avant ces mots *en associant*, placez un point.
273, 13, les nations politiques, lisez les notions politiques.
273, 16, & qui est seule, lisez & qu'elle est seule.
282, 31, nécessaire, lisez nécessaires.
286, 18, de leurs moyens, lisez de ses moyens.
288, 16, puissent nuire, lisez pussent nuire.

www.ingramcontent.com/pod-product-compliance
Lightning Source LLC
Chambersburg PA
CBHW070738170426
43200CB00007B/567